财 政 部 规 划 教 材
全国高职高专院校财经类教材

金融基础

李俊芸 主编

经 济 科 学 出 版 社

图书在版编目（CIP）数据

金融基础／李俊芸主编．—北京：经济科学出版社，2011.1（2014.2 重印）

财政部规划教材 全国高职高专院校财经类教材

ISBN 978－7－5058－9596－6

Ⅰ.①金… Ⅱ.①李… Ⅲ.①金融学－高等学校：技术学校－教材 Ⅳ.①F830

中国版本图书馆 CIP 数据核字（2010）第 245778 号

责任编辑：王东萍
责任校对：王凡娥
版式设计：代小卫
技术编辑：李 鹏

金融基础
李俊芸 主编
经济科学出版社出版、发行 新华书店经销
社址：北京市海淀区阜成路甲 28 号 邮编：100142
教材编辑中心电话：88191344 发行部电话：88191540
网址：www.esp.com.cn
电子邮件：espbj3@esp.com.cn
北京密兴印刷厂印装
787×1092 16 开 15 印张 340000 字
2011 年 1 月第 1 版 2014 年 2 月第 2 次印刷
ISBN 978－7－5058－9596－6 定价：26.00 元
（图书出现印装问题，本社负责调换）

编 审 说 明

本书由财政部教材编审委员会组织编写并审定，同意作为全国高职高专院校财经类通用教材出版。书中不足之处，请读者批评指正。

财政部教材编审委员会

编写说明

在充满机遇与挑战的21世纪，人类社会进入了以信息革命和运行全球化为特征的知识经济时代，市场对人才知识结构的需求更加多元化。我们编写这本《金融基础》的宗旨是向读者传授与金融学科相关的一些基本概念、基本常识和基本技能，力求能适应现代经济发展对人才金融知识结构的基本要求。因此，本书在结构体系和内容取舍上力争突出自身特色：

1. 结构简单清晰，体例完整。全书共分十一章，前四章主要介绍金融基本范畴和基本概念；第五至七章是金融实务部分，分别介绍了商业银行、货币市场、资本市场最基本的常识与最基本的技能；第八章介绍了国际金融的一些基本常识；第九至十一章主要是金融管理，有助于学生进一步了解金融运行和金融宏观管理基本内容。给人以直观清晰、一目了然的感觉。

2. 内容通俗易懂。本书充分考虑高职高专学生的接受能力和培养目标，尽量使用通俗易懂的语言，注重金融基本概念、基本常识和基本技能的介绍，没有深奥的理论描述和复杂的公式推导，便于学生对知识的理解和掌握。

3. 资料丰富翔实，信息量大，实用性和可读性强。本书在内容编写和体例设计上尽量联系实际，注重我国的实际国情和现实做法。同时在每一章中以专栏形式穿插了一些与本学科相关的材料，这些材料有的是案例，有的是对热点问题的讨论，有的是对书中内容的补充，有的是相关金融故事。这些形式在注重与实际结合、保证全书主体内容的科学性、严肃性的同时，又增添了一定趣味性，既提供了大量的信息，又大大增强了读者的学习兴趣。

4. 形式灵活多样，操作性强。本书在形式设计上每章都包括学习目标、案例导读、学习内容、知识要点、问题讨论、推荐阅读及小专栏等，同时还将制作相关电子课件挂在网上。既方便教学，又便于自学。此外，本书内容的深浅程度、章节之间的转换以及各章内容的相对独立性，又使其可以适应不同层次、不同专业、不同课时教学计划的教学安排，既可以作为非金融类经济管理专业普及金融知识的公共必修课，也可以作为金融专业的专业基础课，因而操作性较强。

本书是财政部规划教材，由财政部教材编审委员会组织编写、修订并审定，作为全国高等院校财经类教材。本书由李俊芸教授（湖南财政经济学院）任主编，负责全书编写大纲的设计与总纂，撰写分工如下：李俊芸教授编写第一、二、十一章和第八章一部分，李琼教授（湖南财政经济学院）编写第三、九章，李军燕副教授（山西省财政税务专科学校）编写第四章和第八章一部分，张绍云副教授（武汉科技学院）编写第五、十章，李继红副教授（四川财经职业学院）编写第六章，何桂基副教授（湖南财政经济学院）编写第七章。

石月华副教授（山西省财政税务专科学校）和刘双红副教授（江西财经职业学院）负责本书的审稿，对本书的结构和内容提出了宝贵的参考意见，杨则文副教授（广州番禺职业技术学院）及其他多位老师对本书的体例提出了重要的建议。同时，本书在编写过程中参考了众多专家教授的研究成果。在此，作为编者的我们一并向各位专家教授表示最崇高的敬意和最诚挚的谢意！

由于编者理论水平和实践知识有限，加之金融理论、金融实践和金融政策的复杂性与多变性，书中的缺点和不妥在所难免，恳请读者批评指正，我们在此表示感谢，并将继续努力探索。

编 者

目录

第一章

货币与货币制度

学习目标

通过本章学习重点掌握以下内容：货币形态的演变；货币的本质与职能；货币制度的构成要素与货币制度的演变。

案例导读

中国晋代有个人叫王夷甫，不肯说“钱”这个字。他的妻子把钱堆在床周围，他叫人“举却阿堵物”，还是不说钱。然而，他不说钱不等于不用钱，只不过别人替他用。如果说在那个时代事实上已经不可能“不言钱”，那么，在商品经济高速发展的今天，不能正视货币就更是脱离生活了。特别是在现代市场经济情况下，货币以其特有的渗透力，影响着社会经济生活的方方面面，似乎没有人不知道货币，它是交换行为的最根本的表现形式。小到一个家庭，大到一个企业，再到国家，都离不开货币。

那么，什么是货币？货币又经历了怎样的发展呢？

第一节　货币的产生和发展

货币是最基本的、最早出现的和人们最为熟悉的金融范畴。在现代社会中，我们每时每刻都不可或缺货币。说到货币，人们立刻会想到五花八门、形形色色的钞票。那么，我们就要知道为什么货币具有如此大的威力？货币从何而来？为什么那些由银行发行的印有各种花纹和颜色的纸片，竟然可以换取任何商品而为世人所追求？为什么“钱”对每个人来讲多多益善，而对整个社会来讲却不能？这便是商品货币之谜。如此一系列问题有待深入探讨。

小贴士

货币并非开天辟地就已存在的，人类社会在地球上已有百万余年或更长的历史，货币却只不过是几千年以前才开始出现在人类社会之中。

一、货币的产生

货币源于商品，货币的出现是与交换联系在一起的。根据史料的记载和考古的挖掘，在世界各地，交换都经过了两个发展阶段：先是物物直接交换，然后是通过媒介的交换。

相关链接

在古埃及的壁画中可以看到物物交换的情景：有用瓦罐换鱼的，有用一捆葱换一把扇子的。中国古书中有这样的记载：神农氏的时候，“日中为市，致天下之民，聚天下之货，交易而退，各得其所”。这也是指物物交换。在交换不断发展的进程中，逐渐发展了通过媒介的交换，即先把自己的物品换成作为媒介的物品，然后再用所获得的媒介物去交换自己所需要的物品。在世界上，牲畜曾在很多地区成为这种媒介；在中国，最早的、比较定型的媒介是“贝”——中国最早的货币。司马迁在《史记平准书》中说：“农工商交易之路通，而龟贝金钱刀布之币兴焉。所从来久远，自高辛氏之前尚矣，靡得而记云。”

货币是商品交换的产物。

货币是与商品相伴而生的经济范畴，解开货币之谜，必须从分析商品入手。

（一）货币是商品经济内在矛盾发展的产物

在人类社会的初期，没有商品，也没有货币。在原始的氏族共同体中，生产力水平极其低下，人们各尽所能，集体劳作，整个劳动是按氏族共同体的需要统一进行的，劳动产品也归氏族共同体所有，统一分配，没有剩余产品。随着生产力水平的提高和剩余产品的出现，氏族开始分化瓦解，社会分工和私有制逐渐形成，商品生产和商品交换也应运而生了。

商品作为交换的劳动产品，由于社会分工，成为社会总劳动的一部分，具有社会劳动的性质；由于生产资料和劳动产品的私有制，又直接表现为私人劳动，这就产生了私人劳动和社会劳动的矛盾。商品生产者生产的产品只有交换出去，其劳动才会被社会承认，才能转化为社会劳动。所以，商品交换是解决商品生产的私人劳动与社会劳动的矛盾的唯一途径。

商品作为价值和使用价值的统一体，具有价值和使用价值两个属性。使用价值是商品的有用性，是商品的自然属性；价值是凝结在商品中的无差别的人类劳动，是商品的社会属性。对商品生产者来说，有意义的是其劳动产品的价值，而不是使用价值。商品的价值看不见、摸不着，不能自己表现出来，只能在两种商品交换时，通过另一种商品表现出来。这种商品的价值表现形式称为价值形式。

（二）货币是商品价值形式发展的结果

商品的价值形式，经历了由低级到高级的发展过程，即由简单的、偶然的价值形式，到扩大价值形式、一般价值形式，最后达到货币形式。

人类早期的商品交换是物物直接交换。物物直接交换必须满足两个基本条件：一是买卖双方彼此需要对方的商品；二是这种需要在时空上要一致，否则，交换就难以实现。

在生产力发展早期，生产力水平很低，剩余产品和种类很少，交换只是偶然地发生，而且容易实现。这时一种商品的价值只是偶然地、简单地表现在另一种商品上，所以，这种价值表现形式称为“简单价值形式”。

随着生产力和社会分工的发展，商品交换的种类和数量不断增多，交换成为经常性的活动，一种商品的价值可以经常地被许多种商品表现出来。这种价值表现形式称为“扩大价值形式”。

但此时的交换仍然是物物直接交换，因为生产者需要化费越来越多的时间和精力用于寻找合适的交易对象，交易的成本越来越大。所以，物物直接交换只限于在较简单的商品经济社会中进行，当生产力发展到一定水平后，物物直接交换便难以实现。

商品交换的进一步发展，迫切要求冲破物物直接交换的制约。在长期频繁的交换过程中，逐渐从无数的商品中分离出某种大家都喜欢的、经常在交换中出现的商品，人们先把自己的商品同它相交换，然后通过它来换取各自需要的商品。于是，许多种商品的价值一般地都由这种特殊的、起媒介作用的商品来表现了。这种特殊商品可以用来表现其他一切商品的价值，起着一般等价形式的作用，便称为“一般等价物”，于是“扩大价值形式”演变为“一般价值形式”。

一般价值形式下的一般等价物开始并没有完全固定地由某一种商品来充当。从历史上看，成为交易媒介的商品最早有牲畜、贝壳、粮食、布帛、农具等，而且因时因地而不同。这种不固定，阻碍了商品交换的进一步扩大和发展。因此，人们很自然地要求把不同的一般等价物统一起来，并固定在某一特殊商品上面，这种商品就成为货币商品。这种用货币来表现商品价值的形式，称为“货币价值形式”。由于金银等贵金属具有质地均匀、体小值大、便于分割等优点，使之最终成为货币的代表。正如马克思所说：“金银天然不是货币，但货币天然是金银。”

由此可见，货币是随着商品的产生和交换的发展而产生的，它是商品内在矛盾的产物，是价值表现形式发展的必然结果。

想一想

为什么马克思说“金银天然不是货币，但货币天然是金银”？

二、货币形态的演变

货币产生后，虽然其本质特征没有改变，但作为货币载体的材料则随着商品经济的不断发展而不断变化和进步。可以说，币材演变历史就是一部商品经济发展的历史。总的而言，货币形态经历了由低级向高级不断演变的过程。从币材和形制的角度看，货币经历了从实物货币到金属货币，再到纸质货币，最后到存款货币四个阶段的发展。这些形式的变化是在不断地适应社会生产的发展，同时也是消除了前一种货币形式无法克服的缺点的基础上发展起来的。

小贴士

货币的形式在各个经济发展时期并非是相互划清界限的，在世界盛行实物货币的时期，铸币与纸币同时出现，即使在纸币流通普遍的时代，黄金仍然起着保值的作用。

（一）实物货币

实物货币又称商品货币或足值货币，当某种商品作为非货币用途的价值与作为货币用途的价值相等时，则这种货币被称为实物货币。它是以自然界存在的某种物品或人们生产的某种商品来充当货币。在早期简单商品交换时代，生产力不发达，交换的目的以满足某种生活和生产的需要为主，因而要求作为交换媒介的货币必须具有价值和使用价值，货币主要由自然物来充当。它是货币发展的最初形态，此时，货币的额定价值同它作为特殊商品的内在价值是一致的。

相关链接

早期的实物货币，一般近海地区多用海贝和盐，游牧民族多用牲畜、皮革，农业区多用农具、布帛，等等。中国古代商、周时期，牲畜、粮食、布帛、珠玉、贝壳等都充当过货币，而以贝壳最为流行。这种货币文化也渗透到了中国的汉字中，许多与财富相关的汉字，其偏旁都从“贝”字，如货、财、贪、贱等。

实物货币有其先天的缺点，如质量不统一、不便于分割或合并、不便于携带和储藏、容易变质，等等。因此，随着商品交换的发展和扩大，实物形态的商品货币就逐渐由内在价值稳定、质地均匀、便于携带的金属货币所替代。

（二）金属货币

金属货币是实物货币的高级形式。第二次社会大分工使手工业从农业中分离出来，金属被用来制造生产工具和武器，成为人们生活中不可缺少和乐于接受的东西。而同时，生产力水平提高，交易规模扩大，非金属实物货币充当货币币材的矛盾越来越突出，金属在执行货币职能方面的优越性越来越明显。如价值比较稳定、易于分割、易于保存、便于携带等。于是在交换中逐渐成为主要对象，最终成为通行的货币。

金属货币的演化沿着两个方向进行。一方面，随着交易规模的不断扩大，金属货币经历了由贱金属到贵金属的演变。不同的交易量要求不同的金属货币币材与之相适应。所以，货币金属最初是贱金属，多数国家和地区使用的是铜。随着生产力的提高，参与交换的商品数量增加，需要包含价值量大的贵金属充当货币，货币币材由铜向银和金过渡。另一方面，金属货币经历了由称量货币向铸币的演进。金属货币最初是以块状流通的，交易时要称其重量、估其成色，这时的货币称为“称量货币”。从货币单位名称如英镑的“镑”、五铢钱的“铢”都是重量单位，可以看出称量货币留下的踪迹。称量货币在交易中很不方便，难以适应生产和交换发展的需要。随着社会第三次大分工——商人的出现，一些富裕的有信誉的商人就在货币金属块上打上印记，标明其重量和成色，自己对其负责，便利于流通，于是出现最初的铸币。当商品交换进一步发展并突破区域市场的范围后，金属块的重量和成色就要求更具权威的证明，而最具权威的机关便是国家。国家便充当货币管理的角色，开始铸造货币或对货币铸造施加管理，铸币这种经国家证明的、具有规定重量和成色的、铸成一定形状的金属块便开始出现、开始流通了。

贵金属之所以适合做货币，原因在于：第一，金银具备了质地均匀和便于分割这个对一般等价物商品的特征要求；第二，金或银的质量相对同一——这块金子与那块金子之间质的差别较小；第三，金银可以任意分割或合并，而丝毫不损害它的价值；第四，金银体积小价值大，质量经久不变，便于携带和储藏。

相关链接

中国最古老的金属铸币是铜铸币。西周、春秋时期开始出“布”（农具铲形）、“刀”（刀的缩影）和铜贝。后来在秦国，流通圆钱——铜铸，圆形，中有圆孔。秦统一中国前后，铸圆形方孔的秦“半两钱”，开启了两千年圆形方孔铜钱的形制。其中，最有名的如西汉汉武帝时开始铸造的“五铢钱”、唐代开始铸造的“通宝钱”。这些形制一直延续到晚清。

金、银在我国历史上长期以来是称量货币。自宋代开始大量流通的白银，一直是以称量货币流通，其计量单位是“两”，所以讲到“钱”，也常说“银两”。银铸币的流通在明代可能已经很多，广泛流通银元是从鸦片战争开始的。晚清，政府也开始铸造自己的银元。银元是西方贵金属铸币的典型形制。西方金、银铸币出现很早，圆形、无孔，而铸有统治者的头像是其一贯特点。

想一想

为什么我国古代铸币大多数是圆形方孔的？

（三）纸质货币

纸质货币就是以纸作为币材的货币，简称纸币。由于价值基础的不同，历史上的纸币包括可兑换的纸币和不可兑换的纸币两种类别。

可兑换的纸币是在金属货币流通时期由商人、银行或者政府发行的代替金属货币、持有人可以随时到发行者那里兑换为金属货币的纸质凭证，所以，又称为代用货币。其中，由银行发行的可兑换纸币被称为银行券。最初银行券的面额不固定，由银行在一张空白字据上临时填写金额，后来发展为印制好的不同面额的钞票。纸币的出现有两个原因：一是贵金属币材的数量不能满足商品流通的需要；二是远距离的大宗贸易携带金属货币多有不便。较之实物货币，它具有携带方便、易于交易和保管、成本低等特点。世界上最早出现的纸币是中国北宋年间的“交子”。

随着货币发行权逐步集中于国家，货币发行由原来十足兑现到部分兑现，仍满足不了日益扩大的商品交换的需要，最后演变为完全脱离金属货币的不可兑现的纸币。这种纸币是银行通过信用途径发行的代替足值货币执行货币职能的货币符号，称为信用货币。

信用货币作为一般的交换媒介须有两个条件：一是人们对此货币有信心；二是货币发行的立法保障。两条缺一不可，否则，将会造成货币流通的混乱。

相关链接

世界最早出现的纸币是中国北宋年间的“交子”。当时四川用铁钱，分量重，流通不便，一些富商联合发行了“交子”，代替铁钱流通，并负责兑换。后来富商衰败，兑换困难，改行官办。起初政府控制发行数额，维持兑换，但后来为弥补国库亏空，发行数额越来越大，以致严重贬值。元朝发行的“中统元宝钞”，开始时一度可以兑换，但很快停止，大部分时间实行纸币流通制度。这些不可兑换纸币的发行，虽然靠政府的作用，在一定时期发挥了货币的职能，但由于发行无度，发钞数量过大，最终又给商品流通带来了极大的混乱。

19 世纪末、20 世纪初，在银行券广泛流通的同时，贵金属货币的流通数量日益减少，显现出现代信用货币终将取代足值货币流通的趋势。第一次世界大战前只是在战时或经济动荡的非常时期，一些国家才会停止银行券的兑换。第一次世界大战中，世界各国的银行券普遍停止兑换。第一次世界大战后，有的国家曾一度实行有条件兑换金块或兑换外汇的制度。到 20 世纪 20 年代末和 30 年代初，世界主要国家的银行券完全成为不兑换的，现代信用货币终于取代表征货币而成为世界货币舞台上的主角。

想一想

早期银行券与现代银行本票和银行汇票有何区别?

（四）存款货币

实物货币、金属货币和纸质货币都是有形货币。20 世纪 50 年代以来，由于信用制度发达，银行结算手段改进，现金流通（纸币和铸币）逐渐减少，货币主要采取存款形式，存款的债权债务转移成为购买商品、支付劳务的主要形式。因而货币概念得以扩张，货币不仅包括铸币或现钞，还包括了可转账的活期存款，而且进一步将不能随时转账的定期存款和储蓄存款称为“准货币”，这种货币统称为存款货币。存款货币也是信用货币。存款货币的出现，打破了实体货币的观念，将货币由有形货币引向无形货币。

传统的转账结算是通过收付以支票为代表的各种纸质凭证进行的，因而存款货币也被称为支票货币或书本货币。随着社会经济和科学技术的发展，出现了以计算机通讯、金融和商业专用电脑及机器等现代化科技为基础，通过电子信息转账形式实现的货币流通方式，它可以取代纸币和支票进行支付。这种通过各种电子化的方式转账（存储和处理）的存款货币被称为电子货币或数字货币。电子货币的出现，是现代商品经济高度发达和银行转账清算技术不断进步的产物，在实际经济活动的运用中较传统货币更为快捷、便利和准确。随着金融电子化的发展，电子货币的应用范围和规模将进一步扩大。

相关链接

电子货币主要是信用卡、电汇等，自20世纪90年代以来，我国银行引进并大力推广信用卡。在商品、劳务的货币支付中，作为电子货币的信用卡代替现金、支票充当流通手段和支付手段的范围正日益扩大，已经具备了信用货币所具有的职能作用。同时，电子货币本身也处于不断发展和完善的过程中。例如，中国招商银行推出的“一卡通”，农业银行推出的“金穗借记卡”。目前，我国的银行信用卡正在向多功能的全能“电子货币”发展。

三、货币形态演变的规律

从上面的分析我们可以看到，货币形态的演变是一个币材由贱到贵，再由贵到贱的发展过程。这个过程呈现出两个规律性：

其一，币材不断优化。优良的币材必须具有这样几个特征：（1）易分割，易合并；（2）易携运，易保管；（3）易识别，易防伪；（4）不易产生质量纠纷；（5）不易变质。每一次货币形态的变革都是在这几个方面表现为更优良的币材取代表现较差的币材。

其二，币材不断节约。无论是普通商品做货币，还是贵金属做货币，都意味着社会资源的巨大浪费。反过来，纸币代替金属货币，存款货币的出现，电子货币的推广，都是人类追求节约的结果。

这两个规律性说明，币材并非越贵越好，货币的价值与币材的价值没有必然的联系。根据货币价值与币材价值的关系，可以将上述各种形态的货币分为三大类：实质货币、代用货币和信用货币。

实质货币是指货币价值与币材价值大体相等的货币，又称足值货币。实物货币、称量货币和铸币都属此类。

代用货币又称代表实质货币，是指币材价值很小，代表金属货币，可以兑换为金属货币的货币。银行券和其他可兑换的纸币均属此类。

信用货币是现代各国流通的货币，它们不与任何金属相联系，仅仅凭借国家的权威和信用，通过银行信贷渠道进入和退出流通，包括不可兑现的纸币和存款货币。

第二节　货币的本质与职能

一、货币的本质

马克思在对货币的起源和价值形态发展的历史长河的研究中揭示了货币的本质就是一般等价物，把货币定义为：货币是从商品世界中分离出来的、固定地充当一般等价物的特殊商品，并能反映一定的生产关系。

（一）货币是商品

货币是商品，这是商品世界经过千百年进化选择的结果，它与其他商品在形式上具有一致性，即具有价值和使用价值。正因为货币和其他一切商品具有共同的特性，都是用于交换的人类劳动产品，它才能在交换发展的长期过程中被逐渐分离出来，成为不同于一般商品的特殊商品，即货币。

小贴士

比如黄金，它也和其他商品一样，是用来交换的劳动产品，都是价值的凝结体；另一方面，它也能满足人们某些方面的需要，如做装饰品等，具有使用价值。

（二）货币是一般等价物

货币是商品，但却不是普通的、一般的商品，它是从商品世界中分离出来的、与其他一切商品相对立的特殊商品。货币商品不同于其他商品的特殊性，就在于它具有一般等价物的特性，发挥着一般等价物的作用。货币商品作为一般等价物的特性，具体表现在以下两个方面：(1) 它是表现和衡量一切商品价值的材料；(2) 它具有与其他一切商品直接相交换的能力，成为一般的交换手段。

货币商品不同于一般商品，还在于其使用价值的两重性特点。一方面，货币商品与其他商品一样，按其自然属性而具有使用价值，如金可作为饰物的材料等；另一方面，更重要的是，货币商品还具有其他商品所没有的一般使用价值，这就是发挥一般等价物的作用，拥有货币就可以得到任何一种使用价值。

（三）货币是固定地充当一般等价物的商品

人类社会价值形式自发发展的历史长河，包括由简单价值形式到扩大价值形式，再到一般价值形式。在一般价值形式下充当一般等价物的商品很多，但它们只是在局部范围内临时性地发挥一般等价物的作用；而货币则是固定充当一般等价物的商品，是在一个国家或民族市场范围内长期发挥一般等价物作用的商品。

相关链接

我们分析“货币是固定地充当一般等价物的特殊商品”这一表述时，应该认识到“一般等价物”是货币的本质，而“特殊商品”是一定历史条件下的“一般等价物”的载体，是货币的形式。其理由是：第一，货币商品的两种使用价值相互排斥。两种使用价值的排斥性隐示着一般等价物与商品性能分离的可能性；第二，特殊商品是一般等价物信用基础未建立时的载体；第三，当一般等价物信用基础建立以后，货币作为一般等价物，不再要求一定是具体商品，它可以摆脱商品的躯壳。

（四）货币反映着一定的社会生产关系

固定充当一般等价物的货币是商品经济社会中生产关系的体现，即反映产品由不同所有者所生产、所占有，并通过等价交换实现人与人之间社会联系的生产关系。

由于商品经济存在于迄今为止社会历史发展的不同阶段，货币也就成为不同社会形态下商品经济共有的经济范畴。商品经济的基本原则是等价交换，不论是什么样的人，持有什么样的商品，在价值面前一律平等，都要按同等的价值量相交换。同样的货币，不管在什么样的社会形态中，也不论是存在于谁的手中，都是作为价值的独立体现者，具备着转化为任何商品的能力。货币是商品经济社会中社会劳动和私人劳动矛盾的产物，只要这一矛盾没有消除，货币就不会退出历史舞台。

二、货币的职能

货币的职能是指货币作为一般等价物发挥作用时固有的功能。在商品交换中，货币作为一般等价物的作用是通过货币的职能表现出来的。在商品经济比较发达的社会里，货币具有以下职能：

（一）价值尺度

货币在表现商品价值、衡量商品价值量的多少时，发挥价值尺度职能。货币之所以充当商品价值尺度，是因为它自身具有价值。没有价值的东西，不能用来衡量商品价值量，正如衡量长度的尺子自己也要有长度一样。

货币充当价值尺度，只是表现价值，不是实现价值，因此不需要有真正的货币到场，只要观念的货币就行，但必须是以十足价值的真实货币为基础。商品价值用货币来表现就是商品价格。价格是价值的货币发现，价格的变化依存商品价值和货币价值的变化。

用货币来表现商品的价值，它本身要有固定的计量单位。统一规定的用作衡量货币本身的计量单位，叫做价格标度（或价格标准）。

小贴士

价格标准是指货币本身的计量单位及其等份。最初，金属货币的价格标准是与其重量单位相一致的；后来，由于社会财富的增长、币材的改变、外国货币的输入及国家铸造重量不足的货币，价格标准与重量标准就逐渐分离开来了。

货币的价值尺度和价格标度的作用不同。货币作为价值尺度是一般人类劳动的社会化身，用来衡量商品价值，把它表现为价格。货币的价格标度代表一定量的贵金属，用来衡量金属货币本身的重量。货币的价值尺度同价格标度又有联系，货币有了价格标度，就能准确地发挥价值尺度的作用。

想一想

价值尺度与价格标准有何区别？

（二）流通手段

当货币被用以媒介商品交换时，它就发挥流通手段职能。在货币出现之前，商品交换是物物交换，卖和买的过程在时间上和空间上都是结合在一起的，是同时完成的。货币出现后，商品交换便用货币为媒介进行了，物物交换就转化为商品流通。这时，卖和买的过程在时间上和空间上都分离了，买和卖可能发生脱节。这里已包含了危机的可能性。

货币作为流通手段，人们关心的不是它是否足值，而是它能买多少商品，因而不足值的铸币可以继续流通，于是贵金属铸币有可能用符号来代替。当商品流通发展到一定阶段，就出现了纸币。纸币是由国家银行发行的强制使用的价值符号，代替金属货币起流通手段作用，是象征性的货币。所以说，作为流通手段的货币必须是现实的货币，但可以是价值符号。

（三）贮藏手段

当货币退出流通，被持有者当作独立的价值形态和社会财富的绝对化身而保存起来时，发挥贮藏手段的职能。货币作为一般等价物，有了它就能买任何商品，于是，它成了社会财富的代表，从而引起了人们贮藏的欲望。货币一旦被贮藏，就退出流通。典型意义上的贮藏手段是金属货币条件下的金币或银币。在贵金属货币流通的情况下，货币贮藏可以自动调节货币流通量。在现代信用货币制度下，货币作为贮藏手段的形式、作用都有了新的变化，货币作为贮藏手段具有完全的流动性。

想一想

现代信用货币的贮藏形式有哪几种？有何特点？

（四）支付手段

当货币作为价值的独立形态进行单方面转移时，发挥支付手段的职能。在比较发达的商品交换中，逐渐发生赊购和延期付款的现象，到了约定付款的日期，货币才进入流通，清理债务。这时，货币起支付手段的作用。后来，货币作为支付手段扩展到了其他方面，如用于支付租金、税款、工资等等。

作为支付手段的货币必须是现实的货币，但可以是价值符号。

货币的支付手段职能，一方面促进了商品经济的发展，在缺乏现金时，它使商品能够流通，节省流通中所需的货币量；另一方面扩大了商品经济矛盾，在许多商品生产者的债务关系中，一旦有人不能按期支付，将会发生连锁反应，使一系列欠款难以收回，从而影响生产连续进行。货币支付手段职能增大了危机的可能性。

（五）世界货币

货币超越国界，在世界市场上发挥一般等价物作用时，执行世界货币的职能。由于国际贸易的发展，货币在国际商品交换中充当一般等价物，从而使货币具有世界货币的功能。真正的世界货币必须是金属货币，只存在于金本位制下。在现代信用货币制度下，主要是一些自由兑换程度高、可接受程度高的货币（如美元、欧元等）发挥准世界货币的功能。

货币的五种职能是互相联系的，它们共同体现货币是固定地充当一般等价物的特殊商品的本质。在五种职能中，价值尺度和流通手段是基本的职能，其他职能是随商品流通的发展而产生和发展起来的。

想一想

根据货币职能的说法，现代纸币是典型的货币吗？纪念币是否是货币？

第三节　货币制度

货币制度又称“币制”或“货币本位制度”，是指一个国家以法律形式确定的货币流通的结构和组织形式。一个国家或地区为了保持其货币流通的正常和稳定，通常要制定、颁布一系列的法律和规定。这些法律和规定强制性地把有关货币流通的各个方面、各个要素联系起来，并在实践中不断地修正、补充，从而形成一个有机整体，这就是一个国家或地区的货币制度。

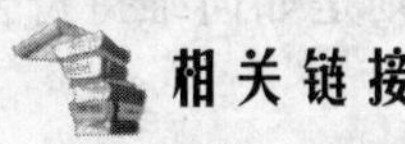

相关链接

货币制度是伴随着金属铸币的出现而开始形成的。由于早期铸币在形制、重量、成色等方面都有较大的差异，加上民间私铸、盗铸，货币流通比较混乱，要求国家对此加以管理。特别是在前资本主义社会中，由于商品经济不发达和市场的分割以及政治割据等因素，货币流通长期处于分散混乱的状态。货币流通的混乱不利于正确地计算成本、价格和利润，不利于形成广泛而稳定的信用关系，从而阻碍了商品经济的发展和统一市场的建立。于是，新兴资产阶级在掌握国家政权之后，以法律形式规范国家货币流通的结构、体系和组织形式，从而建立起统一的货币制度。

一、货币制度的构成要素

（一）货币材料的确定

货币材料是指国家以法律的形式明确规定哪种或哪几种商品作为铸造货币的材料。规定货币材料是货币制度最基本的内容。在金属货币流通条件下，货币金属是整个货币制度的基础。货币制度规定以何种金属铸造本位货币，就称为该种金属本位币制度，如以银为货币材料的银本位制，以金为货币材料的金本位制等。货币材料虽然表面上是由国家规定的，而实际上它是由客观经济发展的进程决定的。在不兑现的信用货币流通条件下，国家不规定单位货币的金属含量，纸币成为流通中商品价值的符号，纸币币值以流通中商品的价值为基础，这就是目前世界各国所普遍实行的纸币本位制，也称为不兑现的信用货币制度。

（二）货币单位的确定

货币单位的确定包括确定货币单位的名称和货币单位的“值”两个方面。确定货币单位的名称就是指规定一个货币单位叫什么。

相关链接

货币单位名称和重量单位名称在历史上曾是一致的，如英国的货币单位英镑就是重一镑的白银的货币名称；我国古代秦铸造过“半两”铜钱，汉铸造过“五铢”铜钱，钱面上分别铸有半两、五铢（铢即重量单位，1 铢等于1/24 两）字样，史书上说，这些铜钱“重如其文”，即含铜重量与钱面上的文字相符。后来由于种种原因，这两种名称相分离了，有的是保持原名，内容发生变化，有的则完全摆脱旧名，重立新名。现在法律规定的名称，通常都是以习惯形成的名称为基础。按照国际惯例，一国货币单位的名称往往就是该国货币名称；几个国家同用一个单位名称则在前面加国名，如美国的“元”称“美元”，而日本的“元”称“日元”。中国有些特殊，货币名称是人民币，而货币单位是元。

货币单位的确定更重要的是确定币值。当铸币流通时，确定币值就是确定单位货币所包含的货币金属的重量和成色，即实际含金量。当流通中只有不兑现的货币且尚未与黄金脱离直接联系的情况下，确定货币单位的值则是确定本国货币单位的法定含金量，或确定本国货币与在世界上占主导地位的货币如美元的固定比价。当黄金非货币化后，则是如何维持符合自身利益的本国货币与外国货币的比价。

相关链接

根据美国 1934 年 1 月的法令，1 美元的含金量为 0. 888671 克；按照 1870 年英国的铸币条例，1 英镑的含金量为 7. 97 克；旧中国 1914 年的《国币条例》规定，每一枚银圆含纯银 23. 977 克。

（三）本位币、辅币及其偿付能力

1. 本位币。又称主币，是一个国家的基本通货和计价结算的货币。所谓基本通货，是指一个国家的计价标准单位，如美元、英镑等。在金属货币制度下，本位币有两个特点：一是足值货币，可以自由铸造；二是具有无限法偿能力。

在金属货币制度下，本位币是按照国家规定的货币金属和货币单位所铸造的货币，其名义价值与实际价值一致，为足值货币。金属本位币可以自由铸造和熔毁，即无论是国家还是私人，都可以将其持有的货币金属送铸币厂，按照国家的规定铸造成本位币，也可以将其持有的金属本位币送铸币厂熔为金属条块，铸币厂仅收取少量的铸造或熔化费用。金属本位币的自由铸造和熔毁不仅具有自发调节货币流通的意义，使流通中的货币量与货币需要量保持一致，还可以保证金属本位币的名义价值与其实际价值相一致。

相关链接

由于金属本位币在流通中不断磨损，致使其名义价值不断高于实际价值。在这种情况下，货币制度规定对实际价值严重低于名义价值的金属本位币进行熔毁，以重新铸造出名义价值与实际价值相符的足值本位币。例如，1870 年英国的铸币条例规定，1 英镑金币的标准重量是 123.27447 格令，磨损后的铸币重量不得低于 122.5 格令，如果低于这一重量，可以请求政府兑换新币。

在当代不兑现的信用货币制度下，纸币是国家垄断发行、强制流通的价值符号。除中央银行外，任何单位和个人都不得自行印制、变造和故意损毁货币，否则视为非法行为，并按国家有关法规予以惩处。流通中完全不兑现的法定钞票也称为本位币。本位币的最小规格是 1 个货币单位。无论是足值金属本位币还是纸币本位币，各国货币制度都有“无限法偿”的规定，不管是用本位币偿还债务或其他支付，也不管每次支付的本位币的数额的大小，债权人和受款人都不得拒绝接受，否则视为违法。

2. 辅币。即辅助货币，是指本位币以下的小面额货币，专供日常零星交易与找零之用。例如，美元的辅币为“分”，1 美元等于 100 分；英镑的辅币为“新便士”，1 英镑等于 100 新便士。

在金属货币流通条件下，辅币以贱金属铸造，其实际价值低于名义价值，为不足值货币。各国货币制度一般都规定辅币限制铸造，即只能由国家铸造，不准公民铸造。这是因为金属辅币是不足值货币，铸造辅币可获得额外收益，国家垄断辅币铸造权，可使这部分收益归国家所有。贵金属铸币退出流通以后，辅币制度则保存了下来。

在金属货币流通条件下，法律一般规定辅币为有限法偿货币，即每次支付辅币的数量不能超过规定的额度，否则债权人或受款人有权拒收。但是，在用辅币向国家缴税和兑换本位币时不受数量的限制。在当代纸币本位制度下，辅币即是本位币单位以下的小额零星货币，各国对其法偿能力的规定不完全相同，有的规定为有限法偿，如美国；有的则没有做明确规定，如中国。

（四）发行准备制度

发行准备制度也称金准备制度，指一个国家所拥有的黄金储备。世界上大多数国家黄金储备都集中在中央银行或集中在国库。黄金储备数量的多少，是一国经济实力状况的标志之一，也是一国货币稳定的基础。在金属货币流通条件下，金准备有三方面的用途：一是作为国际支付的准备金；二是作为扩大和收缩国内金属货币流通的准备金；三是作为支付存款和兑换银行券的准备金。自20世纪30年代以来，由于发生世界性经济危机，各国先后放弃了金本位制，银行券也停止兑现，因此，金准备的用途只是作为国际支付的准备金。而且，为了强化国际支付准备金，各国还建立了外汇储备，即以特定的世界货币如美元、日元、欧元等作为准备。

二、货币制度的演变

概括地讲，货币制度可分为两类：一是金属货币本位，即以贵金属作为本位货币。按本位币币材的不同，可进一步分为三种类型的货币制度，即银本位制、金银复本位制和金本位制。二是信用货币本位，又称纸币本位，它不是以有价值的商品作为本位货币的货币制度。

（一）银本位制

银本位制是以银币作为本位货币的货币制度。是最早的货币制度之一。银本位制具有以下内容：（1）银币为本位货币；（2）银币具有无限法偿能力；（3）银币可以自由铸造；（4）白银和银币可以自由输出输入；（5）纸币和其他货币可以自由兑换为银币。

银本位制从16世纪至19世纪盛行了三百余年，墨西哥、日本、中国、印度等先后实行过银本位制。各国最终之所以放弃银本位制，其主要原因是：（1）银价不稳定。仅从1870年到1935年间，白银价格有四次大的波动。总的趋势是：黄金需求大量增加，供不应求；白银需求减少，而供应却在增加，结果使金银比价差距越来越大；实行银本位制的国家货币对外贬值，影响该国的国际收支平衡和国内经济的发展。（2）与黄金相比白银体大值小，难以满足商品流通扩大的需要。所以，白银充当本位币只适用于商品经济欠发达的社会。

小贴士

我国于宣统二年（1910年）四月颁布《币制则例》，正式采用银本位制，实际上是银元与银两并用。1935年11月国民党政府实行“法币改革”，废止了银本位制。

（二）金银复本位制

金银复本位制是以金和银共同作为本位币币材的一种货币制度。其主要内容是：金币和银币都是本位币；两种货币都具有无限法偿能力；两种货币都可以自由铸造、自由熔化、自由兑换、自由输出输入。世界上最早实行金银复本位制的国家是英国。

在金银复本位制下，金银铸币在流通中必定要有一定的比价，以利于商品交换。按国家是否规定金银之间的比价来划分，金银复本位制又可分为平行本位制、复本位制和跛行本位制三种类型。

1. 平行本位制。平行本位制是指两种货币均按其所含金属的实际价值流通的一种金银复本位制。

平行本位制的主要缺陷有：（1）金币和银币的比价不断波动，不利于货币各项职能的正常发挥；（2）造成国际间黄金和白银的对流（国内银价高时，白银流入，黄金流出；国内金价高时，黄金流入，白银流出），金银的国际对流又反过来使金银比价进一步波动。

2. 复本位制。又称双本位制，是指国家以法律形式规定金银之间的比价，金银按法定比价流通的一种金银复本位制。

在复本位制下，由于金币和银币的名义比价（法定比价）同实际比价（生金和生银的市场比价）经常背离，实际价值较高的货币（即所谓良币）必然会被熔化、收藏或输出，实际价值较低的货币（即所谓劣币）反而充斥市场，即出现劣币驱逐良币现象。这个现象虽然早被人们发现，但最早是由16世纪英国的格雷欣（Thomas Gresham，1519—1579年）明确提出的，因而被称为格雷欣法则（定律）。劣币驱逐良币使复本位制名存实亡——名为复本位，实为单金属本位（以劣币为本位币）。

3. 跛行本位制。为了避免复本位制下劣币驱逐良币的现象，有的国家政府规定：金币可以自由铸造，银币则限制铸造。这就是所谓跛行本位制。

限制铸造使银币事实上丧失了本位币的地位，使跛行本位制与金本位制没有实质上的区别。

金银复本位制在历史上存在了相当长的时间，是资本主义发展初期（18～19世纪）最典型的货币制度。

金银复本位制是一种不稳定的货币制度，因为它与货币作为一般等价物而具有的排他性、独占性的本质特性相冲突，所以，随着资本主义经济的进一步发展，金银复本位制让位于金本位制，乃是历史的必然。

（三）金本位制

金本位制是指以黄金作为本位币的货币制度。世界上最早实行金本位制度的国家是英国（1816年《金本位制法案》）。美国于1853年发行银辅币，降低银元含量，实行了金本位制度。1900年以后，大多数国家都采用了金本位制度。金本位制度又包括金币本位制、金块本位制和金汇兑本位制三种类型。

1. 金币本位制。金币本位制是典型的金本位制。在跛行本位制度下，银币不能自由铸造，使得政府可以铸造不足值的银币代替足值银币而流通。而当不足值的银币流通时，银币就成为辅助货币了，跛行本位制就变成了金币本位制。

金币本位制的特点是：（1）金币作为本位货币；（2）金币具有无限法偿能力；（3）金币可以自由铸造；（4）金币和生金可以自由输出输入；（5）纸币和其他货币可以自由兑换为金币。

由于黄金产量有限，难以满足不断发展的商品生产和商品流通的需要，故1914年第一次世界大战爆发时有的国家废除了金币本位制度。

2. 金块本位制。金块本位制的特点是：（1）停止铸造金币，禁止金币流通；（2）以生金块作为发行纸币准备；（3）规定纸币的含金量；（4）在规定限额以上，纸币可自由兑换为金块；（5）黄金可以自由输出输入。

由于流通中已无金币，金块本位制以生金作为纸币发行准备，故金块本位制又叫生金本位制。又因金块价值较高，规定兑换的最低限额较大（如英国在1925年规定，每次兑换额不得少于1 700英镑——合纯金400盎司），非一般人所能兑换，故金块本位制被人们戏称为“富人本位制”。

3. 金汇兑本位制。金汇兑本位制与金块本位制的共同之处在于流通中没有金币。不同之处是，在金汇兑本位制度下，（1）政府以生金块和可兑换黄金的外汇作为准备发行纸币；（2）规定本国货币与储备用外汇的比价；（3）纸币不能兑换为金块，但可以兑换为外汇；（4）黄金和外汇可以自由输出输入。

外汇虽然代表并能到发行国兑换为黄金，但一般人难以到国外去兑换，所以，金汇兑本位制又被人们称为“虚金本位制”。这种币制，使本国货币依附于与之相联系的外国货币，本质上是一种附庸的货币制度。

金本位制盛行于19世纪末20世纪初，崩溃于20世纪30年代。金本位制崩溃的直接原因是20世纪30年代的大经济危机。大经济危机使金币的自由铸造、自由兑换、自由输出输入遭到削弱，动摇了金本位制的基础。金本位制崩溃的深层次原因是在现代商品经济条件下黄金不再是理想的币材。

小贴士

第二次世界大战后的1944年实行的美元—黄金本位制（即布雷顿森林体系）实际上也是一种金汇兑本位制，它仅仅只实行了28年就崩溃了。

（四）纸币本位制

20世纪30年代后，世界各国纷纷实行了纸币本位制——即信用货币制度。

纸币本位制的特点是：（1）纸币的发行不受黄金准备的限制，其发行量决定于货币管理当局实行货币政策的需要；（2）纸币的价值不由黄金价值决定，而由购买力决定；（3）纸币的流通完全取决于纸币发行者，即中央银行的信用；（4）中央银行是政府的银行，政府以法律手段强制公众接受，保证纸币流通。

三、我国的人民币制度

我国人民币制度的建立是以1948年12月1日的人民币发行为标志的。1948年12月1日，我国将原华北银行、北海银行和西北农民银行合并，成立中国人民银行，并同时开始发行人民币。为及早建立全国统一的人民币市场，党和政府采取了一系列措施稳定经济、稳定金融。主要有：（1）收兑各解放区的货币；（2）肃清国民党政府遗留下来的各种货币；（3）禁止一切外币在我国境内流通；（4）严禁金银计价流通和私下买卖；（5）制止通货膨胀。由于采取了上述一系列具有战略意义的重大措施，经过艰苦努力，新中国成立刚半年时间，就结束了连续12年通货膨胀的历史，财政收支状况迅速好转，趋于平衡，为以后人民币的长期稳定奠定了坚实基础。可以说，到1950年末我国已经形成了独立、统一和稳定的人民币制度。

我国人民币制度的主要内容有：

1. 人民币是我国的本位货币。人民币是无限法偿的货币，即国家以法律赋予其购买和支付能力的货币。人民币以元为单位，元是本位币即主币，角和分为辅币，1元等于10角，1角等于10分。人民币的票币、铸币种类由国务院决定。

2. 人民币是我国大陆境内唯一合法流通的货币。国家规定，在国内禁止一切外国货币和金银流通；严禁伪造、变造人民币，破坏我国货币的声誉。从而维护了人民币的信誉和合法地位。

3. 人民币是信用货币。人民币没有规定含金量，是纸制不兑现的信用货币，是价值符号。人民币在流通中起一般等价物作用。用作稳定人民币价值的最基本的保证是商品，是国家拥有的大量的生产和生活所必需的各类重要物资。

4. 人民币发行坚持高度集中统一和经济发行原则。国家规定，中国人民银行是我国唯一的发行货币的银行，除此之外，任何地区和部门不准发行任何货币、变相货币和货币代用品。人民币的发行坚持经济发行的原则，即根据商品流通扩大和经济增长的客观需要发行货币，保证货币流通的稳定。

5. 人民币是独立自主的货币。人民币是不依附于任何国家的货币，也不与任何国家的货币保持固定比价。目前人民币外汇价格由银行间外汇交易市场的外汇供求关系所确定，是外汇市场外汇交易的结果。

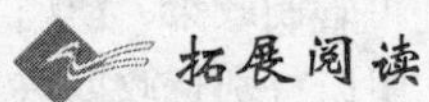

现行人民币汇率制度是2005年7月21日建立的以市场供求为基础的、参考一揽子货币调节的、有管理的浮动汇率制度。

拓展阅读

地区货币制度和跨国货币制度

一、一国两制下的地区货币制度

1997年7月和1999年12月香港、澳门相继回归祖国后，我国出现了人民币、港币、澳元“一国三币”的特有历史现象。将来，一旦台湾实行了一国两制，也不排除“一国四币”的可能性。

货币作为一般等价物的独占性、排他性规律，在金银复本位制下表现为价值体系的紊乱和“劣币驱逐良币”的格雷欣法则。在纸币本位制下，如果在同一市场上出现两种以上纸币流通，而当这两种纸币的法定比价和实际比价发生背离时，同样会产生货币的排他和独占现象。不过，由于纸币本身只是一种价值符号，其排他和独占现象与金属本位货币恰好相反，不再是实际价值低的货币排斥实际价值高的货币，而会出现实际价值高的货币排斥实际价值低的货币的“良币驱逐劣币”现象。而“一国三币”是特定历史条件下中国人民的智慧创造，它不是三种货币在同一个市场上流通，所以，不会产生“良币驱逐劣币”现象。

根据《中华人民共和国中国人民银行法》第三章第十五条的规定和2000年2月颁布的《中华人民共和国人民币管理条例》第三条的规定，中华人民共和国的法定货币是人民币。以人民币支付中华人民共和国境内的一切公共和私人的债务，任何单位和个人不得拒收。香港、澳门虽然已经回归祖国，但是，根据《中华人民共和国香港特别行政区基本法》和《中华人民共和国澳门特别行政区基本法》，港币和澳元分别是香港特别行政区和澳门特别行政区的法定货币。人民币和港币、澳元的关系，是在一个国家的不同社会经济制度区域内流通的三种货币，它们所隶属的货币管理当局各按自己的货币管理方法发行和管理货币。当然，一旦人民币实现了资本项目的完全可兑换，“一国三币”的特殊历史现象就会逐步消失。

（一）香港货币制度简介

现行的香港货币制度规定，其发行货币为港元，货币单位为“元”，港元实行与美元联系的汇率制度，港币实行自由兑换。具体内容有：

1. 香港流通的货币包括纸币和铸币。由三家获授权的商业银行发行，这三家银行分别是香港上海汇丰银行、中国银行和渣打银行。

2. 香港纸币的发行制度。香港于1935年成立了外汇基金，作为法定货币的保证，并负责管理纸币的发行事宜。银行首先要向外汇基金购买负债证明书，然后才获授权去发行港元纸币。从1983年10月17日开始，外汇基金实行了一些发行纸币的新措施，规定港元与美元挂钩，且以1美元兑换7.8港元的固定汇率进行交换，这一汇率称为联系汇率，而三家发行纸币的银行须以美元根据上述汇率向外汇基金购入负债证明书，然后才可以发行证明书上所列明的等值的港元。

3. 香港法定货币的价值。在现行的港币发行制度下，香港发行纸币是有 100% 同等币值的美元储备作支持的，这些储备存放在外汇基金内。因此，如果发行纸币的银行要增加纸币的流通数量，银行会向外汇基金缴交同等币值的美元；相反，如果银行要减少港元纸币的流通数量，外汇基金同样会将同等价值的美元支付给银行。

（二）澳门货币制度简介

澳门特别行政区政府自行制定货币金融政策，保障金融市场和各种金融机构的经营自由，并依法进行管理和监督。

澳门元为澳门特别行政区的法定货币；澳门货币发行权属于澳门特别行政区政府，澳门货币的发行须有百分之百的准备金，澳门货币的发行制度和准备金制度，由法律规定；澳门特别行政区政府可授权指定银行行使或继续行使发行澳门货币的代理职能；澳门特别行政区不实行外汇管制政策，澳门元自由兑换；澳门特别行政区的外汇储备由澳门特别行政区政府依法管理和支配；澳门特别行政区政府保障资金的流动和进出自由。

目前，澳门元采用与港元挂钩的办法来衡量其币值，实行与港元挂钩并间接与美元挂钩的固定汇率制，从而使其币值保持稳定。现行的纸币和铸币，由两家获政府授权的银行所发行，分别是中国银行和大西洋银行。

为维护和提高澳门货币的信用地位与可兑换性，澳门元实行完全的储备基础，这是澳门货币制度的重要内容。这一制度在维护澳门经济金融稳定发展中发挥了积极作用。

二、跨国货币制度和欧元

迄今为止，我们对货币制度的研究都与国家主权不可分割地结合在一起，是研究一个主权国家内的货币制度。人类社会进入 20 世纪末、21 世纪初，随着经济和金融全球一体化的发展，地区性货币一体化十分引人注目，超国家主权的跨国货币制度开始诞生，欧元是其典型的代表。

1998 年 5 月 3 日，欧盟特别首脑会议在布鲁塞尔闭幕。会议最终确认了欧盟 11 个成员国成为欧元创始国，这 11 个国家是比利时、德国、西班牙、法国、爱尔兰、意大利、卢森堡、荷兰、奥地利、葡萄牙和芬兰。为了保证单一货币的顺利实施，欧洲中央银行也于 1998 年 7 月 1 日正式成立，欧洲中央银行统一发行欧元，制定和执行统一的货币政策和汇率政策，并依据《稳定和增长条约》对各成员国的金融管理进行监管。1999 年 1 月 1 日，欧元正式启动，标志着欧洲货币一体化质的飞跃。欧元从问世到最终取代各国货币，经历了三个阶段：第一阶段，1999 年 1 月 1 日欧元成为会计或电子交易单位。11 国货币与欧元的比价不可撤销地确定下来。第二阶段，2002 年 1 月 1 日欧元纸币和硬币开始流通。欧元同成员国货币同时流通。第三阶段，2002 年 7 月 1 日欧元成为欧盟 11 国唯一的法定货币，成员国货币停止流通。

欧元的诞生对欧洲和世界经济产生了深远的影响，对加快世界经济一体化和货币一体化进程起到了积极的作用。但是，欧元作为人类历史上跨国货币制度的创新，在单一货币和新汇率制度运行、跨国中央银行的运作等方面，还存在着不少困难和障碍，有待于在实践进程中逐步加以克服。

在欧元的启示下，世界各大洲都出现了建立跨国货币制度的动向。在美洲，秘鲁和厄瓜多尔试图实行以美元为基础的经济；被誉为“欧元之父”的罗伯特·蒙代尔在 2000 年 4～5 月的巡回演讲中，大力倡导巴西、阿根廷、乌拉圭和巴拉圭建立南美共同货币；在非洲，西非经济共同体六国领导人于 2000 年 4 月 21 日签署协议，准备建立统一货币；经历 1997 年亚洲金融危机之后，为了稳定亚洲的货币环境，一些国家和地区也提出了建立“亚元”的构想等等。但是，跨国货币制度必须建立在各国经济政治制度接近、生产力发展水平相近、各国货币政策、经济政策和价值观念趋同的基础之上，因此，需要一个较长的发展和磨合过程。可以预见，在经济全球化的趋势下，随着各国经济交往中面临的汇率、利率风险的增加，跨国货币制度将是货币制度发展的必然趋势。

知识要点

1. 货币是商品交换的产物。自货币产生以来，货币形态大致经历了实物货币、金属货币、纸质货币和存款货币几个发展阶段。

2. 货币是固定地充当一般等价物的特殊商品。货币在社会经济活动中发挥价值尺度、流通手段、贮藏手段、支付手段和世界货币五种职能，其中，价值尺度和流通手段是货币最基本的职能。

3. 货币制度是国家以法律形式规定的货币流通的结构和组织形式。一般而言，货币制度大体包括货币材料的确定、货币单位的确定、本位币、辅币及其偿付能力的确定、发行准备制度等构成要素。

4. 货币制度按币材的不同可以分为金属货币本位制度和纸币本位制度两大类。前者又可分为银本位制、金银复本位制和金本位制；后者又称为不兑现的信用货币制度，它是当今世界各国普遍推行的一种货币制度。

5. 人民币制度的建立是以1948年12月1日的人民币发行为标志的。人民币是我国的本位货币；人民币是我国唯一合法流通的货币；人民币是信用货币；人民币发行坚持高度集中统一和经济发行原则；人民币是独立自主的货币。

课堂讨论题

如何正确认识目前我国“一国三币”的特殊货币制度？它与复本位制有无冲突？

推荐阅读

1. 宋鸿兵．货币战争．北京：中信出版社，2007
2. 安烨．货币银行学．上海：上海财经大学出版社，2006
3. 朱新蓉．金融学．北京：中国金融出版社，2005
4. ［美］弗格森．货币崛起．北京：中信出版社，2009

第二章

信用与利息

学习目标

通过本章学习重点掌握以下内容：信用的职能作用；主要信用形式及特征；信用工具及其特点；利息的本质与计算方法；利率种类及其决定因素。

案例导读

很长时期以来，民间流传着这样的故事：一个中国的老太太与一个美国的老太太死后在天堂相遇，中国老太太说："我辛苦了30年终于买到了一套大房子"，美国的老太太说："我辛苦了30年终于还清了房贷"。旁观者认为："中国的老太太不值，辛苦了30年买的房子自己却无福享受，而美国的老太太虽然也辛苦了30年却住了30年的大房子，死了也值。"这是因为她通过信用方式实现了在现有收入水平下不能实现的消费愿望。

那么，什么是信用？信用又有何职能作用呢？

第一节　信用概述

一、信用的概念与特征

相关链接

西方经济学中的“信用”一词源于拉丁语“Credo”，其意为“信任、声誉”等；“信用”在英语中是“Credit”，其意为“信用、赊账、信贷”等。汉语中的“信用”原意为能履行承诺而取信于人，近代在学习西方文明的过程中，又扩大了“信用”一词的内涵，引进了“借贷”、“借款”等内容。因此，汉语中的“信用”主要有两种解释：一是社会学解释，二是经济学解释。

在日常生活中，人们经常从道德规范的角度使用信用这一概念，表示恪守诺言、具有信誉的意思。在经济学意义上，信用是指一种借贷行为，是以偿还和付息为条件的特殊的价值运动形式，是从属于商品货币关系的一个经济范畴。它具有两个基本特征：一是到期偿还；二是偿还时还带有一个增加额——利息。

所谓借贷，就是商品或货币的所有者将商品赊销或将货币贷放出去，借者按约定的时间偿付购货款或归还贷款本金并支付一定的利息。无论是以赊销形式进行的商品借贷或是以货币进行直接借贷，在借贷活动中，借方为债务人，贷方是债权人，借贷双方构成的债权债务关系是一种信用关系。这种信用关系不同于普通商品交易中等价交换的买卖关系。在商品买卖中，价值是对等运动，商品所有者卖出商品换回货币，买者则付出货币换回商品，买和卖同时进行，商品所有权通过交换而发生转移，而货币在其中执行流通手段的职能。而借贷行为则不同，贷者让渡的是商品或货币的使用权而不是所有权。当借贷的商品或货币在贷者和借者之间转移时，其使用权与所有权分离，价值作单方面运动。由于存在这种分离，就要求有借有还，因此，这种价值的运动或转移是以偿还为条件的。有偿付出是信用这一经济范畴有别于其他如财政、社会救济等行为的最主要的特征。同时，这种价值的转移还必须能带来增值，即要求借者支付一定的利息，作为取得借用商品或货币使用权的代价，货币在此执行支付手段的职能。

小贴士

有些贷款是无息的，但这不是一般状态，而是属于特殊的优惠，如政府为扶贫或是刺激经济的发展而发放的无息贷款等。

二、信用的产生

信用是商品经济发展到一定阶段的产物。当商品交换出现延期支付、货币执行支付手段职能时，信用就产生了。

从历史上看，信用产生于原始社会瓦解时期。社会分工和私有制是商品货币经济的两个基本前提条件。社会分工，要求商品生产者必须通过商品交换才能实现商品的价值，而私有制的存在又要求商品交换按照等价交换原则进行。但是，在社会再生产过程中，由于各种商品生产的季节性差异，生产周期长短不一，商品购销地点距离远近不同等原因，常常使商品的买卖与货币的支付无法同时进行。一方面，商品生产者需要出售商品，实现商品的价值；另一方面，商品的购买者又因为种种原因无法立即支付购货款。在这种情况下，只有通过商品赊销、延期付款或货币借贷等信用活动来进行调节，促进商品交换的实现，满足各方面的需要，保证社会再生产的顺利进行，信用便由此产生。可见，商品货币经济是信用产生的客观经济基础。

三、信用的发展

信用关系是在商品货币关系的基础上产生的，也必然随着商品货币关系的发展而发展。随着商品货币关系的发展和社会生产方式的变更，信用超出了商品流通的范畴，不再局限于调剂余缺，更多的是表现为以追求利息为目的的直接的货币借贷，即货币所有者为获取利息贷出货币，而货币需求者以承诺到期归还并支付利息为条件取得货币的使用权。这种直接以追求利息为目的的信用活动在经济发展的不同时期有不同的表现形式。

（一）高利贷信用——最古老的信用形式

高利贷是指以取得高额利息为特征的借贷活动。它是古老形式的生息资本，无论是在东方还是西方，在前资本主义社会的经济生活中，高利贷是占统治地位的信用形式。小生产者占统治地位的自然经济是高利贷信用存在的客观基础。

相关链接

旧中国高利贷十分活跃、名目繁多，华北盛行“驴打滚”，江浙一带有“印子钱”，广东有“九扣十三归”等高利贷形式。除小生产者之外，高利贷的需求者还包括一些奴隶主和封建主，他们告贷的目的是为了满足其荒淫腐化的生活和政治上的需要。

高利贷信用具有以下特点：

1. 利率极高、剥削重。从历史上看，高利贷的利率无最高限度，在不同的国家、不同的历史时期，利率水平相差很大。一般年利率在30%以上，高的可达200%～300%。在旧中国俗称的“驴打滚”，就是年利率在100%以上。

2. 高利贷的利息来源于奴隶或小生产者的剩余劳动，甚至一部分必要劳动。小生产者借高利贷所支付的利息，有时是他们自己的全部剩余劳动，甚至包括一部分必要劳动。一些奴隶主、封建主借高利贷所支付的高额利息，则来源于他们无偿占有的奴隶和农奴的剩余劳动及必要劳动。

3. 非生产性。高利贷的借者，一是部分奴隶主和封建主，其目的是为了满足其奢侈的生活或政治上的需要；二是小生产者，他们是为了维持简单再生产和极其低下的生活。总之，绝大部分都是用于非生产活动，很少用于生产发展。

高利贷的沉重盘剥对社会生产力的发展起到了破坏和阻碍作用，虽然在资本主义生产方式的建立过程中，高利贷促进了资本和雇佣劳动力的形成，但是高利贷的高利率不仅会吞食资本家的全部利润，而且会侵蚀资本家的资本金，因此不能适应资本主义生产对信贷的迫切需要。为此，新兴的资产阶级为反对高利贷进行了坚决的斗争，斗争的焦点是要使利率降低到资本所能获取的利润水平之下，从而使借贷关系服从于资本主义发展的需要。斗争方式基本上有两种：一是通过法律规定限制高利贷利率。例如，英国 1545 年的法案规定最高年利率为 10%，1624 年降低到 8%，1651 年为 6%，1714 年又把上限降到 5%。二是发展资本主义自身的信用事业。最终资本主义信用取代了高利贷信用，产生了借贷资本，现代信用由此形成。

（二）现代信用——借贷资本

现代信用是指现代借贷资本的运动。所谓现代借贷资本，是指在现代商品经济条件下，货币所有者为了获取利息而贷放给货币使用者的货币资本。

借贷资本是生息资本的现代形式，它存在和发展的基础是社会化商品生产。现代信用是在资本主义再生产过程中产生的。一方面在资本主义再生产过程中，产业资本的循环周转由于种种原因必然会游离出一部分暂时闲置的货币资本，形成了对货币资本的供给；另一方面，在资本的循环周转过程中，也总会有部分厂商需要临时补充货币资本。这样，拥有暂时闲置货币资本的厂商可以通过信用形式将暂时不用的货币资本贷放给需要临时补充货币资本的厂商使用，并在一定时期以后连本带利收回。这些贷出和借入的货币资本便形成了借贷资本的运动形式，现代信用就在此基础上形成了。借贷资本具有以下特点：

1. 借贷资本是一种特殊的商品资本。借贷资本作为一种商品，与一般商品一样也有使用价值和“价格”。它的使用价值在于被让渡后能作为资本发挥作用，能产生剩余价值。同时，使用这种借贷资本需要付出一定的代价，也就是利息。这样，借贷资本又获得了一个以利息形态出现的“价格”。

2. 借贷资本是一种所有权资本。货币所有者贷出的是资本的使用权，而保留了它的所有权。货币使用者用它进行剩余价值的生产，到期还本付息。货币所有者既不直接参加生产，也不从事商品流通，仅凭对借贷资本的所有权分享利润。

3. 借贷资本具有特殊的运动形式。表面上看，它的运动形式是 $G—G+\Delta G$，即贷出货币，收回更多的货币（包括利息），“钱能生钱”。实际上，借贷资本从来不存在单独的运动，它总是依附于产业资本和商业资本运动而运动的。所以，借贷资本完整的运动公式应当是：

$$G — G — W \cdots P \cdots W' — G' — G + \Delta G$$

图 2－1　借贷资本的二重支付与二重回流图

从上述公式可以看出，借贷资本的运动在货币形态上表现为两重支付、两重回流的特点。从借贷资本的特殊运动形式中也反映了利息是利润的一部分，货币的增值来源于劳动者在生产过程中创造的剩余价值。

生息资本从古老的高利贷形式到现代的借贷资本形式的发展过程，说明了信用是随着社会生产力的发展而发展的，在商品经济发展的各个阶段都有与之相适应的信用形式。在现代商品经济条件下，高度社会化的大生产、发达的市场经济为信用的发展奠定了基础，同时也要求有发达的信用制度为其服务。为此，融资方式多样化、融资工具创新化、融资规模扩大化、融资活动国际化成为当今信用发展的趋势。

四、信用的职能与作用

现代经济是货币信用经济，信用在经济活动中具有非常重要的职能作用，成为动员和分配社会资金、调节经济活动、优化资源配置的重要工具和杠杆。

（一）信用的职能

1. 分配职能。在社会再生产中，信用处于分配环节。它通过动员、集中各个方面暂时闲置的资金，并通过一定的方式进行再分配，以满足社会对资金的需求。信用无论是动员资金或是分配资金，都是以偿还为条件的，都仅仅是转让资金的使用权而不是改变资金的所有权。因此，这种资金分配方式与其他资金分配方式相比，具有偿还性、周转性、灵活性等特点。

想一想

信用分配与财政分配、工资分配、价格分配有何不同?

2. 调节职能。信用通过分配资金必然对社会生产过程产生重要影响，从而改变原有生产格局，形成不同生产效果。因此，信用在分配社会资金的过程中，具有调节职能。国家借助信用来调整国民经济的比例结构，从而达到调节经济、促进经济迅速发展的目的。

3. 提供和创造货币的职能。信用分配的对象主要是货币，银行通过信用活动吸收暂时闲置的货币资金，再以贷款的形式向商品生产和流通部门提供货币资金。在以贷款形式提供货币资金的过程中，贷款首先转化为存款，在转账结算和部分准备金条件下，商业银行具有信用创造功能，可以创造新的流通手段和支付手段，增加流通中的货币量。因此，信用具有提供和创造货币的功能。

（二）信用的作用

信用的职能是信用本身所固有的功能，而信用的作用是信用职能的具体体现。在现代经济社会里，经济越发达信用越发展；经济对信用的依赖越多，信用对经济的影响也就越大。信用对经济发展的积极作用主要表现在以下几个方面：

1. 信用可以筹集和分配资金，促进经济发展。信用是筹集资金的一种重要方式，它可以积少成多，续短为长，变消费资金为生产资金，从而满足经济建设的资金需要，促进生产力的发展。

2. 信用是调节经济的重要杠杆。信用对经济的调节作用是通过资金分配来实现的。信贷资金分配的规模、方向会影响和制约国民经济的发展规模和结构，从而实现产业结构和经济结构的调整。同时，在银行贷款业务中，通过贷与不贷、贷多贷少、利率高低等将对微观经济主体产生重要的影响，促进其调整产品结构，提高产品质量，改善经营管理，提高经济效益。

3. 信用是调节货币流通、促进市场供求平衡的有效手段。在信用货币制度下，货币的投放和回笼都是通过信贷途径实现的。当经济增长速度加快，生产和流通扩大需要增加货币投入时，银行通过发放贷款，增加流通中的货币数量；当需要紧缩银根时，银行收回贷款，扩大储蓄，减少流通中的货币数量，使货币流通与商品流通相适应，从而保证社会总供求的平衡。

4. 信用可以加速资金周转，节约社会流通费用。由于信用能使社会各种闲置资金集中起来并投放出去，使大量原本处于相对静止状态的资金运动起来，从而会加速社会资金周转速度，提高社会资金的使用效率。信用还能节约大量的社会流通费用。现代银行信用制度的发展使债权债务可以在银行信用基础上通过转账结算进行，而不必采用现金结算的方式，在信用基础上发展起来的汇票、支票等信用工具，又可代替货币执行流通手段和支付手段的职能，大大节省了交易和流通成本，提高了商品交换的效率。

第二节　信用形式

信用形式是信用活动的具体表现形式。随着商品货币关系的发展，信用形式也不断发展和完善。现代信用形式的种类繁多。如果按信用的主体划分，有商业信用、银行信用、国家信用、消费信用、民间信用、租赁信用、国际信用等具体形式。而商业信用、银行信用、国家信用、消费信用是最基本的信用形式。

一、商业信用

商业信用是企业之间相互提供的、与商品交易相联系的信用活动。其具体形式有赊购赊销、分期付款、预付货款等。

（一）商业信用的特点

1. 商业信用的借贷双方都是企业。反映的是不同的商品生产企业或商品流通企业之间因商品交易而引起的债权债务关系。

2. 商业信用是以商品形态提供的信用。其资金来源是企业资金循环过程中的商品资金，是企业生产经营资金的一部分，而不是从生产过程游离出来的暂时闲置的货币资金。

3. 商业信用的动态与产业资本的动态相一致。繁荣时期，商业信用会随生产和流通的发展、产业资本的扩大而扩张；危机阶段，商业信用又会随着生产和流通的缩减、产业资本缩小而萎缩。

4. 商业信用是一种直接信用。资金供求双方直接达成协议建立信用关系，无须信用中介机构的介入。

（二）商业信用的作用和局限性

商业信用直接与商品生产和流通过程相联系，为商品买卖融通资金，它对于加速资本的循环和周转，保证再生产过程顺利进行起了积极的作用。但由于商业信用受其自身特点的影响，因而又具有一定的局限性。

1. 信用规模和数量上的局限性。商业信用的规模受到提供信用的企业所拥有的资金数额的限制，企业能赊销的商品只能是商品资金的一部分。

2. 信用方向上的局限性。商业信用受商品流向的限制，只能向需要该种商品的企业提供。

3. 信用范围上的局限性。商业信用是直接信用，借贷双方只有在相互了解对方的信誉和偿还能力的基础上才可能确立商业信用关系。相互不了解信用能力的企业，不易发生商业信用。而且，商业信用是与商品生产和流通相联系的，只存在于商品生产和流通范畴内。

4. 信用期限的局限性。商业信用所提供的是处于再生产过程中最后一个阶段的商品资本，是产业资本的一部分。这就决定了这部分资本只适用于短期生产或流通，而不能用于长期性投资。

（三）商业信用的管理

商业信用是在企业间分散、自发进行的，带有一定的盲目性。同时由于商业信用钱货脱节，容易掩盖企业经营管理上的问题，一旦债务企业资金周转不顺畅，发生偿债困难时会对债权企业产生连锁影响，甚至可能使一系列企业陷入债务危机之中。因此，在发展商业信用的同时，应加强对商业信用的管理。

相关链接

我国对商业信用的管理主要从以下几方面入手：一是根据市场经济的要求，划定商业信用开放的范围，在国家政策允许的范围内有控制地开放利用；二是实行商业信用票据化，把债权债务关系和经济责任等用法律形式确立下来，便于管理和监督；三是由银行承办票据的承兑、抵押和贴现，利用银行资金支持商业信用的发展，把商业信用纳入银行信用的管理轨道。1995 年，全国人大通过了《中华人民共和国票据法》，从而把我国商业信用活动纳入了法制化、票据化、规范化的轨道。

二、银行信用

银行信用是银行及其他金融机构以货币形式提供的信用。它的基本形式是吸收存款和发放贷款。银行信用是在商业信用的基础上产生的一种信用形式，它克服了商业信用的局限性，具有以下特点：

1. 银行信用是一种间接信用。银行作为信用中介机构，在存款业务中，银行是债务人，存户是债权人；在贷款业务中，银行是债权人，借款方是债务人。

2. 银行信用是以货币形态提供的信用。银行一方面以信用形式集中社会各方的闲置资金，形成巨额的借贷资本，从而克服了商业信用在规模数量上的局限性；另一方面银行信用是以货币形态提供的，可以不受商品流转方向的限制，从而克服了商业信用方向上的局限性。

3. 银行信用期限灵活。银行吸收的各项存款存取时间不一致，存取交错在一起形成银行账户上稳定的余额，为银行发放长期贷款提供了资金来源，因而银行既可以提供短期信用，也可以提供长期信用。

4. 银行信用作用范围不断扩大。由于银行实力强、信誉高、安全稳定、能与社会各方面发生比较广泛的信用关系，从而克服了商业信用在作用范围上的局限性。

可见，银行信用在规模、方向、期限、范围等方面都优于商业信用，更能适应现代社会化大生产和商品经济发展的需要，因此在信用体系中处于主导地位。

小贴士

银行信用一直是我国最基本的信用形式。在经济体制改革前，我国长期实行单一的银行信用，并把全部银行信用集中于一家银行，企业只能在一家银行的某一个分支机构开立账户，并与之发生信用关系，此外不允许有任何其他融通资金的信用形式存在。随着经济体制和金融体制的改革，单一的银行信用逐步转变为多种信用形式，从而为社会主义市场经济的建立和完善提供有效的服务。

三、国家信用

国家信用泛指以国家或政府为主体的借贷活动，它包括国家筹资信用和国家投资信用。国家筹资信用是国家以债务人身份向社会筹集资金，主要形式有发行政府债券（如国库券、公债券）、向银行借款或透支等；国家投资信用是国家以债权人身份向社会提供资金，主要有财政基本建设投资、财政周转金、援外贷款等形式。现代社会中，国家信用主要表现为国家筹资信用，其具有以下特点：

1. 国家信用的债务人是国家，债权人是银行、企事业单位和个人，也可以是外国政府；
2. 国家信用的安全性最高，政府债券备受投资者青睐；
3. 国家信用的目的是为了弥补财政赤字和筹集重点建设项目的资金；
4. 国家信用与银行信用具有相同的资金来源，二者在社会闲散资金总量一定的条件下，存在此消彼长的关系；
5. 国家信用是调节经济、实现宏观调控的重要杠杆。国家通过发行债券可以广泛动员社会各方面的资金，引导社会资金的流向，促进国民经济结构更加合理化。此外，中央银行通过公开市场业务，买卖政府债券，从而可以调节金融市场的资金供求和货币流通。

小贴士

尽管国家信用的安全性强，但2008年的冰岛债务危机和2010年的希腊债务危机告诉我们，投资国债一样是有风险的。

相关链接

我国国家信用的发展可分为三个阶段：第一阶段是1950年，为恢复国民经济，平衡财政收支，稳定物价，政府发行了人民胜利折实公债。第二阶段是1954～1958年，国家发行了经济建设公债，到1968年全部还清本息。此后长期没有运用国债形式，原因是受“左”倾思想影响，认为社会主义国家应该既无内债，也无外债。第三阶段是改革开放以后，从1981年起，国家恢复发行了政府债券，为弥补财政赤字，保证国家重点建设项目的资金，发展社会主义市场经济起了十分重要的作用。

四、消费信用

消费信用是企业、银行或其他金融机构以商品、货币或劳务的形式向消费者个人提供的信用。其主要形式有：

1. 商品赊销。这主要用于日常零星购买，属于短期信用，一般采用允许有一个透支限额的消费信用卡方式进行。

2. 分期付款。这主要用于购买耐用消费品，如汽车、房屋等，属中期信用。采用分期付款方式购买消费品的人，除第一次按规定的比例支付一定的现款外，其余货款按订好的合同分期加息偿还。

3. 消费贷款。这是由银行或其他金融机构向消费者个人发放的贷款，分为信用贷款和抵押贷款两种。信用贷款仅凭借款人的信誉进行贷款，不必提供抵押品，如信用卡透支；抵押贷款则要求借款人以固定资产、金融资产或其他财产作贷款抵押，如住房抵押贷款。

消费信用的存在和发展，有利于企业扩大商品销售，对企业的生产和流通有一定的积极作用，同时也可以适当缓和有限的购买力与现代生活需求之间的矛盾，更好地满足消费者的需要。但是，消费信用发展过快，易于导致超前消费，助长信用膨胀，形成市场的虚假繁荣，对经济产生消极影响。因此，我国应根据宏观经济形势有管理的运用消费信用形式。目前，随着我国经济的不断发展和经济体制改革的进一步深入，为刺激内需，满足人们不断发展的消费需要，国家在政策上鼓励消费信用的发展，居民住房贷款、汽车贷款、助学贷款、房屋装修贷款、旅游消费贷款等消费信用方式开始发展和日臻完善，并取得了良好效果。

相关链接

2008年爆发的全球金融危机其诱因是美国的次贷危机。次贷是指银行机构向信用等级较低的借款人（通常是穷人）发放的消费贷款（住房抵押贷款）。贪婪的银行家为了获取更多的利润，一方面，不断降低首付比例，大量发放次级贷款；另一方面，为了转移风险，又将贷款打包（证券化）出售。当房地产市场的泡沫破灭后，这些资产都成了坏账、呆账，银行和各投资机构开始急剧亏损。2008年9月15日，美国第四大投行雷曼兄弟宣布破产，标志着金融海啸的爆发，由于美国金融市场的国际化程度高，所以，在经济全球化、金融全球化趋势下，金融海啸迅速演变为全球性的金融危机。

除了上述四种基本信用形式外，还有诸如企业信用（亦称公司信用）——指企业通过发行债券或股票等方式筹集资金的活动；民间信用——指居民个人及家庭之间以货币或实物形式进行的直接借贷，以及租赁信用、国际信用等其他信用形式。

想一想

企业信用中的股票信用与债券信用有何不同？国际信用形式有哪些？

第三节　信用工具

一、信用工具的概念和特点

信用工具也称金融工具，是在信用活动中产生的，用以证明债权债务关系、资金所有权关系的具有法律效力的凭证。信用工具是信用形式的载体，是为各种信用关系服务的。随着商品货币经济的发展和信用形式的多样化，各种信用工具也日趋完善。现代金融经济已赋予金融工具作为金融资产的新含义。

信用工具具有如下特点：

1. 期限性。期限性是指一般信用工具都规定有到期偿还的义务、偿还期限、本金偿还方式和利息支付方式。股票虽然没有规定偿还的期限，但股票持有者可以通过股票市场转让股票收回投资；封闭式基金在运行期间要分红派息，运行期满要进行清算；开放式基金要随时允许持有者按净值赎回。

2. 流动性。流动性是指信用工具在金融市场上迅速变为现金而不致遭受损失的能力。凡能随时卖出而换回现金的信用工具，称为流动性强；反之，在短期内不易脱手的信用工具，则称为流动性差。一般来说，信用工具的流动性与偿还期成反比，偿还期越短，流动性越强；偿还期越长，流动性越差。但一个国家的金融市场如果比较发达，一些盈利水平高的信用工具即使偿还期比较长，往往也具有很强的流动性，很容易在金融市场出售。另外，信用工具的流动性与发行者的资信程度成正比，发行者信誉越高，流动性越强；反之，则流动性越差。

3. 风险性。风险性是指投资于信用工具的本金遭受损失的可能性大小。一般情况下，本金受损的风险有两种：一是信用风险，即债务人不履行债务的风险。这种风险的大小主要取决于债务人的信誉和经营状况。二是市场风险，即由于信用工具市场价格的下跌所带来的风险。金融市场瞬息万变，这类风险很难预测，如股票的市价经常会发生变化，一旦价格下跌，会给投资者带来损失。因此，在金融投资中，应审时度势，采取必要的保值措施。

4. 收益性。收益性是指投资于信用工具能给投资者带来收益的能力。信用工具的收益主要有两种：一是固定收益，如利息、股息等等；二是即期收益，即利用市场价格的变动出售信用工具获得的收益。各种信用工具的收益率不同，一般情况下，期限短、流动性强、风险小的信用工具收益率相对较低；而期限长、流动性差、风险较大的信用工具，其收益率相对较高。

每种信用工具上述四性的程度是不平衡的。一般来说，其流动性与收益性成反比，收益性与风险性成正比，流动性与风险性成反比。因此，选择什么信用工具，应综合权衡利弊。

信用工具多种多样，有不同的划分标准。如按期限的长短可分为短期信用工具和长期信用工具；按发行者的性质可分为直接信用工具和间接信用工具；按是否与实际信用活动直接相关可分为基础性信用工具和衍生信用工具。

二、短期信用工具

短期信用工具是指期限在一年或一年以内的信用工具。主要有以下几种：

（一）商业票据

商业票据是在商业信用的基础上产生的，用来证明交易双方债权债务关系的书面凭证，包括商业汇票和商业本票两种。

1. 商业汇票。商业汇票是由债权人或债务人签发的要求债务人按约定的期限向指定的收款人或持票人无条件支付一定款项的命令书。商业汇票必须经过承兑后才具有法律效力。按承兑人不同，商业汇票又分为商业承兑汇票和银行承兑汇票两种。

2. 商业本票。商业本票又称期票，是债务人向债权人签发的，承诺在约定的期限内无条件支付一定款项的债务凭证。商业本票无须承兑。

商业票据可以背书转让。背书人与出票人同样要对票据的支付负责。同时企业还可将未到期的票据贴现给银行，从而取得现款。

（二）银行票据

银行票据是在银行信用的基础上，由银行签发的或由银行承担付款义务的信用凭证。它包括银行汇票、银行本票和银行支票。

1. 银行汇票。银行汇票是汇款人将款项交存银行后由银行签发给汇款人持往异地支取现金或办理转账的汇款凭证。

2. 银行本票。银行本票是由银行签发的，承诺自己在见票时无条件支付确定的金额给收款人或持票人的票据。它可以代替现金流通，具有见票即付的功能。银行本票分为定额本票和不定额本票两种。

3. 银行支票。银行支票是银行的存款人签发的，要求银行从其活期存款账户上支付一定金额给持票人或指定人的票据。支票一般有现金支票、转账支票、普通支票和划线支票。支票是在银行信用基础上产生的，见票即付。签发支票金额以存款为限，禁止签发空头支票。

（三）大额可转让定期存单

大额可转让定期存单简称存单（也叫 CD）是由银行签发的，记载一定存款金额、期限、利率，可以流通转让的信用工具。存单名义上是一种存款凭证，实际上是银行发行的承诺在一定时期按票面金额和约定利率支付本息的债券。

存单与一般的银行定期存款单的区别在于：（1）存单不记名；（2）期限较短，通常在一年以内；（3）面额固定且金额较大；（4）允许在自由市场上买卖转让，但在期满前不能要求银行偿付。

存单多为大银行发行，安全可靠，既能获得定期存款的利息，又可随时转让变现，因此很受投资者欢迎。

小贴士

最早的大额可转让定期存单是 1961 年 2 月由美国的花旗银行发行的。美国的大额可转让定期存单市场也最为活跃，其存单种类主要有国内存单、欧洲美元存单、扬基存单和储蓄机构存单。我国于 1986 年上半年起由中国银行和交通银行首次发行可转让大额定期存单。1989 年以后，其他银行也相继开始发行。

（四）信用证

信用证有商业信用证和旅行信用证两类。

商业信用证是在商品交易中银行受客户的委托开出的证明客户有支付能力并保证付款的信用凭证。它是建立在银行信用基础上的一种支付方式，常用于国际贸易货款的结算。

旅行信用证又称货币信用证，是银行为方便旅行者出国旅行在国外支取款项所发行的信用凭证。旅行者在出国前，将款项交存银行，并留下印鉴或签字，由银行开给旅行信用证，旅行途中凭信用证向指定银行支取款项。

（五）信用卡

信用卡是银行发行的，凭以向特约单位购物、消费和向银行支取现金且具有消费信用的特制载体卡片。信用卡涉及发卡银行、特约单位、持卡人三方。持卡人凭卡可在本地或异地特约单位购买商品和支付费用，还可以凭卡向发卡银行或代理机构透支现金。接受信用卡的特约单位每天营业终了向发卡银行索偿款项，发卡银行定期与持卡人进行清算。

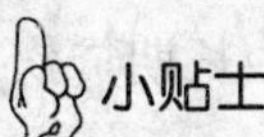

1979 年 10 月中国银行广东分行与香港东美银行签订代理东美信用卡协议，并开始办理此项业务。从此，信用卡在中国出现。1986 年 10 月中国银行总行作出在全国中国银行系统推广信用卡业务的决定，并统一命名为“长城信用卡”，简称“长城卡”（以人民币为结算货币）。自此国内通用的人民币信用卡诞生。

想一想

信用卡与普通储值卡有何异同？

（六）国库券

国库券也叫短期政府债券，在西方国家是指国家财政当局为弥补国库短期收支差额而发行的一种短期债务凭证。一般偿还期在一年以内，以年度内的预算收入作为还本付息的担保，采取无记名形式发行，无须经过背书就可以转让流通。由于国库券期限短、信誉好、流动性强，在金融市场颇受投资者青睐。

三、长期信用工具

长期信用工具是指期限在一年以上的信用工具。长期信用工具主要包括股票、债券和基金券，也称为有价证券，即具有一定的票面金额，代表财产所有权或债权，并能取得一定收入的凭证。

（一）股票

股票是股份公司发给股东证明其投资入股并凭以领取股息的凭证。股票的投资者即为股份公司的股东，在法律上可参与企业管理、分享公司的利益，同时也要分担公司的责任和风险。投资者购买股票后不能退股，但可以通过股票市场转让股权，收回股本。

股票是代表财产所有权的有价证券，之所以能够买卖流通，具有买卖价格，是因为它能给持有者带来股息、红利等收益。而股票转让流通中出现的买卖价格的波动，又可能使投资者获得价差收益。股票的市场价格也称股票行市，从理论上讲主要取决于两个因素：一是预期股利收益，它与股票行市成正比；二是市场利率，它与股票行市成反比。当然，这只是决定行市的一般规律，实际的股票价格很不稳定，具有极高的灵敏性，除了公司本身的经营状况外，其他诸如股票的供求关系、国家的政治局势、政府的经济政策、投资者的心理状态等多种因素均可影响股票行市。

（二）债券

债券是债务人向债权人出具的，承诺在一定时期支付约定利息和到期偿还本金的债务凭证。按发行主体的不同，债券可分为政府债券、企业债券和金融债券。

政府债券是政府为筹措资金而发行的债务凭证。它信誉高、安全性强、风险小，通常被称为“金边债券”，是资本市场的重要金融工具。

企业债券也称公司债券，是企业按照法律程序发行的，约定在一定期限还本付息的债务凭证。企业债券的风险较大，因此其利率要略高于其他债券。为保证投资人权益，各国对公司债券的发行和流通都有具体的规定。

金融债券是银行或其他金融机构为募集资金而发行的债务凭证，目的是筹集中长期贷款的资金来源，其发行额须经中央银行批准，利率略高于同期定期存款。

（三）基金

基金是一种性质介于股票和债券之间的单位受益凭证。它是投资基金组织向社会公开发行的，证明持有人按其持有份额享有资产所有权、收益分配权、剩余财产分配权的集合投资凭证。作为长期信用工具的基金主要有两种形式：一是开放式基金，也称“变动式投资基金”，其设立后基金份额会发生变动。基金的组织者可根据市场变化、资本价值变化、投资要求等因素，发行新的基金，使基金份额增加；基金持有人也可根据市场状况、投资取向变化等，要求基金管理机构赎回基金，从而减少基金份额。二是封闭式基金，又称“固定式投资基金”，其一旦设立，在规定的时间内基金份额固定不变。在公募的条件下，封闭式基金一般可以在交易所挂牌交易，投资者若想将所持基金变现，可将基金卖出。

四、金融衍生工具

金融衍生工具是在基础性金融工具的基础上发展起来的投资和风险管理工具，即指从原生资产（股票、债券、货币等基础性金融工具）派生出来的金融工具。衍生工具以合约的形式出现，其价值取决于原生工具的变动情况。近年来，衍生工具的交易十分活跃，种类也越来越多。以下介绍几种主要的衍生工具。

（一）金融期货

金融期货是指交易双方在固定场所（期货交易所）以公开竞价的方式成交后，约定在未来某一日期以确定的价格买卖标准数量的某种金融商品的合约，包括利率期货、股票指数期货和货币期货。

利率期货是指在某一特定时间，将某一特定的金融工具以预先确定的价格进行买卖的合约。这种期货是为了避免短期利率风险而买进现货、卖出期货或卖出现货、买进期货，因此称利率期货。

股票指数期货是一种以股票价格指数作为标的物的期货合约，其目的是为了避免市场上的系统性风险。由于交易的对象是衡量各种股票价格变动水平的无形指数，因此其价格是由指数乘以一个人为规定的每点价格形成的，而不是像其他期货合约那样以期货自身的价值为基础。

小贴士

2010 年 4 月 16 日我国股指期货正式开通。

货币期货是以某种货币作为标的物的期货合约，其目的是避免汇率变动的风险，即买卖双方在交易所内根据成交单位、交易时间标准化的原则，按固定价格买卖远期外汇。

（二）金融期权

金融期权是一种赋予期权的持有者（期权的买方）在某一未来日期或在此日期之前按协定价格买卖某种金融工具（货币、利率、债券、黄金等）的权利（而非义务）的合约。期权的买方要向期权的卖方支付一笔费用（期权费）作为获得这一权利的代价。当合约约定期权的买方有按协定价格购买一笔资产的权利时，此为看涨期权（或买入期权）；反之，当合约约定期权买方有按协定价格卖出一笔资产的权利时，则为看跌期权（或卖出期权）。

对期权的买方来说，期权是一种权利而不是义务，他可以根据市场价格的变化选择执行或放弃执行期权；而对卖方而言只有服从的义务而没有选择的权利。显然，期权交易双方的权利和义务是不对称的。

期权合约具有保值的功能，但和具有同样功能的远期合约和期货合约相比，其灵活性较大，并且在有限的风险（期权费）下拥有获得无限利润的机会。

（三）互换协议

互换是一种交易双方商定在一定时间以后交换支付的合约。主要有货币互换和利率互换两种。

货币互换一般指交易双方针对具体数量的两种货币进行交换（如一定数量的美元换等值的、期限相同的英镑），并按合同约定的条件在到期时购回原来的货币。在合约期限内，交易双方还要交换利息的支付。

利率互换是交易双方针对相同币种债权或债务的不同形式的利率进行的交换。与货币互换不同的是，利率互换只涉及利息的支付，而不涉及本金。互换可以是某种货币（债权或债务）的固定利率和浮动利率的对换，也可以是两笔不同浮动利率的对换。

（四）远期利率协议

远期利率协议是交易双方在未来某一时间对某一具体期限的贷款支付利率差额的合约。交易的其中一方想通过此合约使自己免受未来利率上升的损失，而另一方则要使自己免受未来利率下跌的损失。协议中对本金只规定一个数量，到期时根据当时的市场利率与协议利率的差别，由一方向另一方支付利息的差额，而不交换本金。如果市场利率高于协定利率，远期利率协议的买方将从卖方那里收取差额；反之，如果市场利率低于协定利率，卖方将从买方那里收取差额。

想一想

利息差额的收付是在什么时候？当远期利率协议的报价是“3×6，5%”时，其代表的含义是什么？

第四节 利息与利息率

一、利息的含义及本质

利息是与信用相伴随的一个经济范畴。信用作为一种借贷行为，借款者除要按规定时间偿还本金外，还要为使用资金支付一定的代价，即利息。所以，从债权人的角度来说，利息是资金所有者因让渡货币的使用权而从借款人处取得的超过本金的那部分报酬；而从债务人的角度来说，它是借款人获得货币使用权的一种代价，通常我们称之为借贷资金的“价格”。

马克思认为，利息来源于剩余产品，利息的本质是利润的一部分，是剩余价值的转化形式。这说明，利息是由劳动者创造的价值的一部分。利息与利润之间有一定的量的关系。由于利息是利润的一部分，所以，利润就成为利息的最高界限。对全社会而言，平均利润就是利息的最高界限。同时，利息也是反映借贷资金投资效率高低和货币资金使用是否合理的一个标志。

二、利息率及其计算

利息率是借贷期限内所形成的利息额与本金的比率。一般情况下，利息率的最高界限为平均利润率，最低界限为零。利息率的计算公式为：

$$利息率=\frac{利息额}{借贷资金额}\times 100\%$$

利息率可以分为年利率、月利率和日利率，也称年息、月息和日息。习惯上我们用百分比来表示年利率，用千分比来表示月利率，用万分比来表示日利率。年利率与月利率及日利率之间的换算公式为：

$$年利率=月利率\times 12=日利率\times 360$$

在计算利息额时，有两种方法：一为单利法，二为复利法。

按单利法计算利息时，不论借贷期限长短，仅按本金计算利息，单利法的计算公式为：

$$I=P\cdot r\cdot n$$

$$S=P\ (1+n\cdot r)$$

按复利法计算利息时，可将上一期本金所生利息计入本金，一并计算下一期利息，即每期都是按上期本利和来计息，逐期滚算，俗称“利滚利”。复利法的计算公式为：

$$S = P \cdot (1 + r)^n$$

$$I = S - P$$

其中：I 为利息额；P 为本金；r 为利息率；n 为借贷期限或计息次数；S 为本金与利息之和，又称本利和。

相关链接

例如，一笔期限为 3 年、年利率为 6% 的 100 万元的贷款。

按单利法计算，利息总额和本利和分别为：

$I = 1\,000\,000 \times 6\% \times 3 = 180\,000$（元）

$S = 1\,000\,000 \times (1 + 3 \times 6\%) = 1\,180\,000$（元）

按复利法计算，如果利息转换期为 1 年，到期还本付息，则本利和与利息总额分别为：

$S = 1\,000\,000 \times (1 + 6\%)^3 = 1\,191\,016$（元）

$I = 1\,191\,016 - 1\,000\,000 = 191\,016$（元）

可见，在利率相同的情况下，按复利计息多付利息 11 016 元。

想一想

比较单利计息与复利计息的优缺点，并指出复利计息下利息负担轻重与哪个因素关系最大？

三、利率的种类

利率可以根据不同的标准来划分。

（一）市场利率、官方利率与公定利率

市场利率、官方利率与公定利率是按利率的决定主体不同来划分的。市场利率是指由资金供求关系和风险收益等因素决定的利率。官方利率是指由货币管理当局确定的利率。公定利率是指由金融机构或行业公会、协会（如银行公会等）按协商的办法所确定的利率。不同利率在市场的作用不同。

（二）固定利率与浮动利率

固定利率与浮动利率是按资金借贷存续期内利率水平是否变动来划分的。固定利率是指在整个借贷期限内，利率水平保持不变的利率。固定利率主要适合于短期资金借贷。浮动利率是指在借贷关系存续期内，利率水平可随市场变化而定期变动的利率。浮动利率水平变动的依据和变动的时间长短都由借贷双方在建立借贷关系时议定。浮动利率适合于在市场变动较大，而借贷期限又较长的融资活动中实行。如伦敦银行间同业拆借利率（LIBOR）。

想一想

举例说明你所知道的金融业务中有哪些是固定利率？哪些是浮动利率？比较二者的优缺点。

（三）名义利率与实际利率

名义利率与实际利率是按利率水平是否剔除通货膨胀因素来划分的。名义利率是指没有剔除通货膨胀因素的利率；实际利率则是指剔除通货膨胀因素的利率。所以，实际利率又可理解为是在物价不变、货币购买力不变的条件下的利率。一般而言，实际利率 = 名义利率 - 通货膨胀率。

小贴士

如果以 r 代表实际利率，i 代表名义利率，$\dot{p}$ 代表通货膨胀率，则实际利率也可以这样计算：

$$r = \frac{1+i}{1+\dot{p}} - 1$$

这种计算方式比较精确，多用于核算实际成本和实际收益。它与普通计算方式的结果有一定的差异。

现实生活中，人们往往关心的是实际利率，因此若名义利率不能随通货膨胀率进行调整，人们储蓄和投资的积极性就会受到很大的打击。

相关链接

在 1988 年，我国通货膨胀率高达 18.5%，而当时银行存款利率远远低于物价上涨率，所以在 1988 年的前三个季度，居民在银行的储蓄不仅没给存款者带来收入，就连本金的实际购买力也在日益下降。老百姓的反应就是到银行排队取款，然后抢购，以保护自己的财产，因此就发生了 1988 年夏天银行挤兑和抢购之风，银行存款急剧减少。针对这一现象，我国银行系统于 1988 年第四季度推出了保值存款，将名义利率大幅度提高，并对通货膨胀所带来的损失进行补偿。

温馨提示

在经济活动中，是赔是赚不能看名义利率，而要看实际利率。

（四）一般利率与优惠利率

一般利率与优惠利率是按金融机构对同类存贷款利率制定不同的标准来划分的，后者的贷款利率往往低于前者，后者的存款利率往往高于前者。贷款优惠利率的授予对象大多为国家政策扶持的项目，如重点发展行业、部门及对落后地区的开发项目等。在国际借贷市场上，低于 LIBOR 的贷款利率被称为优惠利率。存款优惠利率大多用于争取目标资金来源。例如，我国曾经实行的侨汇外币存款利率就高于普通居民外币存款利率。

（五）基准利率与普通利率

基准利率与普通利率是按在整个利率体系中的地位、作用不同来划分的。基准利率是在整个金融市场和利率体系中处于关键地位、起决定性作用的利率。如中央银行的再贴现率。普通利率是指基准利率以外的所有利率。

此外，还有长期利率与短期利率、存款利率与贷款利率之分。

四、决定和影响利率水平的因素

（一）平均利润率是决定利率的基本因素

根据马克思的利率理论，利息是利润的一部分，因此，利润率是决定利率的首要因素。根据市场法则，等额资本要获得等量利润，通过竞争和资源的流动，一个经济社会在一定时期内会形成一个平均利润率。这一平均利润率是确定各种利率的主要依据，它是利率的最高界限，否则借款人会因无利可图而不愿意借用货币资金。当然，在一般情况下，利率也不会等于或小于零，否则贷款人会因无利可图而不愿让渡资金的使用权。所以，利率通常在平均利润率和零之间波动。

（二）影响利率变化的因素

确定合理的利率水平是运用利率杠杆调节经济的关键环节。平均利润率是决定利率的基本因素。平均利润率和零之间是利率波动的经济区间，在这个区间里，利率波动受多种因素的影响，概括起来讲，主要有以下因素：

1. 借贷资金的供求情况。在商品货币经济条件下，利息作为借贷资金的“价格”，会受到借贷资金供求关系的影响。当供过于求时，利率下跌；反之，利率则提高。所以，借贷资金供求状况决定着某一时刻利率的高低。

2. 通货膨胀率。一方面，通货膨胀会引起纸币贬值，从而影响货币购买力，使借贷资本利息和本金发生损失或贬值，贷者就得考虑提高利率来弥补纸币贬值的损失；另一方面，国家也常将利率作为抑制通货膨胀、稳定物价的重要手段。因此，确定利率水平必然要考虑通货膨胀的影响。

3. 国家的经济政策。由于利率变动对经济发展有很大的影响，因而利率成为国家对经济活动进行宏观调控的重要工具。各国政府根据本国经济发展状况和货币政策目标，通过中央银行的基准利率影响市场利率，调节资金供求、调整经济结构和经济发展速度。另外，国家各个时期制定的经济政策对经济发展速度、经济结构、资金流向、货币资金的供求状况都会发生直接影响，也必然成为影响利率的一个重要因素。

4. 国际市场利率水平。在放松外汇管制、资本自由流动的条件下，国与国之间利率水平的差异必然引起资本的国际流动，而资本的流动又影响一国国际收支的平衡，进而影响本国货币对外价值和本国的对外贸易。所以，一国政府在制定和调整本国利率时，不能不考虑国际市场利率的影响。

此外，影响利率变化的因素还有银行经营成本、汇率水平、社会经济运行周期、企业承受能力、利率管理体制、传统习惯、法律规定、国际协议，等等。

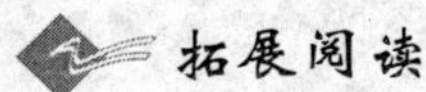

西方的利率决定理论

一、古典学派的储蓄投资理论

古典学派认为，利率是由投资和储蓄这两个因素决定的。投资代表对资金的需求，而储蓄则代表资金供给。古典学派认为，市场经济会自动达到充分就业均衡。投资需求变化较小，它取决于资本边际生产力；而储蓄则取决于人们的意愿，人们的储蓄意愿又受其"时间偏好"的影响。所谓"时间偏好"是指人们偏爱即时消费，并认为同样的财货，其现在的价值要大于未来的价值。因此，要让人们推迟消费进行储蓄，就必须给予一定的补偿，这种补偿即利息，而利率的高低则与人们的"时间偏好"强弱程度有关，人们的"时间偏好"强烈，就需要较高的利率才能吸引人们储蓄。

二、凯恩斯的流动偏好利率理论

凯恩斯认为，古典学派的理论前提即市场经济会自动达到充分就业均衡是不现实的，市场经济中更多的情况是需求不足。他认为，利率是由人们的"流动性偏好"即货币需求与货币供给共同决定的。由于中央银行的货币供给是相对确定的，所以，人们的"流动性偏好"就成为决定利率高低的主要因素。在凯恩斯看来，利息是对人们放弃货币、牺牲流动性的补偿。人们需要货币、偏爱流动性，主要是为了满足三种愿望，也称货币需求的三个动机，即交易动机、预防动机和投机动机。货币需求动机多样化将导致货币需求不稳定。因此，在货币供给相对确定的情况下，利率在很大程度上要受货币需求的影响，而当利率下降到一定水平（通常为人们根据以往经验所认定的利率低限）时，货币需求弹性将会变得无限大，即形成"流动性陷阱"。

三、新古典学派的可贷资金利率理论

可贷资金理论的支持者认为上述两种理论都失之偏颇。利率不是简单地由投资和储蓄或货币供给与货币需求来决定的，而是由可贷资金的供给与需求来决定的（在这里，利率被定义为取得借款或可贷资金使用权而支付的价格）。可贷资金的供给既来自于中央银行，也来自于人们的储蓄以及人们的货币反窖藏，还有商业银行的信用创造；可贷资金的需求则来自于投资和人们的货币窖藏。投资和窖藏是利率的递减函数，储蓄和商业银行的信用创造以及反窖藏是利率的递增函数。由此可见，可贷资金理论是对古典学派和凯恩斯利率理论的综合和发展。

四、IS－LM 分析的利率理论

可贷资金理论存在一个明显的缺陷，那就是没有考虑收入因素对利率的作用。而在实际经济活动中，收入状况对利率的决定具有重要作用，这种作用是通过对储蓄和货币需求的影响而实现的。

由英国经济学家希克斯首先提出、美国经济学家汉森加以发展而形成的 IS－LM 分析模型，充分考虑了收入在利率决定中的作用，促进了利率理论的发展。

SI－LM 分析模型是从整个市场全面均衡来讨论利率的决定机制的。该理论认为，储蓄与收入水平存在着正向运动关系，即收入水平越高，则储蓄越多；储蓄与利率亦存在着正向运动关系，即利率越高，储蓄越多。在不同利率水平下，不同收入水平具有不同的储蓄曲线。这些不同的储蓄曲线与投资曲线相交形成 *IS* 曲线（见图 2－2）。该曲线上所有各点表示储蓄与投资相等，即产品市场上供求均衡时的利率和收入的组合。

同时，收入与流动性偏好对货币需求的决定也有密切关系。收入水平越高，所需货币量就越多，而货币供应量是由金融当局控制的。货币供给曲线与不同收入水平下的货币需求曲线相交各点，构成 *LM* 曲线（见图 2－2）。该曲线上各点均表示在一定收入水平和利率水平上，货币供给与货币需求相等，即货币市场上供求均衡时的利率与收入的组合。

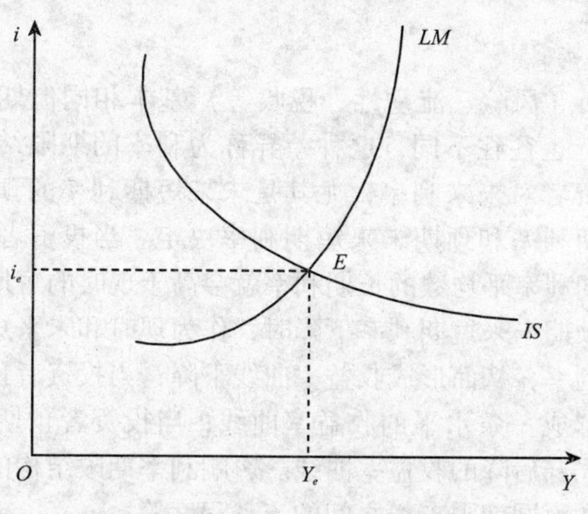

图 2-2　IS-LM 分析模型

IS 曲线与 *LM* 曲线的交点 *E*，表示货币市场与产品市场同时均衡时的利率与收入的组合。这一均衡点所决定的利率 i_e 为均衡利率，收入 Y_e 为均衡收入。

五、利率的结构

利率结构就是各种性质、期限信用形式的利率的配合方式。从金融投资的角度来看，利率结构最主要的是风险结构和期限结构。

（一）利率的风险结构

所谓利率风险结构是指相同期限的金融资产因风险差异而产生的不同利率。利率风险包括违约风险、流动性风险和税收风险。

1. 违约风险。违约风险是债务工具偿还的不确定性。通常债务工具的发行主体不同，其偿付能力不同，风险大小也不同。通常企业债券的违约风险较大，而国债的违约风险很小。

小贴士

金融市场上各种债券的违约风险可以通过专业评级公司的信用评定等级加以区别。著名的穆迪公司和标准普尔公司专门从事信用等级评定。穆迪评级 Baa 级以上的公司债券和标准普尔评级 BBB 级及其以上级别的债券违约风险较低，称为投资级债券。在 Baa 级或 BBB 级以下的债券违约风险较大，称为非投资级债券，也称为垃圾债券。

2. 流动性风险。流动性资产是指必要时可以迅速、低成本变现的资产。流动性风险是指由于资产变现速度减慢而可能遭受的损失，即证券出售的交易成本的高低。流动性的差异也是造成相同期限的不同债券之间利率不同的一个重要原因。流动性较差的债券其利率水平一般较高。

3. 税收风险。税收风险是指由于政府对利息所得的税收待遇不同而可能导致的对债权人利益的影响。投资者在进行债券投资时，更关心的是税后的预期回报，而不是税前的预期回报。所以，如果一种债券可以获得税收优惠，就意味着这种债券的预期回报率会上升，因此，其利率就可以低一些。

（二）利率的期限结构

在金融市场上，品质（风险、流动性、税收等）基本相同但期限不同的金融资产其利率水平（即收益率水平）也往往不同，这种差异称为利率的期限结构。影响利率的期限结构的一个重要因素是投资者对未来利率，尤其是未来短期利率的预期。在自由套利的情况下，长期利率由现时短期利率和预期未来短期利率决定。当投资者预期未来短期利率上升时，作为现时和未来短期利率平均数的长期利率就会高于现时的短期利率，从而形成上升的收益率曲线；当投资者预期未来短期利率下降时，作为现时和未来短期利率平均数的长期利率就会低于现时的短期利率，从而形成收益率曲线下降；当投资者预期未来短期利率与现时短期利率持平时，就会形成一条水平的收益率曲线；当投资者预期未来短期利率上升后下降，那么就会形成一条先升后降的收益率曲线。影响利率期限结构的其他因素还有：人们对流动性的偏好以及资金在不同期限市场之间的流动程度等。

六、我国现行利率体系与利率市场化改革

（一）我国现行利率体系

利率体系是指一个国家由中央银行利率、同业利率、银行存贷款利率和证券市场利率等多种类型、多个层次的利率所形成的相互影响、相互制约的能够有效引导资金流动和合理配置资源的有机体系。

我国现行的利率体系分为四个层次：（1）中央银行基准利率：存款准备金率、再贷款利率、再贴现利率；（2）银行间利率：全国银行间同业拆借市场利率、银行间国债市场利率；（3）商业银行等金融机构的存贷款利率；（4）市场利率：深沪证券交易所债券市场利率、民间借贷利率等。

我国利率体系未来的发展目标是要形成一套以中央银行基准利率为核心的、中央银行可以有效控制的、多层次的、有弹性的、能够充分反映市场资金供求的利率体系。

（二）利率市场化改革

利率市场化是指货币管理当局逐步放松和消除对利率的管制，将利率的决定权交给市场，由市场主体自主地决定利率，其核心内容是利率形成机制的市场化，包括利率决定、利率传导、利率结构和利率管理的市场化。

利率市场化改革是实行利率管制的国家通过建立市场机制、规范金融机构行为等措施，逐步或完全放弃对利率的直接管制，转向由市场决定利率水平的过程。

我国利率市场化改革的目标是：建立以中央银行利率为基础、货币市场利率为中介，由市场供求决定金融机构存贷款利率水平的市场利率体系和形成机制。具体来说，就是将金融产品的定价权交给金融市场主体，存贷款利率由商业银行和金融机构自己决定，中央银行通过运用货币政策工具调控货币市场利率，间接影响商业银行和金融机构的利率水平。

要实现利率市场化改革的最终目标需要很多条件，因此它只能是一个渐进的过程，需要较长的过渡时期。借鉴国外利率市场化改革的成功经验，我国自20世纪90年代起，也加快了利率体制改革的步伐。中国人民银行货币政策委员会明确提出，金融体制改革的一个重要内容是实现利率市场化，并提出我国利率市场化改革的次序是：先外币，后本币；先农村，后城镇；先贷款，后存款；先大额，后小额。近年来，我们从实际出发，从货币市场开始逐

步推进我国的利率市场化改革进程，目前我国利率市场化的总体情况是：（1）外币利率目前已经完全放开；（2）同业拆借利率和银行间国债市场利率也已经放开；（3）下一步准备放开农村存贷利率；（4）对于城市银行的存贷款利率，先提高贷款的浮动幅度，在存款方面先放宽大额存单利率，然后再对其他存款利率适当放开。放开以后要发挥银行同业公会的作用，中央银行将通过再贷款、公开市场业务等来调节影响利率水平。

利率市场化改革对于完善中央银行宏观间接调控机制、使国有商业银行等金融中介机构真正实现商业化运作、提高社会资金的使用效率和金融服务水平都有着积极的促进作用，并有助于金融创新和金融市场的国际化发展。

知识要点

1. 信用是以偿还和付息为条件的特殊的价值运动形式，还本付息是其基本特征；信用是商品经济发展到一定阶段的产物，并随着商品经济的发展而发展；信用的职能主要有分配职能、调节职能、提供和创造货币的职能。

2. 信用形式主要有商业信用、银行信用、国家信用、消费信用等，不同信用形式特点不同。商业信用是现代信用的基础，银行信用是现代信用的主要形式。

3. 信用工具是用以证明债权债务关系、资金所有权关系的具有法律效力的凭证。信用工具具有期限性、流动性、风险性、收益性的特点。信用工具的种类很多，本章主要介绍短期信用工具、长期信用工具和衍生金融工具。

4. 利息是资金所有者因让渡货币的使用权而从借款人处取得的超过本金部分的一种报酬，是借贷资本的“价格”；利息的本质是利润的一部分；利率是一定借贷期限内利息额与本金额的比率；利息的计算方法有单利法和复利法两种；平均利润率是决定利率的基本因素，影响利率变化的因素主要有：借贷资金的供求状况、预期通货膨胀率、国家的经济政策和国际利率水平等；利率的结构主要有风险结构和期限结构两种。

5. 利率体系是指一个国家由中央银行利率、同业利率、银行存贷款利率和证券市场利率等多种类型、多个层次的利率所形成的相互影响、相互制约的能够有效引导资金流动和合理配置资源的有机体系；利率市场化是指货币管理当局逐步放松和消除对利率的管制，将利率的决定权交给市场，由市场主体自主地决定利率，其核心内容是利率形成机制的市场化。

课堂讨论题

我国的利率市场化为什么要坚持先外币后本币、先农村后城镇、先贷款后存款、先大额后小额的次序？

推荐阅读

1. ［美］凯文·菲利普斯．金融大崩盘．北京：中信出版社，2009

2. ［美］弗莱肯施泰因．格林斯潘的泡沫——美国经济灾难的真相．北京：中国人民

大学出版社，2008

3. 朱新蓉．金融学．北京：中国金融出版社，2005
4. 郭也群，许文新．金融概论．上海：上海财经大学出版社，2005
5. 李琼．金融学教程．成都：西南财经大学出版社，2006
6. 宋玮．金融学概论（第二版）．北京：中国人民大学出版社，2007
7. 希克斯．经济学展望（中文版）．北京：商务印书馆，1986
8. 凯恩斯．就业利息和货币通论（中文版）．北京：商务印书馆，1983

第三章

金融机构体系

学习目标

通过本章学习，重点掌握以下内容：金融机构体系的功能与构成；中央银行、商业银行的性质、类型和经营原则；我国现行金融机构体系。

案例导读

1998 年 4 月 6 日，美国花旗银行（Citi Bank）的母公司花旗公司（Citi Corp）和旅行者集团（Travelers Group）宣布合并，这一消息给国际金融界带来了极大的震动。原因在于，不仅仅是因为其涉及 1 400 亿美元的资产而成为当时全球最大的一次合并，更重要的是合并后的实体将成为集商业银行、投资银行和保险业务于一身的金融大超市，从而使“金融一条龙服务”的梦想成为现实。

合并后的新公司命名为“花旗集团”（Citi Group）。花旗集团 1997 年的资产为 7 000 亿美元，流通股市值超过 440 亿美元。以市值而言，是当时全球最大的金融服务公司。花旗集团集中了传统的商业银行业务、消费者信贷、信用卡业务、投资银行业务、证券经营业务、资产管理业务及财产保险和人寿保险等业务，成为一家经营全球多元化金融服务的公司。

花旗集团的出现在世界金融界引起了巨大的震动，引发了全球银行业新一轮的兼并和合并浪潮，从而形成了更多业务广泛的金融集团公司。

那么，金融机构体系有何功能？现代市场经济国家的金融机构体系又是如何构成的？商业银行作为现代金融业的代表机构，在一国金融机构体系中居于何种地位？

金融体系是一个极其庞大的复杂系统。现代金融体系有五个构成要素：金融制度、金融机构、金融市场、金融工具和金融调控机制。本章讨论的是金融机构。

第一节　金融机构体系概述

金融机构一般是指经营货币与信用业务，从事各种金融活动的组织机构。金融机构体系是指一国金融机构按照一定的结构形成的整体。

一、金融机构体系的功能

金融机构体系是金融市场的主体。概括起来讲，金融体系机构具有以下功能：

1. 充当资金流通媒介的功能。一国金融机构体系最基本的经济功能是充当资金流通的媒介，使资金从盈余方流向缺乏方，让资金发挥最大的效益。这一功能的实现要借助于两种方式：间接融资和直接融资。金融机构体系不仅是间接融资的桥梁或纽带，而且在直接金融市场上发挥着重要的中介作用。

想一想

银行与证券公司在资金融通中的作用有何不同？

2. 提供和创造货币的功能。流通中的货币是银行体系提供和创造的。概括地说，中央银行提供了基础货币，商业银行创造了存款货币。中央银行虽然不对一般企事业单位贷款，不能由此派生存款，但却掌握着商业银行创造存款货币的源头——基础货币的创造与提供；商业银行作为直接货币供给者，其创造存款货币的存贷活动，从而能提供的货币数量，均建立在基础货币这个基础之上。正是中央银行和商业银行的业务活动形成了流通中的货币供给量。

3. 稳定金融和经济的功能。各国金融当局作为金融机构体系的最高监管机构发挥着稳定金融体系、保障金融体系安全、有效运行的功能。金融行业是一个高风险的行业，它们所面临的风险极多，如信用风险、利率风险等。而金融风险不仅制约着金融行业本身的生存与兴衰，也极大地影响着国民经济的稳定与发展。因此，世界各国无不对金融业实施严格的监管。我国金融监管采取的是统筹安排、分业监管的模式。

想一想

我国现行金融监管机构有哪些？

二、金融机构体系的构成

现代市场经济国家的金融机构体系是由众多银行与非银行金融机构构成的，其中银行机构居主导地位。

(一) 银行机构

关于银行机构，西方各国的具体设置形式不尽相同，甚至对同类性质的银行也有不同的称谓，或对性质有别的银行使用同一称谓。但就全部银行机构的组成来看，主要可分为中央银行、存款货币银行和专业银行三大类。

1. 中央银行与金融监管机构。中央银行是一国金融机构体系的中心环节，处于特殊的地位，具有对全国金融活动进行宏观调控的特殊功能；金融监管机构在一国的金融活动中担任监管的职能。有些中央银行也同时担任金融监管的职能，有的则另设机构专门行使该职能(此内容将在第十一章中介绍)。

2. 存款货币银行。又称商业银行，是西方各国金融机构体系中的骨干力量。它们以经营工商业存放款为主要业务，并为客户提供多种服务。其中通过办理转账结算实现国民经济中的绝大部分的货币周转，同时起着创造存款货币的作用。

存款货币银行在西方国家银行体系中，因其结构数量多、业务渗透面广和资产总额比重大，始终居于其他金融机构所不能代替的重要地位。

3. 专业银行。专业银行不像商业银行那样经营无所不包的业务，而是集中经营指定范围内的业务，提供专门性及特定需要的金融服务。它包括政策性专业银行（如开发银行、农业银行、进出口银行）和商业性专业银行（如储蓄银行、投资银行、抵押银行）。

相关链接

政策性银行是指那些由政府创立、参股或提供保证，不以营利为目的，专门从事政策性金融活动、支持政府发展经济、促进社会全面进步、配合宏观经济调控的专业银行。政策性银行是国家干预经济的产物。最早成立的政策性银行是19世纪末的法国农业信贷银行。

政策性银行的特殊性质决定了它具有特殊的功能，即诱导性功能和补充性功能。政策性银行在经营活动中要遵循与商业银行完全不同的经营原则，即社会性原则、政策性原则和专业性原则。

我国于1994年组建了国家开发银行、中国农业发展银行、中国进出口银行三家政策性银行。十多年来，三家政策性银行在贯彻国家产业政策、支持地区经济发展、稳定农业生产中发挥了重要作用，对国民经济作出了重大贡献。但随着我国宏观经济环境、产业结构、市场需求和微观基础的变化，政策性银行的传统作用在逐渐削弱，面临着继续发挥作用和转型的任务。

小贴士

2008年12月16日国家开发银行股份有限公司在北京挂牌成立，成为第一家由政策性银行转型而来的商业银行。

(二) 非银行金融机构

非银行金融机构也称其他金融机构，其构成比较复杂。比如，保险公司、投资公司、信用合作组织、基金组织、消费信贷机构、租赁公司、证券交易所等都包括在内。20世纪80

年代以来，随着各国金融自由化进程的加快，非银行金融机构发展非常迅速，在金融机构体系中，非银行金融机构的重要性和地位不断提升。

最初，银行类金融机构主要从事存款、放款、汇兑业务经营，从不少西方国家商业银行、存款银行以及某些专业银行的业务活动中即可看出这种典型特征。至于大多数非银行金融机构，开始并不经营存款等业务。对不同金融机构业务经营所施加的限制性管理各国是不同的。在德国、瑞士等实行全面型银行制度的国家，几乎无所限制，银行可以经营包括存贷业务和证券业务在内的各种金融业务；而在美国、英国、日本等国，则是以长短期业务分离、一般银行业务与信托业务、证券业务分离为特点。近年来，金融机构分业经营的模式被不断打破。市场竞争日趋激励，技术进步以及新技术在金融业的广泛运用，使各种金融机构的业务不断交叉、重叠，使原有的各种金融机构的差异日趋缩小，相互间的界限越来越模糊，形成由专业经营转向多元化、综合化经营的趋势，且进程不断加速。

三、我国现行金融机构体系

从 1948 年 12 月 1 日中国人民银行诞生以来，我国金融机构体系历经几十年的风雨坎坷，几度飞跃，建立起了比较健全的金融机构体系，各类金融机构也有了相当程度的发展。目前，我国已形成了一个以中央银行为核心，商业银行为主体，政策性银行、非银行金融机构、外资金融机构并存的合理分工、相互竞争的现代金融机构体系。

第二节　中央银行

一、中央银行的性质与职能

中央银行是金融机构体系的核心，是代表政府管理金融、调控国民经济的重要机构。

（一）中央银行的性质

中央银行的性质是由其业务活动特点和所能发挥的作用所决定的。从其业务活动特点看，它是特殊的金融机构。一方面，中央银行的主要业务活动同样具有银行的“存贷汇”业务特征；另一方面其业务对象、业务宗旨又与普通金融机构不同。从中央银行发挥的作用看，它是保障金融稳健运行，调控宏观经济的国家行政机构。中央银行通过国家特殊授权，承担监督管理普通金融机构和金融市场的重要职责。同时，中央银行处于整个社会资金运动的中心环节，是国民经济运行的枢纽，是货币供给的提供者和信用活动的调节者。所以，中央银行对金融业的监督管理和对货币信用的调控对宏观经济运行具有直接的重要影响。可见，中央银行是宏观经济运行的调控中心。

综上所述，中央银行的性质可归纳为：中央银行是一家特殊的金融管理机构，是承担监管一国金融业、调控宏观经济运行的政府部门。

中央银行的性质决定了中央银行的业务特点：

1. 不以营利为目的。中央银行在其业务经营过程中虽然会取得利润，但营利不是目的。中央银行以金融调控为己任，稳定货币、促进经济发展是其宗旨。

2. 不经营普通银行业务。原则上，中央银行不对社会上的企业、单位和个人办理存贷、结算业务，只与政府或商业银行发生资金往来关系。

3. 具有相对独立性。在制定和执行货币政策时，中央银行具有相对独立性，不受其他部门或机构的行政干预和牵制。

（二）中央银行的职能

中央银行的职能是其性质的具体表现。中央银行是发行的银行、银行的银行和政府（国家）的银行，这是中央银行职能最典型的概括。

1. 发行的银行。中央银行是发行的银行是指国家赋予中央银行集中与垄断货币发行的特权，是国家唯一的货币发行机构。中央银行集中与垄断货币发行权是其自身所以成为中央银行最基本最重要的标志，也是发挥其全部职能的基础。几乎所有国家，垄断货币发行权都是与中央银行的产生和发展直接相连的。从商业银行逐步演变而成中央银行的发展进程看，货币发行权的独占或垄断是其性质发生质变的基本标志。从国家直接设立的中央银行看，垄断货币发行权是国家赋予的最重要的特权之一，是所有授权中首要的也是最基本的特权。

2. 银行的银行。中央银行是银行的银行是指：（1）中央银行的业务对象不是一般企业和个人，而是商业银行和其他金融机构及特定的政府部门；（2）中央银行与其业务对象之间的业务往来仍具有银行传统的“存、贷、汇”业务的特征；（3）中央银行为商业银行和其他金融机构提供信用支持、服务，同时也是其管理者。“银行的银行”这一职能最能体现中央银行是特殊金融机构的性质，也是中央银行作为金融机构体系核心的基本条件。中央银行作为银行的银行具体表现在三个方面：集中存款准备金、充当商业银行等金融机构的“最后贷款人”、组织参与和管理全国的清算。

中央银行作为银行的银行，通过国家授权开展特定的金融业务活动，为中央银行履行调控金融经济和管理金融业提供了稳定有效的途径。

3. 政府的银行。中央银行是政府的银行是指：（1）中央银行根据法律授权制定和实施货币政策，对金融业实施监督管理，负有保持货币币值稳定和保障金融业稳健运行的责任；（2）中央银行代表政府参加国际金融活动，签订国际金融协定，参与国际金融事务；（3）中央银行为政府代理国库，办理政府需要的银行业务，提供各种金融服务。

发行的银行、银行的银行和政府的银行体现了中央银行的基本职能，但随着历史的发展，其具体内容和侧重点也会不断发展变化。

二、中央银行的类型

尽管各国的中央银行在性质、职能、作用方面基本一致，但其存在形式由于受各国的经济发展水平、中央银行的成长历史和所处的地位不同等因素影响而表现出差异性，具体有如下四种类型：

1. 单一型中央银行制度。单一的中央银行制度是指国家建立单独的中央银行机构，使之全面履行中央银行职责的中央银行制度。这里又有两种情形：

（1）一元式。这是指一国只设立一家统一的中央银行行使中央银行的权力和履行中央银行的全部职责，中央银行可根据需要设立分支机构，但垂直领导。这是比较成熟的中央银行制度，目前世界上绝大多数国家的中央银行都实行这种体制，如英国、法国、日本等。我国中央银行也属于这一类。

（2）二元式。这是指全国中央和地方都设立中央银行分别行使金融管理权，不同等级的中央银行共同组成统一的中央银行体系。中央级中央银行和地方级中央银行在货币政策方面是统一的，中央级中央银行是最高金融决策机构，地方级中央银行要接受中央级中央银行的监督和指导。但在货币政策的具体实施、金融监管和中央银行有关业务的具体操作方面，地方级中央银行在其辖区内有一定的独立性，与中央级中央银行也不是总分行的关系，而是依法律规定分别行使其职能。这一制度与联邦制的国家体制相适应。美国即实行这种中央银行制度。

相关链接

美国的中央银行称为联邦储备体系。在联邦一级，设立联邦储备委员会，总部在华盛顿，共有委员7人，作为联邦储备系统的最高决策机构，负责管理联邦储备体系和全国的金融决策，对外代表美国中央银行；设立联邦公开市场委员会，作为公开市场政策的制定和执行机构；设立联邦顾问委员会，对经济发展及银行业发展问题向联邦储备委员会提出建议和提供咨询。在地方一级，美国将50个州和哥伦比亚特区划分为12个联邦储备区，共设立12家联邦储备银行以及25家分行。联邦储备银行在各自的辖区内履行中央银行的职责。

2. 复合型中央银行制度。复合型中央银行制度是指国家不单设专司中央银行职能的机构，而是由一家集中央银行与商业银行职能于一身的国家大银行兼行中央银行职能的中央银行制度。苏联和1990年前的多数东欧国家以及1984年前的我国都实行这种制度。

3. 准中央银行制度。准中央银行制度是指国家不设完全意义上的中央银行，而设立类似中央银行的金融管理机构，执行部分中央银行的职能。采用这种中央银行组织形式的国家和地区有新加坡、马尔代夫、斐济、沙特阿拉伯、阿联酋、塞舌尔和我国香港特别行政区等。

相关链接

1993年4月成立的香港金融管理局，集中行使货币政策、金融监管和支付体系管理等中央银行的职能；1981年成立的香港银行公会参与协调货币和信贷政策；港币发行由汇丰银行、渣打银行和中国银行负责，辅币则由港府自己发行；其中，汇丰银行独家管理票据交易所。

4. 跨国中央银行制度。跨国中央银行制度是指若干国家联合组建一家中央银行，各成员国不专设自己的中央银行，由这家跨国中央银行在其成员国范围内行使全部或部分中央银行职能的中央银行制度。这种跨国中央银行为成员国发行共同的货币和制定统一的货币金融政策，监督各成员国的金融机构和金融市场，对成员国的政府进行融资、办理成员国共同商定并授权的金融事项等。实行跨国中央银行制度的国家主要在非洲和东加勒比海地区，目前西非货币联盟、中非货币联盟、东加勒比海货币区属于跨国中央银行的组织形式。1998年欧洲中央银行成立后，欧洲中央银行系统也属于这种类型。

相关链接

欧洲中央银行（European Central Bank，ECB）是根据1992年《马斯特里赫特条约》的规定于1998年7月1日正式成立的，其前身是设在法兰克福的欧洲货币局。欧洲央行的职能是“维护货币的稳定”，管理主导利率、货币的储备和发行以及制定欧洲货币政策；其职责和结构以德国联邦银行为模式，独立于欧盟机构和各国政府之外。

欧洲中央银行是世界上第一个管理超国家货币的中央银行。独立性是它的一个显著特点，它不接受欧盟领导机构的指令，不受各国政府的监督。它是唯一有资格在欧盟内部发行欧元的机构，1999年1月1日欧元正式启动后，欧元国政府失去制定货币政策的权力，而必须实行欧洲中央银行制定的货币政策。

欧洲中央银行的组织机构包括执行董事会、欧洲央行委员会和扩大委员会。执行董事会由行长、副行长和4名董事组成，负责欧洲央行日常工作；由执行董事会和欧元国的央行行长共同组成的欧洲央行委员会，是负责确定货币政策和保持欧元区内货币稳定的决定性机构；欧洲央行扩大委员会由央行行长、副行长及欧盟成员国的央行行长组成，其任务是保持欧盟中欧元国家与非欧元国家接触。

三、中央银行的经营原则

与一般商业银行和其他金融机构相比，中央银行不仅拥有特定权力、特定的业务范围和业务限制，而且其在业务活动中的经营原则也不相同。在具体的业务活动中，中央银行奉行非营利性、流动性、主动性、公开性、安全性的原则。

1. 非营利性。非营利性是指中央银行一切业务活动不以营利为目的。中央银行的特殊地位和作用决定了中央银行以调控经济、稳定货币、稳定金融为己任，是宏观管理机构而非营业性金融机构，中央银行的一切业务活动都要以此为目的，不能以追求盈利为目标。

2. 流动性。中央银行充当金融机构的“最后贷款人”，进行货币政策操作和宏观经济调控时，必须拥有相当数量的可用资金，才能满足调节货币供求、稳定币值和汇率，调节经济运行的需要。所以，为了保证中央银行资金的灵活调度、及时运用，中央银行必须使自己的资产保持最大限度的流动性，不能形成不易变现的资产。

3. 主动性。由于中央银行的资产负债业务与货币供应相联系，例如，货币发行业务直接形成流通中货币，存款准备金业务不仅导致基础货币的变化，还会引起货币乘数的变化，再贴现、公开市场业务是提供基础货币的主渠道等，因此，中央银行必须使其资产负债业务保持主动性，这样才能根据履行职责的需要，通过资产负债业务实施货币政策和金融监管，有效控制货币供应量和信用总量。

4. 公开性。公开性主要是指中央银行的业务状况要公开化，要定期向社会公布业务与财务状况，并向社会提供有关的金融业统计资料和报表。中央银行业务活动保持公开性有三点必要：（1）可以使中央银行的业务活动置于社会公众的监督之下；（2）可以增强中央银行业务活动的透明度；（3）可以及时准确地向社会提供必要的金融信息。所以，目前各国多以法律形式规定中央银行必须定期公布其业务活动财务状况和金融统计资料，在业务活动中也必须保持公开性，不能隐匿或欺瞒。

5. 安全性。由于中央银行在国民经济与金融中的特殊地位与重要职责，因而中央银行业务经营活动中的安全性显得更加重要。中央银行业务安全性主要包括国内业务安全和国外业务安全两个方面。这就要求中央银行要时刻关注国内外经济与金融形势，建立应急机制与预警机制。中央银行安全性的最终目的是确保国内经济金融的安全与平稳发展，达到国家的安全。

四、我国的中央银行

中国人民银行是我国的中央银行，是在国务院领导下制定和执行货币政策、完善金融机构的运行规则、维护金融稳定、进行宏观金融调控的国家机关。

中国人民银行是1948年12月1日在华北银行、北海银行、西北农民银行的基础上合并组成的。1984年以前，中国人民银行既行使中央银行的职能，又对企事业单位和居民个人办理存贷款等业务。1983年9月，国务院决定中国人民银行专门行使中央银行的职能，同时成立中国工商银行，办理有关具体业务。

中国人民银行的性质决定了它的特殊地位。根据《中国人民银行法》的规定，中国人民银行在国务院的领导下，依法独立履行职责，不受地方政府和各级政府部门的干预。

中国人民银行履行下列职责：依法制定和执行货币政策；发行人民币，管理人民币的流通；持有、管理、经营国家黄金、外汇储备；经理国库；维护支付、清算系统的正常运行，负责金融业的统计、调查、分析和预测；指导、部署金融业反洗钱工作，负责反洗钱的资金监控；监督管理银行间同业拆借市场和银行间债券市场；实施外汇管理，监督管理银行间外汇市场；作为国家的银行从事有关的国际金融活动和履行国务院规定的其他职责。2003年4月，我国成立银行业监管委员会，原属中国人民银行的有关金融监管的职责移交给银监会执行。

中国人民银行的分支机构根据总行的授权履行各自的职责。1998年11月，中国人民银行改变了过去按行政区划设置分支机构的做法，撤销了31家省级分行，重新按经济区划在全国设立上海、广州、济南、南京、武汉、沈阳、西安、天津、成都九家跨省区分行，在北京和重庆成立了两个营业管理部。这一改革有利于按经济发展需要实施中央银行的宏观调控职能。

相关链接

中国人民银行内设机构：办公厅、条法司、货币政策司、金融市场司、金融稳定局、调查统计司、会计财务司、支付结算司、科技司、货币金银局、国库局、国际司、内审司、人事司、研究局、征信管理局、反洗钱局、党委宣传部。

第三节　商业银行

一、商业银行的性质和职能

商业银行是以获取利润为目标，以经营金融资产和负债为主要内容的综合性、多功能的金融企业。在现代市场经济中，商业银行在各种金融机构中活动范围最广，资本最雄厚，机构数量最多，对经济的影响最深刻，地位也最为重要，是中央银行实施宏观调控的主要传导机构。

（一）商业银行的性质

1. 商业银行是以追求利润为目标的企业。商业银行具有现代企业的基本特征，其经营目标和经营原则与一般企业相同，所以商业银行同样要追求经营利润的最大化，要实行自主经营、自负盈亏、自担风险、自求发展的原则。

2. 商业银行是以金融资产和负债为经营对象的特殊企业。商业银行是经营货币和货币资金、提供金融服务的金融企业。商业银行的活动范围不是一般的商品生产和商品流通领域，而是货币信用领域，它以信用方式与工商企业及社会经济生活的其他方面发生广泛的联系，具有调节社会经济生活的特殊作用。

3. 商业银行是综合性、多功能的金融企业。与专业银行及其他金融机构相比，商业银行的业务更综合、功能更全面，它经营一切零售和批发业务，为客户提供全面的金融服务，并具有信用创造的功能，在金融机构体系中发挥着重要作用。

（二）商业银行的基本职能

由于商业银行业务的综合性、广泛性和它在金融机构体系中不可替代的主体地位，使得商业银行具备了其他金融机构所不具备的职能。

1. 信用中介职能。信用中介职能是商业银行最基本、最能反映其经营活动特点的职能。商业银行通过负债业务把社会上的各种闲散货币资金集中起来，再通过资产业务把货币资金投向社会各部门，商业银行作为中介人起媒介作用，即作为货币资金的贷出者和借入者的中介人来实现货币资金的融通和资本的投资。

2. 支付中介职能。支付中介职能是指商业银行接受客户的委托，办理货币收付、结算、汇兑和保管等业务，从而成为企事业单位和个人的货币保管者、出纳者和支付中介人。支付中介职能的发挥是整个社会经济正常稳定运行的必要条件。通过为收付款双方提供转账服务，大大减少了现金使用，节约了流通费用，加速了结算过程和社会资金的周转。

3. 信用创造职能。这是商业银行特有的职能。是指商业银行通过其所吸收的原始存款发放贷款，在支票流通和转账结算的基础上，贷款又转化为存款，在存款不提取现金或不完全提取现金的前提下，存款的反复贷放会在整个银行体系中形成数倍于原始存款的派生存款。商业银行的信用创造职能有助于形成一个全社会信用货币供应的弹性的信用制度，从而有利于对经济的促进和调控。

4. 金融服务职能。商业银行利用其联系面广、信息灵通快捷，特别是借助于电子银行业务的发展，在传统的资产负债业务以外，不断开拓业务领域，广泛开办一系列的服务性业务，从而使商业银行具有了金融服务职能。如担保、代收代付、代办保险、财务咨询、资信调查、充当投资顾问、信托、租赁等等。

二、商业银行的组织形式

商业银行在各国的形成历史不同，形成的政治经济环境不同，其组织管理形式也在一定程度上存在差别，因而在世界各国产生了组织形式不同的商业银行。

1. 单一银行制。又叫单元制，是指银行业务由各自独立的银行机构经营而不设立分支机构的银行制度。单一银行制的典型代表是美国。美国曾实行完全的单一银行制，国民银行法和各州的银行法都限制或禁止银行跨州经营和设立分支机构。但随着经济的发展，地区经济联系的加强，加上金融业竞争的加剧，对开设分支机构的限制已大大放松。

2. 分支行制。又叫总分行制，是指法律允许商业银行在总行之下，可在本地或外地设立若干分支机构的银行制度。由于分支行制更符合经济发展的客观要求，因而成为当代商业银行的主要组织形式。目前，世界各国一般都采用这一银行制度，尤以英国、德国、日本等为典型，我国商业银行也基本采取分支行制。

3. 控股公司制。控股公司制是指由某一集团成立股权公司，再由该公司控制或收购若干银行的组织形式。被收购的银行在法律上完全独立，但业务和经营决策受股权公司控制。这种银行组织形式起源于美国，因为实行控股公司制可以回避银行法禁设分支机构的问题，所以在美国得到了较好的发展。控股公司一般有两种类型：一是由非银行的大企业通过控制银行的大部分股权而组建起来的；二是大银行通过控制小银行的大部分股权而组建起来的。近年来的银行兼并大多采用这一形式。

想一想

分支行制和控股公司制下的各银行在法律地位上有何不同?

4. 连锁银行制。又称联合制，是指两家以上的商业银行受控于同一个人或同一个集团但又不以股权公司的形式出现的银行制度。连锁银行制与持股公司制的区别在于，其不设置银行持股公司，而是通过若干家银行互相持有对方股票，互相成为股东的方式结成连锁关系。连锁银行虽然在法律上是独立的，但在业务上互相配合、互相支持，常常调剂余缺、互通有无，而且其控制权往往掌握在同一财团的手中，形成集团内部的各种联合，成为实质上的分支行制。这一组织形式在美国中西部实行较多。

5. 跨国银行制。又叫国际财团制，是指由不同国家的大型商业银行合资组建银行财团的一种商业银行组织形式。跨国银行制的商业银行经营国际资金存贷业务，开展大规模投资活动。目前，在世界经济一体化和跨国公司发展的背景下，跨国银行制这种组织形式也日渐增加。

三、商业银行的经营原则

商业银行是以经营存贷款为主要业务的金融中介机构，也是一个高负债率、高风险的部门，并且与国民经济各部门存在着复杂的债权债务关系。商业银行经营的成败，不仅关系到自身的生存发展，更影响到社会经济的正常运转。因此，各国不但重视对商业银行的监管，也要求商业银行经营要遵循一些经营原则。一般来说，商业银行在业务经营活动中必须贯彻安全性、流动性和盈利性的原则。

（一）安全性原则

安全性原则是指商业银行应当尽量控制风险、避免损失，保证银行稳健经营。这是商业银行经营的首要原则。之所以如此，一是因为银行在经营过程中始终面临各种风险，如不能采取有效措施控制各类风险，必然会削弱银行的清偿力，危及银行的声誉及银行自身的安全；二是因为银行自有资本少，风险承受力弱，是典型的负债经营，稍有经营不利发生损失，就会使自有资本耗损殆尽，面临倒闭风险。因此，坚持安全性原则，力求避免或减少各种风险造成的损害，历来都是银行家们所高度重视的事情。

安全性管理要求银行坚持稳健经营的理念，保持较高的资本充足比率，合理安排资产负债结构，提高资产质量，运用各种法律允许的策略和措施来分散和控制风险，提高银行抵抗风险的能力。

小贴士

在国外，一般工商企业的自有资本占50%左右，而按照巴塞尔协议，银行的核心资本只占风险加权资产的4%。

（二）流动性原则

流动性原则是指商业银行要具有随时以适当的价格取得可用资金，随时满足客户提取存款和满足客户合理的贷款需求的能力。它包括资产的流动性和负债的流动性两个方面。资产的流动性是指银行各类资产能随时得到偿付或在不受价值损失的条件下具有迅速变现的能力。负债的流动性是指银行能以较低的成本随时获取资金的能力。

流动性是一般财务活动和金融活动共同面临的问题，而商业银行研究和掌握流动性尤为重要，一是因为银行的资产负债稳定性较差，面临的是大量的不确定的客户；二是借贷活动中的此存彼取，此借彼还，处处涉及流动性问题，流动性是银行业务功能的具体体现，它在银行经营管理中至关重要。

流动性管理目标可以通过资产和负债两种途径实现：一是建立多层次准备资产，以保持资产的流动性；二是通过主动型负债和潜力养成法来提高负债的流动性。在实际运作中，就是保持合理的资产负债结构，并根据本银行和金融市场的实际情况，选择最有利的途径和方式进行流动性管理。

（三）盈利性原则

盈利性原则是指商业银行在稳健经营的前提下，要以实现利润最大化为经营目标。坚持盈利性原则要求商业银行有较强的获利能力，这是商业银行经营目标的要求，也是其不断开拓业务的内在动力，同时，对于提高信贷资金运用效率、加强银行经营管理、改善银行服务质量、提高银行竞争力都具有十分重要的意义。

盈利性管理要求银行从总体上把握提高收益和控制成本两方面的工作。具体来说，提高收益应做好以下几方面的工作：(1) 合理地确定资产结构，提高盈利资产的比重；(2) 提高资产质量，尤其是贷款质量，减少贷款和投资损失；(3) 合理地为贷款定价，除考虑资金成本外，还应综合考虑与客户的全面关系、贷款风险等因素；(4) 注重业务创新，积极拓展中间业务和表外业务，增加银行的非利息收入。控制成本应做好以下几方面的工作：(1) 控制负债成本；(2) 加强内部经济核算，控制各项费用；(3) 规范操作程序，减少事故和差错及其他损失。

商业银行经营三原则之间既有联系又有矛盾，银行应同时兼顾三原则，以安全性为前提，流动性为条件，盈利性为目的，力求实现三者的最佳组合。

四、商业银行经营管理理论的发展

商业银行自产生以来，其经营管理理论随着经济、金融环境的变化而不断演变。西方商业银行的经营管理理论大致经历了资产管理、负债管理、资产负债综合管理以及资产负债表内表外统一管理四个阶段。

（一）资产管理理论

资产管理理论是最早出现的系统指导银行管理的重要理论，在20世纪60年代以前一直盛行。该理论认为商业银行的利润主要来源于资产业务，银行能够主动加以管理的也是资产业务，而负债主要反映客户的意愿，银行处于被动地位。因此，银行经营管理的重点是资产业务，要致力于通过资产结构的合理安排，求得安全性、流动性和盈利性的协调统一。资产管理理论在其发展过程中，银行家先后提出了“商业性贷款理论”、“资产可转换理论”、“预期收入理论”等，为银行资产经营奠定了理论基础，并创造出一系列资产管理方法。

资产管理理论强调负债规模是既定的，银行对扩大负债无能为力，资产规模受负债规模制约，银行只能在既定的资产规模上努力实现资产结构的优化。资产管理理论之所以长期盛行，是因为20世纪60年代以前，商业银行所处的经营环境较宽松，金融市场尚不发达，以商业银行为信用中介的间接融资占主导地位，非银行金融机构还不能构成银行强有力的竞争者，银行资金来源充裕且稳定。在这种环境下，商业银行经营管理的重点是流动性管理，而且，由于资金来源是以活期存款为主，所以，在当时较稳定的资金来源的基础上，对资金的运用也就是对资产进行管理。

（二）负债管理理论

20世纪60年代，西方发达国家的金融市场迅速发展，各种非银行金融机构纷纷涌现，新的金融资产不断推出。当时，西方各国对商业银行大多实行较严格的利率管理，而非银行金融机构一般不受利率管制的约束，因而对资金具有很大的吸引力，许多资金不通过商业银行这一传统的信用中介直接进入金融市场，出现了资金的“脱媒”现象，对商业银行吸收存款的业务构成了较大冲击。为了扩大资金来源，维持自身发展，一些大银行纷纷推出新的金融工具以吸引社会资金。1961年，美国花旗银行首创的大额可转让定期存单（CD）的问世，诱发了新的银行经营管理理论的兴起，即逐渐形成了负债管理理论。

负债管理理论认为，银行对于负债并非完全被动、无能为力，而是完全可以采取主动的，可以主动到市场争取资金，扩大负债；有了更多的负债，才能有更多的资产的获利。该理论提倡开拓各种负债渠道，除存款外，还利用同业拆借、向中央银行贴现借款、向国际金融市场借款、发行金融债券等向公众借款。负债管理理论还认为，银行的流动性，不仅可以通过资产管理获得，而且也可以由负债管理提供，只要银行资金来源广泛而及时，银行的流动性就有保证；银行并非一定要保持大量高流动性资产，而是应将它们投入高盈利项目中去，必要时，甚至可以通过借入资金来支持贷款规模扩大。

负债管理理论问世以后，一方面，银行经营管理面貌一新，银行有了保持流动性的新方法，不必持有过多的超额准备和第二准备，也不必为资产流动性不足而担忧，有利于商业银行同其他金融机构进行竞争。另一方面，其局限性也日益显露，在负债管理理论指导下，银行经营规模不断扩大的同时，也使银行的经营风险不断增大，融资成本不断提高，使资产利润率下降，也使高风险业务不断增加。在一些国家银行大量倒闭破产的事实面前，负债管理理论受到了挑战。

（三）资产负债综合管理理论

资产管理理论和负债管理理论对银行的资产负债管理均有失偏颇。前者过于偏重安全与流动，在一定条件下是以牺牲盈利为代价的；后者过多地依赖于外部条件，往往带有较大的经营风险。20 世纪 70 年代中期起，随着金融自由化的出现，种类繁多的浮动利率资产和浮动利率负债品种纷纷涌现，商业银行争取到在金融市场上主动融资权的同时，也面临新的风险，即利率风险。在市场利率波动的环境下，资产和负债的配置状态极有可能对银行利润和经营状况产生很大影响，片面强调资产管理或负债管理而忽视另一面，都不利于银行经营目标的实现。西方一些主要商业银行适应经济、金融形势的变化，在总结以往银行经营管理理论的基础上，提出了资产负债综合管理理论，其基本思想是：在商业银行运营过程中，运用科学的管理体系和管理手段，从资产和负债两个方面对照分析，强调资产与负债两者之间的整体规划与搭配协调，通过资产结构与负债结构的共同调整和资产、负债两方面的统一协调管理，实现“三性”的协调与统一。

（四）资产负债表内表外统一管理理论

资产负债表内表外统一管理产生于 20 世纪 80 年代末。在金融自由化浪潮中，商业银行为了控制利率和汇率波动的风险以及由竞争加剧、存贷款利差收窄而引致的传统业务成本上升、收益率下降的经营风险，纷纷大力拓展承诺、担保以及金融衍生工具等表外业务。这些业务虽然可以被用来控制风险、增加收益，但其本身也蕴涵着风险。为了对商业银行的经营风险进行控制和监管，同时也为了规范不同国家的银行之间同等运作的需要，1987 年 12 月，巴塞尔委员会通过了如何衡量和确定国际银行资本及监督标准的协议草案，并于 1988 年 7 月 15 日正式通过了《统一资本计量与资本标准的国际协议》，这就是著名的《巴塞尔协议》。达成《巴塞尔协议》的目的是：第一，通过协调统一各国对银行资本、风险评估及资本充足率标准的界定，促使世界金融稳定；第二，将银行的资本要求同其活动的风险，包括表外业务的风险系统地联系起来。

《巴塞尔协议》是第一个强调资本充足率在银行风险管理中重要意义的国际协议，也是第一个不仅对表内不同种类的资产规定了所需要的资本充足率，同时也对表外业务项目规定了不同的风险权数以及相应的资本充足率的国际协议。它标志着西方商业银行资产负债管理理论和风险管理理论的完善和统一，推动和促进商业银行更加注重对资产负债表内和表外业务的统一管理和风险控制。

相关链接

巴塞尔银行监理委员会（The Basel Committee on Banking Supervision）简称巴塞尔委员会，是由美国、英国、法国、德国、意大利、日本、荷兰、加拿大、比利时、瑞典十大工业国的中央银行于 1974 年底共同成立的，作为国际清算银行的一个正式机构，以各国中央银行官员和银行监理当局为代表，总部在瑞士的巴塞尔。每年定期集会 4 次，并拥有近 30 个技术机构，执行每年集会所订目标或计划。巴塞尔委员会制订了一些协议、监理标准与指导原则，如《关于统一国际银行资本衡量和资本标准的协议》、《有效银行监管核心原则》等。这些协议、监理标准与指导原则统称为巴塞尔协议。这些协议的实质是为了完善与补充单个国家对商业银行监管体制的不足，减轻银行倒闭的风险与代价，是对国际商业银行联合监管的最主要形式。这些文件的制定与推广，对稳定国际金融秩序起到了积极作用。

五、我国的商业银行体系

我国的商业银行体系大体包括两大类：国有控股商业银行和其他商业银行。

1. 四大国有控股商业银行。国有控股商业银行是我国金融机构体系的主体，包括中国工商银行、中国农业银行、中国银行、中国建设银行。目前国有控股商业银行无论在人员总数、机构网点数量，还是在资产规模及市场占有份额上都在我国整个金融领域中处于绝对的优势地位。

1994 年前，四大国有控股商业银行称为“专业银行”，这主要是因为在此之前这四家银行在服务对象上各有侧重。1994 年之后，根据《国务院关于金融体制改革的决定》，国家专业银行改革的目标是要办成真正的商业银行，四大银行朝商业化方向迈进。近几年来，四大国有商业银行营运机制有所改善，内部管理得到加强。目前，工行、建行、中行和农行均已完成股份制改造，并成功上市。所以，严格地讲国有商业银行称国有控股商业银行更为合适。

2. 其他商业银行。其他商业银行主要有交通银行、中信实业银行、中国光大银行、华夏银行、招商银行、中国民生银行、深圳发展银行、上海浦东发展银行、广东发展银行、福建兴业银行、城市商业银行、农村商业银行、中国邮政储蓄银行、外资商业银行等。这些银行的共同特点是：初步建立了自主经营、自负盈亏、自我约束、自我发展的现代企业经营机制；产权关系比较明晰，大部分以股份制形式存在；实行董事长领导下的行长负责制。

相关链接

1997 年香港回归祖国，同时也是我国历史上第一家由中国人自己开办的商业银行——“中国通商银行”诞生 100 周年纪念。

1896 年（光绪二十三年）10 月，当时的铁路大臣盛宣怀向清政府照准“合天下之商力，以办天下之银行”。提出“通商兴中、挽回利权”的办行宗旨，创办了我国第一家商业银行。1897 年 5 月 27 日“中国通商银行”在上海外滩广东路正式开业。额定资本五百万两白银。这在当时已算得上是实力雄厚的银行了。该行成立之时，清政府授予发行钞票的特权。

早在上海开埠后的第五年（1847 年），第一家外国银行——英国丽如银行就进驻上海黄浦滩。此后，各帝国主义列强的金融机构，以各种借口不断涌进上海外滩，不断掠夺中国经济。

第四节　非银行金融机构

20 世纪 80 年代以来，随着各国金融自由化进程的加快，非银行金融机构发展迅速，在金融体系中的重要性和地位不断提升。非银行金融机构一般来说主要包括保险公司、信托投资公司、证券公司、投资基金公司、信用合作社、金融租赁公司、财务公司、养老或退休基金、典当行等。

一、保险公司

保险公司是经营保险业务的金融机构。保险公司主要是依靠投保人缴纳保费和发行人寿保险单等方式筹集资金，对发生意外灾害和事故的投保人予以经济补偿，是一种以经济补偿为特征的特殊信用融资方式。保险公司的资金运用，除保留一部分以应付赔偿所需之外，其余部分用来投资，主要投向政府债券和收入较稳定的企业债券和股票，有时也用来发放不动产抵押贷款或保单贷款等。

保险公司的业务范围为两大类：一是财产保险业务，主要包括财产损失保险、责任保险、信用保险等业务；二是人身保险业务，包括人寿保险、健康保险、意外伤害保险等业务。《中华人民共和国保险法》规定，同一保险人不得兼营上述两类保险业务。

相关链接

1979 年 4 月，国务院批转《中国人民银行分行行长会议纪要》，明确提出开展保险业务，为国家和集体财产提供经济补偿，为国家积累资金。同年 11 月中国人民银行召开全国保险工作会议，决定从 1980 年起恢复国内保险业务，同时，在原有的基础上大力发展涉外保险业务。1981 年 4 月，中国人民保险公司恢复营业，这标志着我国保险业的新生。

二、信托投资公司

信托起源于英国，是建立在信任的基础上，财产所有者出于某种特定目的或者社会公共利益，委托他人管理和处分财产的一种法律制度。在发达的市场经济国家，信托业已经发展成为现代金融业的重要支柱之一。与银行、证券、保险并称为现代金融业四大支柱。

相关链接

我国的信托制度有近百年的历史。1979 年 10 月，新中国第一家信托机构——中国国际信托投资公司宣告成立。此后，各专业银行、行业主管部门、地方政府纷纷办起各种形式的信托投资公司，到 1988 年达到最高峰时共有一千多家。但是，由于缺乏法律规范和管理经验，我国信托业普遍存在内部管理混乱、违规经营和腐败现象，信托业的发展与整顿几乎一直形影相随。

1998 年，中央开始对信托业实行第五次整顿。经过整顿，我国的信托投资公司数量大大减少，业务更加规范，从而使信托真正成为受人之托、代人理财的非银行金融机构。

整顿的同时，我国也加强了信托立法工作。2001 年 1 月，中国人民银行发布了《信托投资公司管理办法》；2001 年 4 月，第九届全国人大常委会第二十一次会议通过了《中华人民共和国信托法》；2002 年 6 月，中国人民银行根据《信托法》、《中国人民银行法》等法律和国务院有关规定，修订了《信托投资公司管理办法》，使之与《信托法》的有关内容的表述一致；同月，中国人民银行发布了《信托投资公司资金信托管理办法》。

三、证券公司

证券公司又称证券商，是专门经营证券业务的非银行金融机构。我国证券公司的业务范围一般有：代理证券发行业务；自营、代理证券买卖业务；代理证券还本付息和红利的支付；证券的代保管和签证；接受委托代收证券本息和红利；接受委托办理证券的登记和过户；证券抵押贷款；证券投资咨询业务等。

小贴士

我国的第一家证券公司是1987年底成立的深圳经济特区证券公司。

四、投资基金公司

投资基金是发行单位受益凭证，共担风险、共同收益的一种集合投资。基金公司负责基金的发起、运作、清算等，在业务性质上与信托机构有相似之处。投资基金把众多分散的投资大众的资金集中起来，组成共同基金，其机制特点是投资组合、分散风险、专家理财、规模经济，为小投资者所欢迎，在市场经济发达国家发展十分迅速。

相关链接

我国目前有两种基金：一种是在1998年以前设立的“老基金”，主要投资于实业、上市与未上市公司的股票、债券等；另一种是在1998年以后设立的“新基金”，主要投资于上市公司的股票、债券以及国债投资，即证券投资基金。1999年以来，经过规范和整顿，一批老基金通过扩募、增募等规范为证券投资基金。

五、信用合作社

信用合作社是一种互助合作性金融组织，通常分为农村信用合作社和城市信用合作社。最早的信用社创建于1849年的德国农村。这类金融机构一般规模不大，其资金主要来源于合作社成员所交纳的股金和吸收的存款，其贷款主要以信用合作社的成员为对象。

相关链接

我国原有5 000家城市信用社。为规避风险，形成规模，1995年国务院决定，在城市信用社基础上组建城市合作银行，为地方经济的发展融通资金，为城市中小企业的发展提供金融服务。1998年，从北京开始，城市合作银行陆续改组为以城市命名的商业银行，成为由城市企业、居民和地方财政投资入股组成的地方性股份制商业银行。

农村信用合作社是农村的合作金融组织，一般按乡设立，县级大都设有县联社。其主要特点为：由农民入股，由社员民主管理，主要为入股社员服务等。主要业务包括：

经营农村个人储蓄，以及农户和个体经济户的存款、贷款和结算等。

目前，我国正致力于农村信用社的改革，对原有的农村信用合作社进行整顿、清理。一是依照自愿、平等、互助的原则，重新组建新型的农村信用合作社；二是将一部分农村信用合作社合并改组为地方性商业银行（农村商业银行或农业合作银行）或并入中国农业银行。

六、财务公司

财务公司是指为企业集团及其内部各成员单位办理相互之间资金融通业务的金融机构。它与商业银行的根本区别在于财务公司有其限定的服务对象，其业务范围必须严格限定在企业集团内部各成员之间，而不能对集团之外的其他企业或社会公众从事资金融通业务。

想一想

财务公司与一些企业的“厂内银行”有何不同？

财务公司的业务主要有：存款、贷款、结算、票据贴现、融资性租赁、投资、委托以及代理发行有价证券等。财务公司在业务上受中国人民银行领导、管理、监督与稽核，在行政上则隶属于各企业集团，是实行自主经营、自负盈亏的独立企业法人。

小贴士

1987年我国第一家财务公司——南京中山（电子）集团财务公司成立。

七、金融租赁公司

金融租赁公司是一种以出租物品收取租金为目的的金融机构。现行金融租赁公司的主要业务有：用于生产、科、教、文、卫、旅游、交通运输设备等动产、不动产的租赁、转租赁、回租租赁业务；前述租赁业务所涉及标的物的购买业务；出租物和抵偿租金产品的处理业务；向金融机构借款及其他融资业务；吸收特定项目下的信托存款；租赁项目下的流动资金贷款业务；外汇及其他业务。

相关链接

我国金融租赁行业大致分为三种类型：中外合资的租赁公司、中资的租赁公司、兼营租赁业务的金融机构。中国租赁有限公司是目前我国资力最雄厚、影响最大的租赁公司，该公司1987年4月经中国人民银行批准成立，总公司设在北京。

八、养老或退休基金

养老或退休基金是一种向参加养老计划者以年金形式提供养老金的专门金融组织。养老或退休基金的资金来源主要是雇主或雇员交纳的退休基金及其投资收益，其运用主要是投资于有价证券，如政府债券、企业债券、金融债券、股票等，也可用于委托投资。养老或退休基金是第二次世界大战后作为社会保障制度的一个补充而产生和发展起来的，目前普遍存在于西方各国。

九、典当行

典当是典、当、质、押、信用行为的统称。典当业是专门经营以收取抵押品而放款的非银行金融机构。典当业作为金融业的鼻祖，在国外被称为“第二银行”。在我国，典当业则是一个既古老又年轻的行业。

相关链接

1987年新中国恢复典当业——四川华茂典当行挂牌营业以来，典当业在80年代末期和90年代初期蓬勃发展，最多时曾达到3013家，各类主管部门也曾多达22个。伴随着典当行数量的增加，一些地方发生了非法集资事件。为了规范典当业的经营与管理，1993年5月我国颁布的《典当行管理暂行办法》就典当行的性质进行了界定，即典当行是以实物占有权转移形式为非国有中小企业和个人提供临时性质押贷款的特殊金融机构。2001年8月8日，《典当行管理办法》正式颁布实施，对原有的《典当行管理暂行办法》进行了重大修改。同时国务院决定取消典当行金融机构的资格，将原由人民银行监管的典当行业作为一类特殊的工商企业，交由国家经贸委统一归口管理。

第五节 国际金融机构

国际金融机构是指从事国际金融管理和国际金融活动的超国家性质的组织机构，按地区范围和成员国的构成可分为全球性的国际金融机构和区域性的国际金融机构。

一、国际金融机构的产生与特点

（一）国际金融机构的产生

为适应世界经济发展的需要，20世纪国际金融领域的一个重要现象是出现了一系列国际金融机构。国际金融机构的建立可以追溯到1930年5月在瑞士巴塞尔成立的国际清算银行。该行最初创办的目的是为了处理第一次世界大战后德国的赔偿支付及有关清算问题。此后，其宗旨改为促进各国中央银行之间的合作，为国际金融业务提供便利，以及接受委托或作为代理人办理国际清算业务等。

第二次世界大战后建立了布雷顿森林体系，并相应地建立了几个全球性国际金融机构，即国际货币基金组织和世界银行集团，作为实施这一国际货币体系的组织机构。亚洲、非洲、拉丁美洲等地区的国家为发展本地区经济的需要，通过互助合作的方式，也先后建立起区域性的国际金融机构，如亚洲开发银行、非洲开发银行、美洲开发银行等。

从根本上讲，国际金融机构的出现是为了适应生产国际化对于超国家金融调节的需要。国际金融机构产生的直接推动力是各国经济政治发展不平衡以及各种矛盾在国际金融领域的发展。国际金融机构的设立为各国进行协商提供了适当的场所，它所组织签订的一些国际协议有助于约束各国政府的行为。

（二）国际金融机构的特点

国际金融机构是超国家的经济组织。尽管有的国际金融机构不排斥私人银行参加，但是所有的国际金融机构都是各国政府出面组织的。通过有关的国际协议，各国政府都在不同程度上让渡了一些政府权限的力度和范围。

国际金融机构的业务活动不是完全按照市场经济原则进行的。它们所提供的贷款在不同程度上带有援助的性质。虽然有时这种援助采取了隐蔽的形式，如贷款利率接近于市场利率，但是由于其贷款对象经常是国际收支发生困难且在国际金融市场融资受到诸多限制的落后国家，因此它实际上承担了较大的信用风险。

国际金融机构的成员国都有一定的发言权，但各国的地位并非完全平等。这些机构的领导权大都被少数西方发达国家控制，发展中国家的呼声和建议往往得不到应有的重视和反映。

二、主要的国际金融机构

（一）全球性国际金融机构

1. 国际货币基金组织。国际货币基金组织（IMF）根据1944年7月在美国布雷顿森林召开的联合国货币金融会议上通过的“国际货币基金协定”于1945年12月正式成立，总部设在美国首都华盛顿，它是联合国的一个专门机构。

国际货币基金组织成立的宗旨是：促进国际货币合作；帮助会员国平衡国际收支，稳定汇率；促进国际贸易的发展，提高和维持会员国就业水平。其主要任务是：通过向会员国提供短期资金，解决会员国国际收支暂时不平衡和外汇资金需要，以促进汇率的稳定和国际贸易的扩大。

按照“国际货币基金协定”，凡是参加1944年布雷顿森林会议，并在协定上签字的国家，称为创始会员国。在此以后参加基金组织的国家称为其他会员国。两种会员国在法律上的权利和义务并无区别。国际货币基金组织成立之初，只有44个会员国，现已发展到185个会员国。我国是创始会员国之一。我国在基金组织的特别提款权配额为63.69亿元。

小贴士

特别提款权（Special Drawing Right，SDR）是国际货币基金组织创设的一种储备资产和记账单位，亦称“纸黄金（Paper Gold）”。它是基金组织分配给会员国的一种使用资金的权利。会员国在发生国际收支逆差时，可用它向基金组织指定的其他会员国换取外汇，以偿付国际收支逆差或偿还基金组织的贷款，还可与黄金、自由兑换货币一样充当国际储备。但由于其只是一种记账单位，不是真正货币，使用时必须先换成其他货币，不能直接用于贸易或非贸易的支付。

参加基金组织的每一个会员国都要认缴一定的基金份额。基金份额的确定，与会员国利益密切相关，因为会员国投票权的多少和向基金组织取得贷款权利的多少取决于一国份额的大小。

国际货币基金组织的最高权力机构是理事会，由各会员国委派理事和副理事各 1 人组成。执行董事会是负责处理基金组织日常业务的机构，共由 23 人组成。

国际货币基金组织的资金来源，除会员国缴纳的份额外，还有向会员国借入款项和出售黄金所得收益。国际货币基金组织的主要业务是：发放各类贷款；商讨国际货币问题；提供技术援助；收集货币金融情报；与其他国际机构的往来。

小贴士

2009 年 9 月，我国认购国际货币基金组织首次发行的债券 500 亿美元。

2. 世界银行集团。世界银行集团目前由国际复兴开发银行（即世界银行）、国际开发协会、国际金融公司、多边投资担保机构和解决投资争端国际中心五个成员机构组成。总部设在美国首都华盛顿。

（1）世界银行（IBRD）。又称国际复兴开发银行，是 1944 年布雷顿森林会议后，与国际货币基金组织同时成立的，也是联合国的一个专门机构。

世界银行的宗旨是：对生产性投资提供便利，协助会员国经济复兴，生产和资源开发；促进私人对外贷款和投资；鼓励国际投资，开发会员国生产资源；配合国际贷款、提供信贷保证。世界银行成立的最初目的是通过提供长期贷款和投资，解决会员国主要是西欧各国战后恢复和发展经济的资金需要。目前，世界银行的主要目标是向发展中国家提供开发性贷款，资助其兴办特定的长期建设项目。

根据协定，凡参加世界银行的国家必须是国际货币基金组织的会员国，但国际货币基金组织的会员国不一定都参加世界银行。世界银行建立之初，有 39 个会员国，到目前为止，已增至 185 个会员国。我国是世界银行创始会员国之一。世界银行 1980 年 5 月 5 日正式恢复了我国的代表权。凡会员国均须认购世界银行的股份，认购额由申请国与世界银行协商，并经理事会批准。一般情况下，一国认购股份的多少是根据其经济和财政实力，并参照该国在基金组织缴纳份额的大小而定。世界银行会员国的投票权与认缴股本的数额成正比例。

世界银行的组织结构与国际货币基金的组织结构相似，最高权力机构是理事会，由会员国委派理事和副理事各一名组成。理事会每年 9 月同国际货币基金组织联合举行年会。执行董事会是世界银行负责组织日常业务的机构，由 21 人组成。

世界银行的资金来源除会员国缴纳的股金以外，还有向国际金融市场借款、出让债权和利润收入。其主要业务活动是提供贷款、技术援助、领导国际银团贷款和进行投资担保。贷款的投向主要是发展中国家的基础设施、能源开发、农业、公用事业及文教卫生等。

（2）国际开发协会（IDA）。国际开发协会成立于 1960 年 9 月，凡是世界银行会员国均可参加该机构。目前，国际开发协会共有 169 个会员国。我国在恢复世界银行合法席位的同时，也自然成为国际开发协会的会员国。

国际开发协会的宗旨是：帮助世界上欠发达地区的协会会员国促进经济发展，作为世界银行贷款的补充，对欠发达地区的会员国提供条件较宽、期限较长、负担较轻并可用部分本国货币偿还的贷款。

国际开发协会最高权力机构是理事会。凡是世界银行会员国又是协会会员国者，其指派的银行理事和副理事，依其职权，同时也是协会的理事和副理事。理事会每年召开年会一次，出席会议的法定人数应为过半数理事，并持有不少于2/3 的总投票权。协会每年与世界银行一起开年会。

国际开发协会的资金来源除会员国认缴的股本以外，还有各国政府向协会提供的补充资金、世界银行拨款和协会的业务收入。贷款一般只向较贫穷的发展中国家发放，应用于电力、交通运输、水利等公共工程部门，以及农业、文化教育事业。贷款期限可达 50 年，宽限期 10 年，偿还贷款时可以全部或部分使用本国货币。名义上贷款免收利息，但要收取 0. 75% 手续费，实际上是低利贷款。

（3）国际金融公司（IFC）。国际金融公司是世界银行集团的私营部门机构，1956 年 7 月成立。参加国际金融公司的会员国必须是世界银行的会员国。现有 182 个会员国。我国在恢复世界银行合法席位的同时，也成为国际金融公司的会员国。

国际金融公司的宗旨是：配合世界银行的业务活动，向会员国特别是其中的发展中国家的重点私人企业提供无须政府担保的贷款或投资，鼓励国际私人资本流向发展中国家，以推动这些国家的私人企业的成长，促进其经济发展。

国际金融公司的组织机构和管理办法与世界银行相同，其最高权力机构是理事会；理事会下设执行董事会，负责处理日常事务，正副理事、正副执行董事也就是世界银行的正副理事和正副执行董事。

国际金融公司的资金来源主要是会员国缴纳的股金，向世界银行和国际金融市场借款以及国际金融公司业务经营净收入。其主要业务活动是对会员国的私人企业贷款，无须政府担保。贷款期限一般为 7 ~ 15 年，每笔贷款一般不超过 200 万 ~ 500 万美元，贷款须以原借款货币偿还。利息根据资金投放的风险和预期的收益等因素决定，一般为年利 6% ~ 7%，有的还要参加企业分红。贷款的主要对象国是亚、非、拉不发达国家。贷款的主要部门有：制造业、加工业、开采业。

（4）多边投资担保机构（MIGA）。多边投资担保机构是 1988 年成立的世界银行集团的成员机构，有会员国 150 多个。中国是创始会员国和主要出资国之一。

多边投资担保机构的宗旨是向外国私人投资者提供政治风险担保，包括征收风险、货币转移限制、违约、战争和内乱风险担保，并向会员国政府提供投资促进服务，加强会员国吸引外资的能力，从而推动外商直接投资流入发展中国家。作为担保业务的一部分，多边投资担保机构也帮助投资者和政府解决可能对其担保的投资项目造成不利影响的争端，防止潜在索赔要求升级，使项目得以继续。多边投资担保机构还帮助各国制定和实施吸引和保持外国直接投资的战略，并以在线服务的形式免费提供有关投资商机、商业运营环境和政治风险担保的信息。

（5）国际投资争端解决中心（ICSID）。国际投资争端解决中心是世界上第一个专门解决国际投资争议的仲裁机构。1965 年 3 月 18 日，一些国家在世界银行的主持下，在美国华盛顿缔结了《解决国家与他国国民之间投资争端公约》（又称《华盛顿公约》）。公约于 1966 年 10 月 14 日生效，同时依照公约设立了“解决投资争端国际中心”，作为实施公约的常设性机构。目前已有 155 个国家签署了公约，中国于 1990 年 2 月 9 日签署公约，1992 年

7月1日批准加入公约。

《华盛顿公约》规定ICSID的宗旨是：为解决各缔约国和其他缔约国国民之间的投资争端提供调解和仲裁的便利，以此增进相互信任的气氛；尤其要排除投资者母国政府的介入，使投资争端解决非政治化，从而促进私人投资的跨国流动。

3. 国际清算银行（BIS）。国际清算银行是英、法、德、意、比、日等国的中央银行与代表美国银行界利益的摩根银行、纽约和芝加哥的花旗银行组成的银团，根据海牙国际协定于1930年5月共同组建的，总部设在瑞士巴塞尔。刚建立时只有7个会员国，现已发展至50多个。实际上，现在世界上绝大多数国家的中央银行都与其建立了业务关系。中国人民银行于1996年9月正式加入国际清算银行。

国际清算银行最初创办的目的是为了处理第一次世界大战后德国的赔偿支付及其有关的清算等业务问题。第二次世界大战后，它成为经济合作与发展组织成员国之间的结算机构，该行的宗旨也逐渐转变为促进各国中央银行之间的合作，为国际金融业务提供便利，并接受委托或作为代理人办理国际清算业务等。它履行着“中央银行的银行”的职能。

国际清算银行的最高权力机构是股东大会，由认缴该行股金的各国中央银行代表组成，每年召开一次股东大会。董事会领导该行的日常业务。董事会下设银行部、货币经济部、秘书处和法律处等办事机构。

国际清算银行的资金来源主要是会员国缴纳的股金，另外，还有向会员国中央银行的借款以及接受各国中央银行的黄金存款和商业银行的存款。其主要业务活动是：办理国际结算业务；办理各种银行业务，如存、贷款和贴现业务；买卖黄金、外汇和债券；办理黄金存款；商讨有关国际货币金融方面的重要问题。

国际清算银行于每月的第一个周末在巴塞尔举行西方主要国家中央银行的行长会议，商讨有关国际金融问题，协调有关国家的金融政策，促进各国中央银行的合作。

（二）区域性国际金融机构

1. 亚洲开发银行（ASDB）。亚洲开发银行是由联合国亚洲及太平洋经济社会委员会创立的，1966年11月在日本东京正式成立，同年12月开始营业，总部设在菲律宾首都马尼拉。亚行现有67个成员，其中48个来自亚太地区，其余来自其他地区。1986年3月10日中国正式成为亚行成员。

亚洲开发银行的宗旨是：为亚太地区的发展计划筹集资金，提供技术援助，帮助协调成员国在经济、贸易和发展方面的政策，与联合国及其专门机构进行合作，以促进区域内经济的发展。其资金来源主要是会员国缴纳的股金、亚洲开发基金、技术援助特别基金和在国际金融市场上发行债券等。其主要业务是通过提供贷款和股本投资，促进发展中成员经济的增长和社会进步；通过提供技术援助、开展贷款政策性对话，加强发展中成员决策机构的能力，促进经济向市场化转轨，改善投资环境；进一步增加联合融资，促进私有资本向发展中成员流入。

亚行最高的决策机构是理事会，一般由各成员国财长或中央银行行长组成，每个成员在亚行有正、副理事各一名。亚行理事会每年召开一次会议，通称年会。

2. 非洲开发银行（AFDB）。非洲开发银行是在联合国非洲经济委员会的赞助下于1964年11月正式成立，1966年7月1日开始营业。总部设在科特迪瓦的经济中心阿比让。2002年，因科特迪瓦政局不稳，临时搬迁至突尼斯至今。非行有77个成员国，非洲53个国家全部为成员，此外还有包括中国在内的区外成员 24 个。

非洲开发银行的宗旨是：通过提供投资和贷款，利用非洲大陆的人力和资源，促进成员国经济发展和社会进步，优先向有利于地区的经济合作和扩大成员国间的贸易项目提供资金和技术援助，帮助成员国研究、制定、协调和执行经济发展计划，以逐步实现非洲经济一体化。其资金来源主要是会员国认缴的股本以及向国际金融市场借款。非行贷款的对象是非洲地区成员国，主要用于农业、交通和通讯、工业、供水等公共事业，也包括卫生、教育和私营领域的投资项目。

理事会为非行最高决策机构，由各成员国委派一名理事组成，一般为成员国的财政和经济部长，通常每年举行一次会议，必要时可举行特别理事会，讨论制定银行的业务方针和政策，决定银行重大事项，并负责处理银行的组织和日常业务。

3. 美洲开发银行（IDB）。美洲开发银行于 1959 年 12 月 30 日正式成立，1960 年 11 月 1 日开始营业，总行设在美国首都华盛顿。该行是世界上成立最早的区域性、多边开发银行，是美洲国家组织的专门机构，其他地区的国家也可加入，但非拉美国家不能利用该行资金，只可参加该行组织的项目投标。中国于 2009 年 1 月正式成为美洲开发银行第 48 个会员国，同时也是亚洲地区第四个参加该组织的国家。

美洲开发银行的宗旨是：动员美洲内外资金，为拉丁美洲国家的经济和社会发展提供项目贷款和技术援助，以促进拉美经济的发展。其资金来源主要是会员国认缴的股金、向国际金融市场借款和较发达会员国的存款。其主要业务是提供贷款促进拉美地区的经济发展、帮助成员国发展贸易，为各种开发计划和项目的准备、筹备和执行提供技术合作。

理事会是最高权力机构，由各成员国委派一名理事组成，每年举行一次会议。执行董事会是理事会领导下的常设机构，由 14 名董事组成，其中拉美国家 9 名，美国、加拿大和日本各 1 名，其他地区国家 2 名。

区域性国际性金融机构目前比较典型的还有欧洲投资银行、欧洲复兴开发银行及加勒比开发银行等。

知识要点

1. 金融机构一般是指经营货币信用业务、从事各种金融活动的组织机构。现代市场经济国家的金融机构体系是众多银行与非银行金融机构并存构成的，其中中央银行居核心地位，银行机构居主导地位。目前我国已形成了以中央银行为核心，商业银行为主体，政策性银行、非银行金融机构、外资金融机构并存的合理分工、相互竞争的现代金融机构体系。

2. 中央银行是特殊的国家宏观金融管理机构，是发行的银行、银行的银行、政府的银行。其性质决定了其业务活动特点，中央银行业务经营中奉行非营利性、流动性、主动性、公开性、安全性的原则。其组织形式主要有四种。

3. 商业银行是以追求利润为目标、综合性、多功能的金融企业。商业银行具有信用中介、支付中介、信用创造和金融服务的职能。当代商业银行的主要组织形式是分支行制。一般来说，商业银行在业务经营活动中必须贯彻安全性、流动性和盈利性原则。商业银行的经营管理理论大致经历了资产管理、负债管理、资产负债综合管理以及资产负债表内表外统一管理四个阶段。

4. 非银行金融机构包括保险公司、信托公司、财务公司、证券公司、租赁公司、信用合作社、养老或退休基金、投资基金等。

5. 国际金融机构是指从事国际金融管理和国际金融活动的超国家性质的组织机构。全球性国际金融机构主要有国际货币基金组织和世界银行集团。区域性国际金融机构主要有亚洲开发银行、非洲开发银行、美洲开发银行等。

课堂讨论题

分析我国现行金融机构体系的构成和实际，讨论现行金融机构体系还存在哪些需要进一步深化改革和完善的地方。

推荐阅读

1. ［美］埃利斯．高盛帝国（上、下）．北京：中信出版社，2010
2. 袁朝晖．摩根帝国．北京：经济日报出版社，2010
3. 李燕君等．货币金融学解读．北京：中国金融出版社，2005
4. 姜旭朝，于殿江．商业银行经营管理案例评析．济南：山东大学出版社，2000
5. 闫冰．国际金融．北京：中国金融出版社，2004

第四章

金融市场概述

学习目标

通过本章学习：认识金融市场的功能、构成要素及其分类；了解国际金融市场的发展与运作及作用；掌握金融创新的含义、内容和动因与效应。

案例导读

2007 年美国的次贷危机造成全球范围严重的信贷紧缩，使得那些过度投资于国际金融市场上的次贷金融衍生品的公司和机构纷纷倒闭，进而引发了波及全球的金融危机。2008 年 9 月，雷曼兄弟破产和美林公司被收购标志着金融危机全面爆发。而随着虚拟经济的灾难向实体经济扩散，世界各国经济增速放缓，失业率激增，一些国家开始出现严重的经济衰退。美联储前主席格林斯潘说："有一天，人们回首今日，可能会把美国当前的金融危机评为第二次世界大战结束以来最严重的危机"。

那么，为什么美国的次贷危机会有如此深刻的影响？我们有必要来认识金融市场的功能、国际金融市场的运作特点和金融创新的效应。

第一节 金融市场功能

一、金融市场的定义

金融市场（financial market）是市场体系中的一个重要组成部分，属要素类市场，是专门用于资本要素产品交易的场所。在这个市场上进行金融资产的交易，实现资金融通，重新配置金融资源，并最终实现社会实物资源的配置。所以，可以将金融市场简单地描述为是金融性商品交易的场所。

但实质上，市场既可以是有形的，也可以是无形的，因而市场的内涵应该是一个交易机制，不仅仅是交易场所。对金融市场的理解亦应如此。金融市场是指以金融资产为交易对象而形成的供求关系及其交易机制的总和，是通过金融工具交易进行资金融通的场所与行为的总和。这一概念，隐含着对金融市场的广义的理解。具体而言，金融市场活动包括货币资金的存贷、票据贴现和抵押、有价证券的发行与流通、外汇与黄金买卖以及通过租赁、信托和保险等途径进行资金的集中与分配。

二、金融市场的功能

（一）媒介资金融通，对社会资源进行再分配的功能

金融市场通过充当资金融通媒介，实现了经济资源跨时间、跨地区、跨行业的再配置。这是金融市场最基本的功能。

首先，金融市场为资金需求方和供给方提供了多种筹资、投资渠道以及多种筹资、投资工具，使他们能够选择有利于自己的投融资渠道和投融资工具，最大限度地满足他们投融资的需要。

其次，金融市场投融资的过程重新配置了资金使用权，而物随钱走，在社会总供求平衡的情况下，自然也实现了社会实物资源配置。

最后，金融市场通过金融资产价格的波动，反映经济社会对资金供求的态势，引导资源从低效率部门向高效率部门转移，从而实现社会资源的有效配置。

（二）实现资本积累，支持规模经济的功能

金融市场作为金融资产交易的场所，使储蓄资金向投资资金转化，起到了“蓄水池”的作用，为闲置资金向生产资金转化提供交易机制。

首先，债券、股票和其他各种金融商品通过金融市场发行、出售和交易，使金融市场集中了所有的资金需求方和资金供给方。从微观角度来看，金融市场把零星的分散的企事业单位和居民个人的闲置资金集聚在一起，与公司企业所需巨额资金实现了对接；从宏观角度来看，金融市场成为储蓄转化为投资的桥梁，将小额资金汇集成大额资金，从而实现了一国的资本积累。

其次，通常闲置的资金额是较小的、期限是较短的，是不能当作生产经营资金使用的，但通过金融市场的交易机制可以把分散的、小额的、短期的资金集聚起来变为集中的、巨额

的、长期的货币资本，就可以用来弥补公司企业生产经营周转资金的不足和扩大再生产所需资金的缺口，实现规模经济。

（三）价格发现的功能

价格发现功能是指金融资产供求双方利用金融市场的交易机制，形成一个反映市场供求关系的市场价格。

首先，在金融市场上，买卖双方的相互作用决定了金融资产的价格或金融资产的收益率，价格信号引导着资金的分配，这一过程就是“价格发现过程”。从而有利于资源的优化配置，提高资源利用效率。

其次，金融市场是国民经济的“晴雨表”和“气象台”，既可以综合反映宏观经济运行状况，也可以反映微观经济组织的经营状况，为经济活动提供和传递信息。金融市场的市场价格、资金流向等变化成为企业、个人经济决策的指示器，也为政府制定宏观经济政策提供了重要参数。

相关链接

例如，利率变化反映着宏观经济运行状况。利率是资金的价格，如果市场利率（实际利率）上升表明货币供应小于货币需求，如果同时存在商品库存增加、失业率上升的现象，说明社会总供给超过社会总需求，发生了通货紧缩；反之如果市场利率（实际利率）下降表明货币供应大于货币需求，如果同时出现商品供应短缺、物价上涨的现象，说明社会总供给小于社会总需求，发生了通货膨胀。

又如，金融工具价格的变化反映着企业经营状况。以上市公司股票价格变化为例，投资者通过上市公司公布的财务报告了解企业的经营状况，并结合经济发展趋势对该企业发展前景做出研判，然后决定该公司股票的买点和卖点，这直接影响着该公司股票价格的涨跌。

小贴士

实现价格发现功能，需要金融市场具有完整的信息和完全的市场供求决定的价格。在这样两个理想条件下，金融市场才能确定出较为真实的均衡价格。如某一股票的票面价为1元，但是在市场上却能卖到10元，这个价格如果是在上述两个条件下产生的，就有可能是该股票的真实价值。

（四）调节经济的功能

金融市场的存在，为政府间接调控宏观经济创造了条件。金融间接调控体系必须依靠发达的金融市场传导中央银行的政策信号，通过金融市场的价格变化引导各微观经济主体的行为，体现货币政策调整意图。

首先，各国中央银行是货币政策的制定者，承担着稳定币值的责任，中央银行经常运用法定存款准备金率、再贴现率和公开市场业务等手段调节货币供应量，这些手段的运用都是建立在拥有健全有效的金融市场基础上的，金融市场为中央银行调控宏观经济提供了作用场所。

其次，中央银行通过货币市场执行公开市场操作，达到调节货币存量的目的。发达的金融市场体系内部各子市场之间存在着高度相关性，货币市场的变化会在资本市场中得到反映，通过资本市场的行情变化进而扩大货币政策的影响范围。

第二节　金融市场构成要素

世界各国金融市场的发达程度尽管各不相同，但就市场本身的构成要素来说，都不外乎包括交易对象、交易工具、交易主体、交易价格和交易组织系统五个方面。

一、交易对象

金融市场的交易对象是货币资金。人们参与金融市场交易的最原始目的是融通资金，因此，金融市场传统的交易对象是货币或货币资金的使用权。资金盈余者通过交易出让资金使用权，而根据拥有该笔资金的所有权收取报酬——利息或股息，并在债权期满后收回本金；资金短缺者通过承诺偿还债权或承诺对方获得股权而得到资金使用权，并且承诺给予对方补偿，即支付相应的利息或股息。

想一想

金融市场交易对象与商品市场交易对象有何不同？

随着流通市场的发展和衍生金融工具不断推出，金融市场的功能已远远超出了调节资金余缺的范围，不再仅仅是融资的场所，也成为重要的投资场所，人们参与金融市场交易，其关注的重点也从交易对象转向了交易工具，实际交易的对象是什么已经变得不那么重要了。

二、交易工具

金融市场的交易工具是交易的标的物，它是一种以书面形式发行和流通的凭证，是载明资金供求双方权利义务关系的合约，通常称之为金融工具或信用工具。作为进行金融交易时货币资金或资本的载体，金融工具已超越货币资金本身而成为金融市场上的重要交易对象。

金融工具具有双重的性质，对于发行人和出售人（即卖方）来说，它代表着债务或资本，是一种负债；对于持有人和购买者（即买方）来说，它代表着债权，是一种资产。因而金融工具又被称为金融资产或金融产品。

金融市场的发展与创新使金融工具的品种日益增多。传统的金融工具包括各种债权和产权凭证，如存单凭证、商业票据、股票、债券等；创新的金融工具被称为衍生金融工具，包括期权合约、期货合约、认股权证、掉期合约等。

金融工具的价值在于能够给投资者带来多少收益。传统金融工具代表交易对象的价值进行交易，衍生金融工具是人为赋予其一定价值，它可以有也可以没有交易对象。如股票期权合约的交割对象是股票，它代表着资金使用权的买卖；而股票价格指数期货，就没有能够进行交割的交易对象，交易目的在于规避股票价格变动风险和获得买卖的价差收益。

金融工具种类繁多，千差万别，但都有一些共同的特征，这些特征主要包括：期限性、流动性、收益性、风险性。

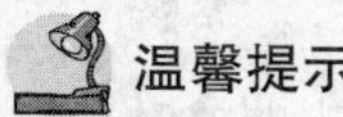

温馨提示

对当事人来说，更有现实意义的是实际偿还期限，即从持有金融工具之日起到到期日止所经历的时间，他可以据此衡量自己的投资收益率。例如，2005 年 4 月 1 日发行的政府债券，债券上注明 2010 年 4 月 1 日到期。某人于 2006 年 4 月 1 日购入，那么对于他来说，如果持有至到期日，则偿还期是 4 年而非 5 年。

三、交易主体

交易主体是指金融市场活动的参与者。从交易动机看，这些参与者主要分为投资者（资金供给者）、筹资者（资金需求者）、套期保值者、套利者等四大类。

在信用制度高度发达的今天，任何有经济收入的单位和个人都自觉或不自觉地成为金融市场的参与者，与经济学中的划分相类似，这些众多的参与者也可按五大部门归类，具体为：居民、工商企业、政府部门、金融机构、国外部门。他们参与金融市场的目的具有多样性，而且具有可变性。

（一）居民

居民主要是金融市场的资金净供给者。居民通过存款、购买债券、股票和证券投资基金等多种金融工具向金融市场提供资金。当然居民也通过使用消费信贷成为金融市场的资金需求者。

（二）工商企业

工商企业主要是金融市场的资金需求者。如工商企业可以申请贷款、发行债券、股票、票据等获得资金使用权。当然工商企业在生产经营过程中也有暂时闲置的资金，从而成为金融市场上资金的供给者。

（三）政府部门

政府部门主要是金融市场的资金需求者。为解决财政收支不平衡、财政赤字和经济建设需要，政府利用国内金融市场和国际金融市场发行国债或利用政府信贷及国际金融机构贷款筹集资金。

（四）金融机构

金融机构是金融市场的重要参与者。按参与金融市场的目的不同，金融机构可划分为三类：金融中介机构、金融监管机构、中央银行。金融中介机构的目的是盈利，它连接资金盈余者和资金需求者，起桥梁作用，从而实现资金从短期到长期、从小到大、从储蓄到投资的转化。这类金融机构如商业银行、证券公司、投资银行、信托投资公司等。金融监管机构是代表政府对资金融通进行监督和管理的金融机构，如证券监督管理委员会、保险监督管理委员会、银行监督管理委员会和中央银行。中央银行在金融市场上是处于特殊地位的参与者，在金融市场上，中央银行进行金融产品买卖，不是以营利为目的，而是利用金融市场调节货币供应量，实现宏观调控目标。并且中央银行与企业和个人（有些国家还包括财政）都没有业务往来关系，其主要的服务对象是银行。

小贴士

严格地讲，各市场主体参与交易的目的应该是获利，而中央银行和金融监管机构则不同。

（五）国外部门

国外部门在金融市场的作用要视一国的国际收支状况而定，当一国国际收支顺差时，依国民收入定义，该国对外处于储蓄状态，为资金供应者；反之，则为资金需求者。

四、交易价格

金融市场上的金融产品通过交易形成交易价格，交易价格是金融市场的基本构成要素之一。其中利率是最重要的交易价格。

小贴士

说利率是交易价格，但不等于说任何一种金融资产都有确定的利率。

每笔金融交易都是按一定的价格成交的，其交易价格同其他市场价格一样，也是由金融工具所代表的交易价值决定的。金融工具价值的大小取决于它能够给持有者带来多少收益，可以用收益额或收益率来表示。不是所有人都能认识到这一点，而且交易工具的价值是很难确定的，更难以判断交易价格是否符合交易价值。但交易价格与资产价值的偏离决定投资者的买卖行为，根据二者关系适时选择买点或卖点，是赚与赔、盈与亏的关键。交易者如能把握住时机，低进高出就盈利，否则就亏损。进一步地，这种买卖活动会使价格接近价值，机会稍纵即逝。由此看来，金融工具的估值成为判断价格高低的关键。

五、交易的组织系统

交易组织系统是金融交易特定的制度安排，通常是指在金融市场上进行金融交易所采用的方式。一般分为三种类型：(1) 在固定场所进行的有组织的集中交易方式。大部分金融交易是在金融机构的营业场所内按规定程序完成的，双方既可以面对面直接完成交易，也可以通过电讯手段进行交易。比如证券市场的交易组织系统中的场内交易，即证券交易所交易，它是整个金融市场交易的核心部分。其价格的决定方式为竞价成交。(2) 店头交易。这是一种分散的交易方式，通过金融机构柜台进行的“讨价还价”、分散的方式成交。比如证券市场的交易组织系统中的场外交易。其交易规则比较灵活，交易成本比较低，对象比较广泛，价格形成方式比较自由。(3) 借助网络等通信设备进行的场外交易方式。这就是通常所说的金融市场的第三市场和第四市场的交易，没有固定的交易场所。其优势在于：交易速度快、交易成本低、交易的保密程度高等。随着信息技术的发展和渗透，现代金融交易系统日趋电子化、网络化。

第三节 金融市场分类

金融市场是一个复杂而庞大的系统，包括很多具体的、相互独立而又紧密相关的市场，金融交易的对象、条件、方式和期限等也是多种多样的，因此，很难按照一个统一的标准进行分类。为了进一步地认识金融市场，我们有必要从不同角度对其进行分类。

一、发行市场与流通市场

按照金融交易的程序划分，金融市场可分为发行市场和流通市场。

发行市场也称为一级市场或初级市场，是通过发行票据或证券等新的金融工具融通资金的市场。在初级市场上，每笔交易都直接导致资金从盈余单位流向短缺单位，因此，发行市场是储蓄向投资转化的关键。各类筹资者必须借助发行市场出售各类金融交易工具以获得资金使用权。

流通市场也称为二级市场或次级市场，是已发行的票据、证券及衍生金融工具等流通转让的市场。流通市场以发行市场为存在基础，反过来，又成为发行市场正常发展的必要条件。流通市场交易量远大于发行市场的交易量，其意义在于：首先，流通市场为金融工具提供了交易流通的渠道，增强了金融工具的流动性，解决了投资者和发行者之间融资期限的矛盾；其次，流通市场金融工具的交易价格是企业选择发行时机和为新发行的金融工具定价的基础；最后，流通市场行情的波动，集中反映了经济、政治和市场主体心理预期的变化，是经济的晴雨表。

流通市场上的交易只表示现有金融工具所有权的转移，并不代表全社会资本存量的增加。在流通市场上，既有投资者，又有投机者；既可以在交易所里进行交易，也可以通过经纪人以电讯联系方式进行交易。

发行市场和流通市场的关系非常密切。一个健全发达的金融市场必须包括发行市场和流通市场，二者相互依存、相辅相成，共同构成一个完整的金融市场。发行市场可以直接解决筹资规模问题，流通市场可以解决金融工具流动性问题。

小贴士

不是所有金融工具都能明确地划分出发行市场与流通市场。

想一想

发行市场与流通市场有何联系与区别？

二、短期资金市场与长期资金市场

按照金融交易的期限划分，金融市场可分为短期资金市场和长期资金市场。

短期资金市场又称货币市场，是指专门融通一年及一年以内的短期资金的市场。货币市场交易工具主要有货币头寸、存单、商业票据、国库券和其他短期债券等。货币市场上完全是债权交易，其交易目的在于满足交易者的临时性资金周转的需求；其特点是交易工具偿还期限短，风险小且流动性强，融资被视为具有类似货币的功能。货币市场主要包括拆借市场、票据市场、短期债券市场、存单市场和银行短期信贷市场等。衍生金融工具的交易由于交割期限都在一年以内，因此，也都属于货币市场的范畴。

长期金融市场又称资本市场，是指专门融通期限在一年以上的中长期资金的市场。资本市场的交易工具主要有：股票、债券、基金份额。资本市场上既有债权交易，也有产权交易。其交易的主要目的是解决工商企业的中长期投资资本的不足，以及满足政府弥补财政赤字的资金需要；其特点是融通资金期限长，交易工具风险大且流动性比较弱但收益较高，融资具有资本特点。资本市场主要包括：股票市场、中长期债券市场、投资基金市场、银行长期信贷市场等。

资本市场的完善与否将直接影响一国的投资水平、投资结构、资源的合理配置和利用，以及经济的协调发展。由于在资本市场发行的金融工具期限较长，因此，良好的流通市场对发行市场的发展至关重要，活跃的流通市场有助于提高长期金融工具的流动性，增强投资者对长期金融工具的需求，有利于投融资双方。

货币市场尽管不能为社会投资做出直接的贡献，却是金融市场的一个重要组成部分，对资本市场健康、稳定地发展也有积极的支持和促进作用。首先，货币市场形成的利率往往能够代表一国市场利率的总体水平，具有导向的作用；其次，短期投融资也是市场参与者进行资产负债管理的一项重要内容，发达的货币市场使社会资金的利用率更高；再次，货币市场可以支持资本市场的发展，如回购市场可以为资本市场融通资金，衍生金融工具市场可以为资本市场提供进行风险管理的有效工具；最后，货币市场是进行货币政策操作的主要领域，可以为实现中央银行货币政策服务。

三、有形市场与无形市场

按金融交易具体的场地或空间划分，金融市场可分为有形市场和无形市场。

有形市场是指有具体的、固定交易场地的市场，如证券交易所；无形市场又称为场外交易市场、店头交易市场、柜台交易市场等，是指没有具体的、固定的交易场地的市场，如资金拆借可以电话成交、也可以在柜台成交。

依据法律，有些证券可以在有形市场交易，也可以在无形市场交易，而有些证券只能在无形市场进行交易。

四、即期交易市场和远期交易市场

按照金融交易交割时间划分，可分为即期交易市场和远期交易市场。

小贴士

交割是一种“钱券两清”的授受行为，它是金融交易的最终环节，在这一环节资金和金融工具在购买者和卖出者的账户间发生实际的转移。

即期交易市场也称现货市场，是指交易双方成交后立即或在较短的营业日内进行交割的金融市场。一般采用“T+日期”模式表示。

相关链接

不同的国家所规定的交割期有所不同。我国深沪证券交易所在20世纪90年代曾经实行“T+0”交割模式，为了抑制投机活动，后来改为“T+1”模式。美国、日本和欧洲债券采用的是“T+3”模式，英国采用的是“T+5”模式。政府债券的交割期限一般较短，像英国和美国的国债都是按“T+1”模式交割的。

远期交易市场是指交易双方成交后不立即进行交割，而是在将来某一时间或未来某一特定日期，按约定的金融商品种类、价格、数量进行交割的市场。它有普通的远期交易市场（主要有货币远期和利率远期）、期货市场（标准化的远期交易市场）、期权市场等。

温馨提示

期货合约与远期合约十分相似，都是交易双方按约定价格在未来某一期间完成特定资产交割的交易方式，但二者是有区别的：远期合约交易一般规模较小，较为灵活，交易双方可按各自的愿望对合约条件进行协商。而期货合约的交易是在有组织的期货交易所内完成，合约的内容，包括：相关资产的种类、数量、价格、交割时间、交割地点等，都是标准化的。

五、拆借市场、贴现市场、票据市场、存单市场、证券市场、基金市场、期货市场、期权市场、互换市场、外汇市场、黄金市场、保险市场、信托市场、租赁市场等

按照金融资产存在的形式或金融工具的种类划分，金融市场可分为各种具体市场：同业拆借市场是指金融机构之间进行短期资金借贷的市场；贴现市场是指票据贴现机构（或银行）买进未到期票据或其他短期证券、对持票人提供资金的市场；票据市场是商业票据和银行承兑票据发行和转让的市场；存单市场是大额可转让定期存单发行和交易的市场；证券市场是指股票和债券发行和流通转让的市场；基金市场是指基金管理人为了获得基金管理收益和基金投资者为了获取证券投资收益和资本增值进行基金单位买卖的市场；期货市场是买卖标准化合约的市场，即交易双方成交后在到期日或到期前按成交的金融商品种类、价格、数量进行交割或对冲的市场；期权市场是指买方在支付一定期权费后买得一种在将来可以按约定价格买进或卖出一定数量的某种金融资产的权力的市场；互换市场是交易双方就在未来一段时期内交换资产或资金的流量而达成协议的市场；外汇市场是指买卖外汇的金融市场；黄金市场是指买卖黄金等贵金属的市场；保险市场是指对因意外事故所造成的财产和人身损失予以补偿而形成的保险单、年金单的发行和转让的市场，是一种特殊的金融市场；信托市场是委托人基于对受托人的信任，将其财产权委托给受托人，由受托人按委托人的意愿并以自己的名义，为受益人的利益或者特定目的进行管理或者处分财产的市场；租赁市场是承租人以支付一定的租金为代价租用他人物品，出租人因将物品借给他人使用而获得租金报酬的金融行为发生的市场。

六、直接金融市场与间接金融市场

按照融资方式划分，金融市场可分为直接金融市场和间接金融市场。

直接金融市场是指可以有也可以没有金融机构参与，资金供需双方实现资金融通的市场。在直接金融市场上，资金供方独立承担资金需方的信用风险，即使有金融机构参与其中，也仅起牵线搭桥作用而不承担融资信用风险，这种融资方式称为直接融资。例如股票、债券市场是典型的直接金融市场。

间接金融市场是指通过金融中介机构以实现资金供需双方的资金融通，由金融机构承担融资信用风险的市场。间接金融市场一般包括两个过程，一是金融机构通过吸收存款筹资的过程，二是金融机构发放贷款的过程。例如银行存、贷款市场是典型的间接金融市场。

小贴士

直接金融市场和间接金融市场的差别并不在于是否有中介机构的介入，而在于中介机构介入的作用。且在银行资产负债业务不断创新的情况下，直接金融市场和间接金融市场的界限变得模糊。

七、国内金融市场和国际金融市场

按照交易双方在地理区域上的距离划分，金融市场可分为国内金融市场和国际金融市场。

国内金融市场是指交易双方都是本国居民、交易对象是本币或以本币表示的金融商品的市场。其金融交易活动受到本国法律和制度的管辖。

国际金融市场是指交易双方中至少一方是非居民、交易对象可以是本国货币或外国货币以及由本国货币或外国货币表示的金融商品的市场。

八、公开市场、议价市场、第三市场和第四市场

按照成交与定价方式划分，金融市场可分为公开市场、议价市场、第三市场和第四市场。

公开市场是指由众多市场主体以拍卖方式定价的市场。这类市场一般是有组织的和有固定场所的有形市场，如证券交易所。

议价市场是指没有固定场所、相对分散的市场，双方的买卖活动要通过直接谈判而自行议价成交。由于这类活动一般多在公开市场外面进行，故又称场外市场。

第三市场又称店头市场或柜台市场，已在证券交易所挂牌上市的证券不在交易所集中交易，而在场外交易形成的市场。第三市场原属于柜台市场范围，开创于20世纪60年代，近年来发展成为独立的市场。其主要目的是为了适应大额投资者的需要。一方面，机构投资者买卖证券的数量巨大，如果委托交易所的经纪人代理，就必须按交易所的规定支付相当数量的佣金。为了减少投资费用，机构投资者便把目光逐渐转向了场外交易市场，这一市场可以大大节约交易的手续费支出。另一方面，一些非交易所会员的证券商为了招揽业务，常以较低廉的费用吸引机构投资者，在柜台市场大量买卖交易所挂牌上市的证券。第三市场作为证券市场的一种独特形式，同证券交易所高度制度化、组织化的市场形成鲜明对照。尽管有人称其为场外市场，但与议价市场略有区别，第三市场以柜台或店内交易为特征，而议价市场则不择场所。但“议价”成交的特点是共同的。

第四市场是指作为机构投资者的买卖双方不通过证券经纪人和自营商等中介机构，利用电脑网络直接联系成交的市场。由于机构投资者进行的股票交易一般都是大数量的，为了保密，不致因大笔交易而影响价格，也为了节省经纪人的手续费，一些大企业、大公司在进行大宗股票交易时，通过电子计算机网络直接进行交易。一般做法是通过电脑通讯网络把会员联结起来，并在办公室利用该网络报价、寻找买方或卖方，最后直接成交。目前第四市场仍处于萌芽状态，但它是一个颇具竞争性的市场，其发展蕴涵着极大的潜力。

第四节　国际金融市场

一、国际金融市场的内涵与发展

（一）国际金融市场的含义

国际金融市场是指一国居民在境外进行短期和长期资金借贷、证券发行和交易、外汇和黄金买卖等各种金融活动形成的市场。广义的国际金融市场是指进行一切国际性金融交易的市场，包括国际货币市场、国际资本市场、国际外汇市场、国际黄金市场；狭义的国际金融市场是指进行国际性资金交易的市场，包括国际货币市场和国际资本市场。

国际金融市场与国内金融市场的区别在于市场交易主体有一方必须是非居民。这导致国际金融市场的交易活动必然引起资金在国与国之间流动，对交易双方所在国的国际收支产生直接影响。

国际金融市场大都是无形市场，由各类银行及非银行金融机构的营业场所构成，交易活动一般借助电讯手段完成。世界上具有重要影响的国际金融市场有纽约、伦敦、法兰克福、巴黎、东京、苏黎世、新加坡、中国香港和卢森堡等。

（二）国际金融市场的分类

1. 国际货币市场和国际资本市场。这是以资金融通的期限长短为标准划分的。国际货币市场即国际短期资金市场，是指资金借贷期在一年以内（含一年）的、必须有非居民参与交易的国际金融市场。国际资本市场即国际长期资金市场，是指资金借贷期在一年以上的、必须有非居民参加的中长期信贷或中长期证券发行与交易的市场。

2. 国际资金借贷市场、国际证券市场、外汇市场和国际黄金市场。这是以经营业务的性质为标准划分的。国际资金借贷市场是指金融机构向非居民提供资金借贷的市场。按照借贷期限长短又可划分为短期信贷市场和长期信贷市场。国际证券市场是外国政府债券、外国公司债券、外国公司股票等有价证券发行和交易的市场。它是国际金融市场的重要组成部分。外汇市场是由各类外汇提供者和需求者组成的，进行外汇买卖、外汇资金调拨、外汇资金清算等活动的场所。国际黄金市场是指有非居民参加的、专门从事黄金交易买卖的市场。

3. 传统的国际金融市场和新型的国际金融市场。这是按国际金融市场的演变阶段划分的。传统国际金融市场也称在岸金融市场，其交易对象是本国货币或以本国货币表示的金融商品，交易主要发生在市场所在国的居民与非居民之间，并受市场所在国金融法律法规的管辖。传统国际金融市场的资金来源多数由市场所在国提供，市场所在国拥有巨额剩余资金，本质上是一种资本输出的形式。因此，传统国际金融市场同时又是市场所在国的国内金融市场，还称不上真正意义上的国际金融市场。

新型国际金融市场也称离岸金融市场、境外市场或欧洲货币市场，其交易对象通常是可以自由兑换的境外货币（也称欧洲货币），交易双方可以都是非居民，因而大部分交易是在市场所在国的非居民之间进行，金融交易基本不受任何国家金融体系规章制度的管辖。

（三）国际金融市场的形成与发展

1. 国际金融市场的形成。国际金融市场最终形成的标志是国与国之间信贷业务的开展。从历史上看，早在公元5世纪欧洲奴隶社会末期，就出现了满足各邻国之间边贸活动需要的货币兑换业。到公元15世纪欧洲封建社会末期，货币经营业已经发展到一定规模，开始办理国际汇兑业务和开展少量的地区信贷业务。17世纪末期，随着美洲大陆的发现与开发以及印度和中国等东方贸易线路的开通，全球性的大市场开始形成。当时英国是世界的工厂，在国际贸易中占有重要地位，因此英镑也成为主要的国际支付手段，伦敦也由此成为国际结算中心和国际资金借贷中心，伦敦国际金融市场随之形成。随着世界各国对外贸易与投资的迅速增长，一些国家的国内金融市场相继发展成为国际金融中心。如瑞士的苏黎世、法国的巴黎、意大利的米兰、德国的法兰克福等。这些国际金融中心的形成，都是依赖于强大的工业生产能力、发达的对外贸易、雄厚的资金实力、完善的银行制度以及优良的金融服务。直至第一次世界大战之前，英镑一直是全球主要的国际结算货币和储备货币，伦敦是世界最主要的国际金融中心。

2. 国际金融市场的发展。第一次世界大战后，伦敦的国际金融中心地位逐步衰落，而第二次世界大战无疑又加速了这一进程。第二次世界大战后，全球国际金融市场经历了重大的演变和发展，可以把这一过程分为四个阶段：

（1）纽约、苏黎世、伦敦“三足鼎立”。两次世界大战后，美国成为世界经济的新霸主，其工业生产总值约占资本主义世界工业生产的50%，资本输出约占发达国家资本输出总额的33%，并且集中了世界黄金储备的70%左右，美元取代了英镑成为主要的国际储备货币和国际结算货币，纽约也随之取代伦敦成为当时最大的国际金融市场。同一时期，得益于“永久中立国”的地位，瑞士免受两次世界大战的战争创伤，瑞士法郎是当时西欧国家唯一保持自由兑换的货币，中立、安宁、良好的金融环境，使苏黎世金融市场迅速发展成为国际金融市场。经历两次世界大战后，英镑的国际地位和伦敦国际金融中心的作用不断削弱和下降，但是由于英国和其他西欧国家都需要大量的战后重建资金，伦敦仍然具备当时世界上最为发达、最为完善的银行服务设施，所以，伦敦仍然起着主要的国际资本集散地的作用，仍然是最主要的国际金融中心。因此，经历两次世界大战后，纽约、苏黎世、伦敦以其各自的优势成为世界三大国际金融中心，打破了伦敦国际金融中心一枝独秀的格局。

（2）欧洲货币市场的形成和发展。20世纪60年代以后，随着西欧经济迅速崛起，美国的世界经济霸主地位被动摇，其国际收支出现持续的巨额逆差，导致美元和黄金大量外流。流出的美元主要集中在伦敦，成为“欧洲美元”，伦敦也因此成为最大的欧洲美元市场。随着西欧各国金融管制的放松，出现了欧洲英镑、欧洲马克、欧洲法国法郎，欧洲美元市场发展成为欧洲货币市场。欧洲货币市场的出现实现了资金借贷交易真正意义上的国际化，它也成为国际金融市场的重要构成部分。

（3）发展中国家和地区国际金融市场的建立。一些发展中国家和地区在政治上独立后，把建立和发展金融市场作为发展经济的重要一环，经过较长时期的发展，其中一些金融市场成为新兴的国际金融中心，如新加坡、巴林、科威特等，使国际金融市场走向全球化。

（4）纽约、伦敦、东京国际金融市场“金三角”的形成。20世纪50年代中期至70年代初期，日本经济持续高速增长，为东京在80年代成为仅次于纽约、伦敦的国际金融中心奠定了基础。东京国际金融中心的崛起使它同纽约、伦敦一起构成了国际金融市场的“金三角”。

3. 国际金融市场形成的条件

（1）政局稳定。政治、经济局势稳定是国际金融市场赖以存在和发展的前提条件。例如黎巴嫩的贝鲁特曾经是重要的国际金融中心，但中东战争使其丧失了国际金融中心的地位。

（2）完善的市场结构。完善的市场结构使其具有门类齐全的金融机构和高素质的金融人才以及健全和高效的金融运行机制，使其能够迅速处理国际金融业务，这是国际金融市场形成和发展的基础。

（3）宽松的经济政策和金融政策。宽松的经济政策和金融政策主要表现在三个方面：一是开放的经济政策，保证对外经济往来活跃，进出口贸易具有一定规模；二是宽松的外汇管理制度，使货币可以自由兑换，资金调度灵活；三是所在国政府对存款准备金、税率、利率等方面采取优惠措施。

小贴士

第二次世界大战后，由于日本实施了宽松的经济、金融政策，使东京离岸金融市场在短期内成为世界最大的国际金融中心之一。

（4）完备的基础设施。国际金融市场以无形市场为主，现代化的国际通信条件、高效的结算网络是货币买卖、国际信贷、票据及有价证券发行、承购、转让等业务活动得以进行的基础。同时优越的地理位置、便利的交通条件和其他相配套的服务设施对国际金融市场发展也非常重要。中国香港、新加坡成为国际金融中心与它们特殊的地理位置是密不可分的。

二、国际货币市场

国际货币市场是指有非居民参加的、资金借贷期限在1年以内（含1年）的交易市场，或称国际短期资金市场。其参与者众多，但商业银行是市场的重要参与者，此外还有政府、金融机构和规模较大的非金融机构。

国际货币市场应具备的条件：（1）完善的中央银行体系；（2）短期金融工具品种多、交易活跃；（3）国际货币市场所在国有关的法律法规健全。

国际货币市场由银行短期信贷市场、短期证券市场和贴现市场组成。

（一）银行短期信贷市场

银行短期信贷市场是国际银行同业间的拆放市场和银行对外国工商企业提供信贷的市场。市场交易目的是进行银行间头寸调剂和解决外国企业临时性或季节性短期流动资金短缺。银行同业拆放占短期信贷市场主导地位。银行为调整交易头寸和准备金头寸，经常与同业进行资金借贷，借贷期限最短1天，称为隔夜拆借，最长1年，多为1周、3个月和6个月。利率以伦敦银行同业拆放利率LIBOR（London Interbank Offered Rate）为基准，交易额大，少则几十万美元，多则几百万美元。交易简便，无须贷款协议，无须提供担保，通过电话进行拆放。

（二）短期证券市场

短期证券市场是国与国之间进行短期证券发行和交易的市场。交易品种多，规模大，交易活跃。交易品种主要有：国库券、大额可转让定期存单、商业票据、银行承兑汇票及回购协议等。

1. 国库券市场。国库券是指国家为解决财政先支后收形成的财政收支不平衡而发行的短期政府债券。它具有期限短、流动性强、风险低、免缴个人所得税等优点，是较好的投资品种。相对而言，美国国库券在证券市场上信誉最好、流动性最强、交易量最大，是国际货币市场上最主要的金融商品。此外，英国政府的“金边”债券和德国政府发行的“堤岸”债券也是国际货币市场比较有影响力的金融商品。

2. 商业票据市场。商业票据是信用等级较高的公司所发行的无担保的融资性短期债券。商业票据的期限很短，平均期限只有 20 ~ 45 天，最长不超过 270 天。在美国，商业票据的发行者主要是金融公司或银行控股公司。该票据不附票面利率，采用贴现发行，到期按面值还本。其利率低于商业银行的优惠贷款利率，但高于国库券、银行承兑票据及大额可转让定期存单利率。

3. 银行承兑汇票市场。银行承兑汇票主要是出口商签发的，经银行承兑，由银行保证到期付款的汇票。银行承兑汇票信用风险比较低，次级市场非常好。其期限一般为 30 ~ 180 天，以 90 天为最多，面值无限制，其利率与同期国库券利率大体相等。

4. 大额可转让定期存单市场。大额可转让定期存单是商业银行和金融公司为吸收大额定期存款而出售给存款者的凭证。这种存款单不记名，期限短、面额固定，可以进行转让，流动性强，很受投资者欢迎。1961 年推出的存款单均系大额，面值最少为 10 万美元，最多达 100 万美元。为吸引更多资金，从 20 世纪 60 年代末开始，银行也发行面值以十位数、百位数为计价单位的存款单，存款单的利率也由原来的固定利率发展为调整的浮动利率。定期存款单的期限一般在 1 ~ 12 个月之间，其中 3 ~ 6 个月为最多。1966 年花旗银行伦敦分行首次推出欧洲美元大额可转让定期存单，成为跨国公司和金融机构短期投资的重要对象。在美国，大额可转让定期存单市场是仅次于国库券市场的第二大短期证券市场。

5. 回购协议市场。回购协议是指一方在货币市场上出售证券以取得资金的同时，又与另一方约定在将来某一时间按约定价格买回该笔证券。回购协议市场的参与者多是跨国公司、商业银行、非银行金融机构和中央银行等。

（三）贴现市场

贴现市场是经营贴现业务的短期资金市场。贴现是银行以及其他金融机构以贴付一定利息的方式购买未到期票据的业务。市场参与者主要是商业银行、中央银行和非银行金融机构。贴现的主要票据有商业票据、国库券和其他短期债券。

三、国际资本市场

国际资本市场是指非居民参加的融资期限在 1 年以上的中长期资金借贷市场和证券发行与交易的市场。包括中长期国际信贷市场和国际证券市场。

（一）中长期国际信贷市场

中长期国际信贷市场是银行为外国政府、外国企业和国际金融机构等长期资金需求者提供 1 年以上的中长期贷款的市场。一般的，贷款期限在 1 ~ 5 年的称为中期，5 年以上的称为长期。其大额信贷多采取银团贷款方式，利率受国际经济形势、资金供应量、通货膨胀率、金融政策等多方面因素影响。

中长期国际信贷市场有如下特点：（1）贷款用途不受限制，由借款人自由安排使用；（2）信贷资金供应充裕，借款方便；（3）贷款的条件严格，利率较高；（4）贷款风险高，期限相对较长。

小贴士

国际信贷市场上的中长期贷款普遍采用浮动利率计息，受市场供求和环境变化影响较大，由于资本在国与国之间流动，汇率也会对其产生影响，因此存在双重风险。国际中长期信贷的期限以中期信贷为主，长期信贷也大多不超过10年。

（二）中长期国际证券市场

国际证券市场是一国筹资者通过在国外发行债券和股票来筹集资金的市场。根据融资工具的不同，可分为国际债券市场和国际股票市场。

1. 国际债券市场。国际债券是指一国借款人在国际证券市场上以外国货币为面值，向外国投资者发行的债券。发行者主要是各国政府、政府所属机构、银行或其他金融机构、工商企业及一些国际组织等。发行债券主要是为了满足中长期资金需要，所以债券期限一般都在一年以上。国际债券可分为外国债券和欧洲债券。

（1）外国债券市场。外国债券是指境外借款人在证券市场上发行的以市场所在国货币为面值的债券。外国债券的发行既要受筹资人所在国外汇管理的约束，又受市场所在国政府有关法律的管辖，手续比较复杂。外国债券是一种传统的国际债券。在美国发行的美元外国债券被称为“扬基债券”，在英国发行的英镑外国债券被称为“猛犬债券”或“牛狗债券”，在日本发行的日元外国债券被称为“武士债券”，在亚洲其他国家发行的非日元币种的外国债券被称为“龙债券”。根据国际惯例，我国将国际多边机构2005年首次在华发行的人民币债券命名为“熊猫债券”。

目前国际上较大的外国债券市场主要有美国的扬基债券市场、英国的牛狗债券市场或猛犬债券市场、日本的武士债券市场、德国和瑞士的外国债券市场等。

相关链接

第二次世界大战后，美国经济实力急剧膨胀，美元成为国际货币，资金比较充足，美国以外的借款人纷纷到纽约以美元发行债券筹集资金，从而使扬基债券市场成为世界上最大的外国债券市场。

在1970年12月，亚洲开发银行在日本发行第一笔日元外国债券。我国1982年以来，中国银行和其他中资金融机构多次发行武士债券筹措日元资金。

（2）欧洲债券市场。欧洲债券是指借款人在本国境外市场发行的，不以发行市场所在国货币为面值的国际债券。其特点是债券发行者、债券发行地点和债券面值所使用的货币可以分属于不同的国家。欧洲债券票面使用的货币一般是可自由兑换的货币，主要为美元，其次还有欧元、英镑、日元等，或使用复合货币单位的，如特别提款权。

欧洲债券和外国债券有很多差异：①发行方式方面，外国债券一般由发行地所在国的证券公司、金融机构承销，而欧洲债券则由一家或几家大银行牵头，组成十几家或几十家国际性银行在一个国家或几个国家同时承销；②发行法律方面，外国债券的发行受发行地所在国有关法规的管制和约束，并且必须经官方主管机构批准，而欧洲债券的发行无须官方主管机构的批准，也不受发行地所在国有关法令的管制和约束；③发行纳税方面，外国债券受发行地所在国的税法管制，而欧洲债券的预扣税一般可以豁免，投资者的利息收入也免缴所得税。

2. 国际股票市场。国际股票是股份有限公司在境外发行的股票。国际股票市场是指发行并交易国际股票的场所或网络。参与国际股票市场的筹资者和投资者可以是居民也可以是非居民，国际股票市场上交易的对象既有市场所在国居民发行的股票也有非居民发行的股票。在发达国家和一些新兴工业化国家或地区，存在规模不等的国际股票市场，是跨国公司筹集资金的重要渠道。世界上主要的股票市场有纽约股票市场、伦敦股票市场、法兰克福股票市场、东京股票市场、香港股票市场，其中纽约股票市场规模最大。

小贴士

2002 年 11 月 5 日，中国证监会颁布了《合格境外机构投资者境内证券投资管理暂行办法》，我国正式开始实施 QFII（Qualified Foreign Institutional Investors）制度，中国资本市场开始有条件地对外开放。

在 20 世纪 80 年代前，受各国证券法规的约束，各国股票市场基本上处于相对封闭状态，各国投资者只能买卖本国股票交易所推出的股票品种。20 世纪 80 年代以来，全球范围的金融自由化浪潮引发了国际筹资证券化的趋势，从而促进了股票发行市场和交易市场的国际化，建立在各国股票市场基础之上的全球性股票交易网络逐步形成，一些规模较大的股票交易所走向联合或合并，从而有利于实现股票全球化、交易全天候。

小贴士

2000 年 9 月巴黎、布鲁塞尔、阿姆斯特丹三大交易所宣布合并，成立 Euronext（泛欧证券交易所）。2006 年 6 月 1 日，纽约证券交易所宣布与泛欧证券交易所合并组成纽约证交所——泛欧证交所公司。

国际股票市场的交易品种主要有：股票现货、股票期货、股票指数期货、股票期权、存托凭证。

四、欧洲货币市场

（一）欧洲货币市场的含义

欧洲货币又称境外货币或离岸货币，最初是指在货币发行国境外存放、交易的货币的总称，目前泛指在金融市场上交易的不受市场所在国金融法令管辖的所有可自由兑换货币。

小贴士

欧洲货币主要是指境外货币，如欧洲美元、欧洲英镑；欧洲货币并非是一个地域性概念；欧洲货币最终要回到货币发行国清算。

欧洲货币市场是指经营欧洲货币借贷的市场，即经营非居民的境外货币借贷或投资而不受市场所在国金融法令管辖的国际金融市场。如前所述，欧洲货币市场通常被称为离岸金融市场。经营欧洲货币业务的银行被称为欧洲银行。1981 年 12 月美国联邦储备委员会通过“国际银行业务”法案，允许美国银行和美国的外国银行在国内从事欧洲货币市场业务，从此美国银行和在美国的外国银行分行可通过设置与国内业务严格分离的“国际银行业务”账户，以吸收非居民存款和向非居民发放贷款。该账户无须缴纳准备金，也不必参加美国联邦存款保险公司的存款保险，同时也不受最高存款利率限制。美国境内的离岸金融市场开始运作，纽约成为美国境内的第一个欧洲美元市场。于是欧洲货币市场的概念有了新的内涵，由纯粹“离岸”金融市场发展到“离岸”加“治外”的金融市场。

（二）欧洲货币市场形成的原因

欧洲货币市场的形成过程也就是欧洲货币的形成过程，欧洲货币形成和发展的原因主要表现在如下几方面：

1. 苏联的欧洲美元存款。从第二次世界大战结束到苏联和东欧剧变这一段时期，由于东西方关系恶化，苏联和一些东欧国家，将其持有的美元从美国转入英国和法国的银行以防止美国冻结账户，这是最早的欧洲美元，但数量不大，对市场形成的作用也微乎其微。

2. 英镑危机促使市场形成。1957 年以英、法联合入侵埃及为诱因，英国国际收支出现严重逆差。英国外汇短缺，国内资金紧张，爆发英镑危机。为了应付危机，英国金融当局将再贴现率提高到非常状态的 7%，并且严格禁止英国银行在非英镑国家以英镑进行贸易融资。所以英国商业银行为拓展业务只能转向美元，利用美元对贸易商融资，使在美国境外经营美元存款、贷款业务的市场开始在伦敦形成。

3. 美国的金融管制促成欧洲货币市场的发展。1958 年以后美国的国际收支开始出现逆差，并且数量不断增长，导致美元大量外流，为此美国政府采取了一系列限制资本移动的措施。首先于 1963 年 7 月开征“利息平衡税”，规定对美国居民购买外国在美发行的证券和对非居民提供贷款征收利息所得税。1965 年又颁布“自愿限制对外贷款指导方针”，要求美国的银行和跨国公司自愿限制对外贷款和对外直接投资的规模。其次，美国联邦储备法案“Q 条例”规定储蓄和定期存款的上限、美国银行必须缴纳存款准备金等等，这些限制措施促使美国银行加强了其国外分行的经营，纷纷把资金调往国外以逃避政府的金融管制，这对欧洲市场的发展起了很大促进作用。

4. 美国持续的国际收支逆差，为欧洲货币市场提供资金。据统计在 1950 ~ 1971 年的 20 多年里，美国国际收支逆差累计达 800 多亿美元，为欧洲货币市场的发展起了推动作用。主要表现在：（1）为欧洲美元市场提供了大量的美元资金；（2）许多顺差国为了获得更高的利息，将其剩余美元投向欧洲美元市场，活跃了市场的交易活动；（3）美国对西欧的国际收支逆差，使西欧国家积累了大量的国际储备，放松并逐渐取消了外汇管制，实现了货币自由兑换；（4）由于美元危机，美元持有者为避免汇率风险，不断把美元转换成其他硬货币，从而推动了西德马克、瑞士法郎等欧洲货币市场的产生和发展。

5. 西欧国家取消外汇管制，促进欧洲货币市场形成。1958 年底西欧主要资本主义国家相继恢复了货币的自由兑换，放松或取消了外汇管制，使资本可以自由流动，实现了欧洲美元和其他欧洲货币在欧洲地区的自由流动，欧洲货币交易日益繁荣。

6. 欧洲国家金融政策吸引境外美元。西欧各国对非居民的外币存放款不加干预，且持鼓励态度。如各国对国内存款、放款都规定利率的上下限，所有银行必须遵守。但对非居民的美元存款、放款没有限制，从而使欧洲货币市场的存款利率高于传统国际金融市场，而贷款利率比传统国际金融市场利率低，这为欧洲货币市场的发展提供了良好的环境。

7. 石油美元为市场注入资金。1973 年由于石油价格的大幅度上升，石油输出国获得了巨额收益，其中大部分为美元，我们称之为“石油美元”。石油输出国国内容纳不了这些资金，造成石油美元的回流。仅1973～1976年间，石油输出国组织在欧洲货币市场上的存款就从100亿美元增加到540亿美元。在石油美元回流过程中，欧洲银行充分发挥其信用中介职能，创造信用，使市场规模迅速扩大。

（三）欧洲货币市场的构成

欧洲货币市场按借贷方式、借贷期限和业务性质，可分为欧洲货币短期借贷市场、欧洲货币中长期借贷市场和欧洲债券市场。

1. 欧洲货币短期借贷市场。它是欧洲货币市场的基础组成部分，是经营1年以内欧洲货币短期存贷业务的市场。其业务特点是：（1）期限短。一般多为3个月以内，少数为半年或1年；（2）批发性质。一般借贷额都比较大，每笔欧洲美元存款的最低额为5万美元，欧洲美元贷款通常以100万美元为单位。（3）灵活方便。借款期限、利率、币种和地点等都有较大的选择余地，一般通过电话或电传即可成交。借贷业务主要靠信用，无须担保。（4）存贷利差小。其存款利率略高于国内金融市场利率，而贷款利率低于国内市场利率，存贷款的利差一般仅为0.25%～0.5%。欧洲货币市场短期贷款利率一般低于各国银行对国内大客户的优惠放款利率，但高于伦敦银行同业拆放利率，利率由经营欧洲货币业务的大银行在每个营业日按伦敦银行同业拆放利率商定公布。

2. 欧洲中长期借贷市场。它与欧洲货币债券市场合称为欧洲资本市场。该市场信贷期限都在1年以上。其业务特点如下：（1）期限长，数额大，一般为1～3年，最长可达10年以上。（2）以辛迪加贷款为主，可分散中长期贷款的风险。（3）必须签订贷款协议，有的还须政府担保。协议主要包括币种、期限、数量、利率、货币选择权条款、违约和保证条款等。（4）一般采用浮动贷款利率。如采用LIBOR + Spread（伦敦同业拆借利率加风险加息幅度），在贷款期限内，根据LIBOR的实际变动情况，每3个月或6个月调整一次利率。

3. 欧洲债券市场。欧洲债券市场是指发行欧洲债券进行筹资而形成的一种长期资金市场。它是国际中长期资金市场的重要组成部分，也是欧洲货币市场的重要组成部分。

第一笔欧洲债券产生于20世纪60年代初，1961年2月1日葡萄牙石油公司在卢森堡发行了500万欧洲记账单位债券。

欧洲债券市场是最具有活力的市场之一，它可以根据供求情况，不断推出创新产品，并以此把国际股票市场、票据市场、外汇市场和黄金市场紧密地联系在一起，有力地推动了国际金融一体化与世界经济一体化。

想一想

A国机构在B国的债券市场以C国的货币为面值发行债券。A国希望筹措哪国货币计量的资金？该债券属于何种类型的国际债券？

（四）欧洲货币市场对世界经济的影响

1. 欧洲货币市场的积极作用：（1）为各国经济发展提供资金便利；（2）为平衡国际收

支提供场所；（3）推动了跨国公司国际业务的发展。

2. 欧洲货币市场的消极影响：（1）刺激投机，加剧汇率波动；（2）削弱各国货币政策实施的效果；（3）增加欧洲银行承担的风险。

做一做

举实例说明欧洲货币市场对世界经济的积极与消极作用。

第五节　金融创新

一、金融创新的含义与特征

金融创新是指对金融体系中各种金融要素（包括金融工具、金融业务、金融机构、金融市场、金融监管方式等等）进行重新组合或开发设计，从而使其更有效地发挥相应功能。狭义的金融创新是指金融产品（工具）的创新，如新的衍生合约、有价证券品种或是资产投资工具。广义的金融创新可分为三个层次：一是金融体系或机构的创新，这类创新往往伴随新型金融中介的出现或者是法律和监管体系的变革，对金融业产生整体性影响，如对冲基金的出现、混业经营的发展等；二是流程的创新，一般是指新业务流程的引进，其目的主要是提高效率和拓展市场，如现代银行的基础性制度——部分储备（存款准备金）制度的引入；三是金融产品的创新。也就是说，广义的金融创新包括金融工具、金融机构、金融市场、金融手段及金融调控方式等的创新。

金融业的创新古已有之，但一般认为当代金融创新源于20世纪60年代后，金融领域出现了一股创新浪潮，新的金融工具、金融服务和融资方式不断涌现，使金融业发生了巨大的变化，极大地促进了世界经济的发展。到80年代，在金融自由化浪潮的推动下，金融创新已形成全球趋势。进入21世纪后，到美国金融危机爆发前，金融创新的脚步依然充满活力，但近年来的金融创新与20世纪七八十年代的原创性金融创新的爆炸式增长相比，又呈现出不同的态势和特征。

（一）创新方式以衍生性为主，原发性为辅

一方面，被誉为20世纪最重要金融成果的金融工程得到空前的广泛应用，而同时基础性金融工具，已被如基金、各类期权、互换等衍生工具大量挖掘。因此，近年来国际金融市场的金融创新主要是利用金融工程技术对各类基础性创新工具进行组合构建，形成新的衍生金融产品；或是通过技术进步使得一些复杂金融工具的开发进程大大加快。其落脚点主要在于通过金融创新尽可能满足市场和客户的各类不同需求，突出了金融创新的应用性。

（二）信用类金融衍生产品成为市场的重要组成部分

新的信用衍生产品不断涌现，在国际金融市场中占据了一席之地。而且信用衍生产品本身也在不断发展，早已不限于以信用保护为目的的两个交易对手之间进行交易的非融资类信用衍生产品，而是已经拓展出大量融资类信用衍生产品，如债务抵押债券、信用连接票据等。

（三）金融工具创新越来越影响到经营模式创新

金融工具本身的创新带来的影响已经突破了满足市场的需求和提高交易效率的层次，触及到金融机构的业务流程和业务模式，证券化的广泛应用就是此类创新的典型代表。各类证券化工具的出现，使得金融机构得以迅速将表内资产打包出售，在短时间内获得流动性并调整资产负债结构、释放资本，使一些中小金融机构的业务空间被瞬间放大，给这些机构带来了前所未有的发展潜能。

（四）创新产品复杂性增加，风险和不确定性更大

金融创新的原动力之一就是分散和控制风险，但是随着金融工程的发展和组合型产品创新的深化，一些金融产品反而加大了风险评估和控制的难度，而且很多产品赖以定价和进行风险控制的复杂数学模型很难得到充分的验证，已经有证据表明一些传统的风险管理工具并不适合估计结构性信用衍生产品的风险。另一个带来不确定性的因素是创新金融工具的杠杆因素，也使得这些金融工具的交易者在市场波动中面临更大的挑战。

温馨提示

由美国次贷危机诱发的全球金融危机就是金融创新加大金融风险的最好例证。

二、金融创新的动因

金融创新的出现并非偶然现象，究其根源，它反映了经济发展的客观要求。而导致金融创新的直接原因主要来自于四个方面：管制、竞争、风险和技术。

（一）规避金融管制需要金融创新

规避不合理的、过时的金融行政管理法规导致了金融创新。20 世纪 30 年代的大危机宣告了市场机制自发调节经济的失灵，凯恩斯主义的政府干预主义逐渐被各国所接受，因此各国政府纷纷采取措施加强对金融业的全面监管。这些措施在稳定金融业的同时，也在一定程度上束缚了其发展，促使银行等金融机构纷纷通过金融创新，开发新的金融产品和金融业务以规避当局的管制。由于存款性金融机构受到的限制最多，因此其创新也就比别的机构活跃得多。

小贴士

美国在20世纪六七十年代创造的大额可转让定期存单、自动转账系统（ATS）、可转让支付命令账户（NOW）和货币市场互助基金（MMMF）等，都是为了规避活期存款不付息、定期（包括储蓄）存款不流通和利率高限的有关规定而进行的创新；而回购协议是为了规避中央银行对商业银行法定准备金的限制。

（二）金融自由化及竞争加剧推动了金融创新

自 20 世纪 70 年代以来，伴随着发展中国家的金融深化，以美国、英国和日本为代表的发达国家逐渐放松金融管制，兴起了以利率自由化、金融（机构）业务经营自由化和市场准入自由化、汇率自由化和资本流动自由化为主要内容的金融自由化改革浪潮，并带动拉美和亚洲新兴市场经济国家先后走上金融自由化之路。在当今经济全球化趋势的推动下，金融自由化已成为各国金融业发展的基本态势。金融自由化在促进金融体系的发展和完善，提高金融效率的同时，也加剧了金融竞争，在这种环境下，金融创新就成了占领市场的有力武器。所以，金融自由化带动了20世纪80年代以后的金融创新，促进了金融创新的蓬勃发展。

相关链接

美林公司首创的现金管理账户就通过综合证券信用交易账户、货币市场互助基金和信用卡等各项功能来吸引更多的客户。在客户开设了该账户并存入资金之后，这笔资金立即成为货币市场互助基金账户的资金，可以享受投资收益。当客户需要进行大额支付时，可以通过MMMF账户签发支票。当客户买卖证券时，可以直接通过MMMF账户实现收支。当客户进行日常小额支付时，可以使用信用卡，每月在MMMF账户中进行结算。

（三）为减少利率与汇率频繁波动的风险，需要金融创新

高通货膨胀率造成市场利率上升，使得金融资产价格剧烈波动，投资收益面临极大的不稳定性，投资者缺乏进行长期投资的动力，同时也使金融机构陷于窘境：一方面银行为保住存款等负债业务而增大了利息支出，另一方面又因持有受协定利率控制的长期资产而缺少足够的收益来支撑。为了避免陷入危机，金融机构开始运用浮动利率金融工具，把利率风险转移到客户身上。如创造可变利率债券、可变利率存款单、可变利率抵押契约、可变利率贷款等。此外，债务工具的远期交易、期货交易和期权交易等，也是为规避价格风险而开发的。同时，浮动汇率制度使得汇率波动频繁，外汇市场上各种新型的外汇交易方式也不断涌现。

（四）科学技术革命拓展了金融创新

以计算机为核心的信息技术、通信技术的飞速发展，使金融业进入无纸化操作的电子时代，从而为金融要素的重新组合提供了更多的空间，为金融创新提供了技术支持，促进创新的实现。首先，技术进步引起银行结算、清算系统和支付制度的创新，进而引起金融服务的创新。如银行卡、ATM以及NOW等一系列新兴账户的推出；自助银行、电话银行、网络银行的出现；银行间电子资金转账系统和售货点终端机的转账系统等等。其次，技术进步为创造出日益复杂的金融工具提供了保障条件。如，信息处理能力的极大提高，使得金融机构有可能对一些技术含量高的金融衍生产品进行设计和定价；有可能为及时分散、转移风险设计相应的如套期保值之类的操作技术，等等。再次，新技术的运用使金融交易突破了时间和空间的限制，将全球各个角落的交易主体联结在一个世界性的金融市场中。以1973年成立的“全球银行间金融电讯协会”（Society for Worldwide Inter-bank Financial Telecommunications，SWIFT）为例，它目前已经扩展成为一个拥有50多个国家、1 000多家大银行的巨大的国与国之间电讯联网系统。它将美国的36家最大银行与15个国家的300多家大银行用电讯和现代光电通讯设备连成一体，专门处理美国、加拿大和欧洲跨国银行间的汇兑和结算业务。

三、金融创新的内容

金融创新主要包括金融工具的创新、金融机构的创新、金融市场的创新和金融制度的创新。

（一）金融工具的创新

金融工具的创新是金融创新的核心，通过改进和开发各种金融产品，提供新型的金融服务。具体可以分为以下四类：

1. 转移风险型金融工具创新。这是为了防范和转移经营或金融交易中的价格、利率等风险而对原有金融工具所进行的创新，主要有金融期货、期权、互换等，其本身并不具有价值，它的价格是从运用衍生工具进行买卖的股票、债券等有价证券的价值中衍生出来的。

2. 加强流动型金融工具创新。这种创新是针对一些流动性较差的金融工具，通过对其进行改造，增加其流动性。主要表现为金融资产证券化，即将原本缺乏流动性的资产转换成可在市场上买卖的证券，从而增强金融资产的流动性。

3. 创造信用型金融工具创新。如票据发行便利，是银行通过承购或备用信贷的方式来支持借款人发行短期商业票据筹资，若票据不能全部售出，则银行买下剩余的票据或者提供贷款支持。这种创新是一种兼有银行贷款和证券筹资的融资方式，能够增加信用的供给。

4. 创造股权型金融工具创新。这种创新从原有的金融工具中创造出股权，如认股权证和可转换债券。

（二）金融机构的创新

金融机构体系随着金融服务需求的变化而在组织形式和业务方面不断进行着变革，其创新主要表现为：

1. 银行组织形式创新，从单一结构向集团化结构发展。传统的商业银行组织形式以单一银行制和分支行制为主，进入20世纪70年代后，几乎所有大型商业银行均向连锁银行制和集团银行制发展。

2. 银行业务领域创新，从提供单一服务向全能服务发展。金融机构通过收购、兼并、合作等方式，形成了提供综合性金融服务的“金融超市”，银行与保险、证券、信托、租赁等非银行金融机构之间的职能分工界限逐渐模糊，使得金融机构的经营模式从分业经营趋向于混业经营。

3. 网络银行的出现。网络银行也称在线银行，是指通过互联网或其他电子传送渠道，提供各种金融服务的新型银行。网络银行具有成本低、方便快捷、超越时空、服务领域广（如可提供包括利率、汇率等经济金融信息服务、详细而低成本的投资理财服务、投资咨询服务和综合经营服务等）等优势。另外，网络银行采取以客户为导向的营销方式，可以按照客户的需求为其提供极具个性化的服务。网络银行在发展中也存在着许多障碍，主要是安全问题和法律规范问题。

小贴士

网络银行通常分为纯网络银行和分支型网络银行两类。纯网络银行是一种虚拟银行（virtual bank）。世界上第一家纯网络银行是于1995年10月18日在美国亚特兰大成立的“安全第一网络银行（Security First Network Bank，SFNB）”。

（三）金融市场的创新

金融市场创新主要表现在微观经济主体开辟新的金融市场，以及宏观经济主体建立新型的金融市场，具体包括市场类型、市场组织形式和市场制度的创新。金融市场类型的创新与金融工具种类的创新紧密相连，有了新的金融工具，必然需要新的金融市场进行交易。市场组织形式和市场制度的创新则是随着经济制度的变迁和交易技术的发展而提出的。由于金融市场存在着层次性，因此，一国的金融市场创新更多地体现为由低级金融市场向更高级金融市场的过渡和转化，由封闭型金融市场向开放型金融市场的进入和拓展。

（四）金融制度的创新

金融体系的正常运行是建立在有效的金融制度基础之上的，金融行为是靠金融制度来规范和保障的。金融工具和金融业务的创新必然要求金融制度的创新与之相适应。金融制度的创新包括货币制度、汇率制度、利率制度，以及金融机构的设立、金融市场的准入、金融业务的监管等制度的演变创新。

四、金融创新的效应

金融创新浪潮的兴起和迅猛发展，促进了金融业的竞争和金融体系效率的提高，使得金融市场更加活跃和健全，给整个金融体制、金融宏观调控机制乃至整个经济都带来了深远的影响。这种影响表现为金融创新是一把“双刃剑”，它对金融体系和经济的影响具有双重性，既有积极的一面，又有消极的一面。

（一）金融创新的积极作用

1. 金融创新促进了金融业的竞争和金融体系效率的提高。金融创新以新型化、电子化、交易技术化为特征，创造出多样化、多功能和高效率的金融产品和金融服务，各种金融机构突破了传统的业务领域，能够跨越空间和时间的限制去满足不同类型交易者不同层次的投融资需求，从而使得金融机构相互之间的渗透越来越强，促进了金融业内的竞争；并且，资源能够更加有效地在金融体系内分配，促进了金融体系运行效率的提高。

2. 金融创新使得金融市场更加活跃和健全。借助于各种创新的金融工具，投资者防范和转嫁风险的途径不断增多，金融市场上交易的品种日益丰富；借助于金融机构的创新，金融市场的流动性增强，使得金融市场更加稳定；而金融市场自身的创新使得金融市场趋于一体化；借助于金融监管制度的创新，尤其是金融管制的放松，在宏观上促进了金融市场一体化的进程。因此，金融创新使得市场趋于统一，价格信号趋于合理。

3. 金融创新推动了金融发展和金融优化。金融改革带来金融创新，金融创新又进一步推动金融改革，使得金融体系不断优化，能够更充分地发挥其基本功能，即聚集并分配资源、管理风险、提供流动性、清算和支付、收集和提供信息以及监督和激励，从而促进金融的持续发展。

（二）金融创新的消极作用

1. 金融创新增大了金融体系所面临的风险。金融创新降低了非系统风险，但无法减小金融业的系统风险，相反，它在一定程度上增大了金融体系的整体风险，降低了金融体系的稳定性。具体表现在：金融创新一方面增加了表外风险，另一方面使金融机构的经营风险增大。

小贴士

许多衍生金融工具都是高杠杆性，它在规避风险的同时，也累计和放大了风险。如1995年英国巴林银行的倒闭、2004年我国的中航油新加坡公司的破产、2007年美国爆发的次贷危机等都是最好的佐证。

2. 金融创新使中央银行货币政策失灵。首先，金融创新使得货币的定义与计量复杂化。新型的金融工具功能多元化，难以区分交易性和投机性金融资产，从而给货币层次的划分带来了障碍，使货币供应量的计算更加困难；其次，金融创新弱化了中央银行传统的三大货币政策工具中的法定存款准备金率和再贴现率的作用；再次，金融创新使得部分选择性货币政策工具失灵；最后，金融创新使得具有货币派生能力的经营活期存款的金融机构越来越多，使传统的控制货币派生乘数的方法难以奏效。

3. 金融创新造成了金融监管的缺失和不到位。首先，对金融创新产品监管的缺失。很多金融创新产品源于规避监管，因而金融衍生产品是在交易所之外交易的金融产品，不受任何人监管，没有集中清算机制，不受资本储备金限制，金融衍生品交易的各参与方处于监管盲区和风险极高的投机状态之中。其次，对某些从事创新业务的金融机构运作监管的缺失。例如，美国的金融监管主要是针对商业银行体系的，而对于其他银行和非银行金融机构，如投资银行、对冲基金、房贷银行和房贷经纪公司、评级公司、私人按揭保险公司等，基本上依赖这些行业的自律，处于监管盲区，其运作缺乏透明度、风险难以及时暴露。最后，对场外金融衍生品市场监管的缺失。如在美国，高风险抵押担保债券、信贷资产证券化、市场流通债券的再证券化和信用违约互换等场外金融衍生品市场基本不受监管。

想一想　做一做

查阅相关资料，了解美国金融监管体系的监管模式是怎样的？并分析这一监管模式为何会引发金融危机？

知识要点

1. 金融市场是指以金融资产为交易对象而形成的供求关系及其交易机制的总和，是通过金融工具交易进行资金融通的场所与行为的总和。金融市场具有媒介资金融通、支持规模经济、价格发现、调节经济等基本功能。

2. 金融市场的构成要素包括交易对象、交易工具、交易主体、交易价格和交易组织系统。

3. 金融市场可以从不同角度进行细分，从而进一步加深对金融市场的认识。

4. 国际金融市场是指一国居民在境外进行短期和长期资金借贷、证券发行和交易、外汇和黄金买卖等各种金融活动形成的市场。广义国际金融市场是指进行一切国际性金融交易的市场，包括国际货币市场、国际资本市场、国际外汇市场、国际黄金市场；狭义的国际金融市场是指进行国际性资金交易的市场，包括国际货币市场和国际资本市场。

5. 金融创新是指对金融体系中各种金融要素进行重新组合或开发设计，从而使其更有效地发挥相应功能。导致金融创新的直接原因主要来自于四个方面：管制、竞争、风险和技术。金融创新主要包括金融工具的创新、金融机构的创新、金融市场的创新和金融制度的创新。金融创新是一把“双刃剑”，它对金融体系和经济的影响具有双重性，既有积极的一面，又有消极的一面。

课堂讨论题

金融市场的发展总是与金融创新紧密相连的，你认为要加快我国金融市场的发展，尤其是加快国际化进程和水平，我们应进行哪些金融创新？

推荐阅读

1. 刘晓东．世界金融中心华尔街．长春：吉林人民出版社，2009
2. ［美］戈登．伟大的博弈——华尔街金融帝国的崛起．北京：中信出版社，2005
3. ［美］希亚特．货币阴谋．北京：当代中国出版社，2009
4. 郭晓晶等．金融学．北京：清华大学出版社，2007
5. 谢百三．金融市场学．北京：北京大学出版社，2003
6. 李军燕．国际金融．大连：大连出版社，2008

第五章

商业银行业务

学习目标

通过本章学习，掌握商业银行的业务构成及主要内容，运用已学知识熟练辨识商业银行开展各种业务的目的并根据需要能独立拟定开展业务的规划。

案例导读

20××年6月7日，一名自称山东××棉业公司采购人员的李某来到湖南××县××棉业公司，与其签订购入1 000万元棉花的合同，并提供了两份商业承兑汇票，付款人和承兑人为哈尔滨××化工有限公司，开户行为淄博市商业银行××支行，收款人为山东××棉业有限公司、开户行为××县农业银行，金额均为500万元，同时提供两份由淄博市商业银行××支行开具的《商业承兑汇票（不可撤销的）担保函》。××县××棉业公司由于从未接受过商业承兑汇票，便向开户行农发行××县支行咨询，但农发行难以确认汇票及担保函的真伪。6月8日，农发行常德分行和××县支行向人行常德中支咨询。通过仔细审核票函，发现了诸多疑点，并初步判断票函系虚假票函。人行常德中支果断确定了既要堵截票据诈骗，又要稳住原持票人的指导思想，马上联系人行淄博中支迅速向淄博市商业银行进行调查。在得知淄博市商业银行××支行未出具上述担保函后，人行常德中支随即要求其传真一份请求扣留票函的请求函，由常德中支对可疑票函实施了扣留，并要求淄博市商业银行尽快携带签发行印模、行长真实签名、汇票出票人预留印鉴等资料，前来常德进一步验证票函真伪。同时要求常德市农发行对原持票人李某声称："票函基本真实，进一步鉴别后，马上退还"，从而使其放松警惕。

由此可见，商业银行的业务范围广，涉及面大，稍有不慎，就可能给客户带来损失，也会加大自身经营风险。

商业银行是金融机构体系的主体。因为在所有金融机构体系中，商业银行的业务量最大、经营范围最广、资本实力最雄厚、机构网点最多，对经济的影响最深远。所以，有必要了解和分析商业银行的业务和资金营运的基本情况。

商业银行业务按资金来源和资金运用分，可分为负债业务、资产业务和中间业务。

第一节　商业银行负债业务

商业银行负债业务是指以负债形式形成商业银行资金来源的业务。商业银行的资金来源，除银行资本属自有资金以外，其余资金都要以负债形式予以筹集，它是银行活动的基础。商业银行资金来源包括资本金、存款类资金来源和非存款类资金来源。

一、商业银行的"本钱"：资本金

小贴士

做生意必须有本钱。如果有人想做生意，而自己一分本钱都没有，您敢借给他钱吗？同样的道理，商业银行也要有自己的本钱（即资本金）。谁敢把钱存在没有本钱的银行呢？

银行资本金是银行投资者（所有者）实际投入银行用于经营活动的各种资金、财产和物资的总和。资本金是商业银行立身之本。没有本钱或者本钱过少，商业银行就无法经营。

商业银行的资本金与一般企业的资本金是大不相同的。按照国际惯例，企业负债率通常在60%～70%，资本金比率在30%～40%。但商业银行是特殊的企业，它的资金80%～90%是从各种各样的客户手中借来的，它的资本只占全部资产的10%左右。

（一）商业银行资本金的作用

1. 商业银行资本金是银行设立的先决条件。任何一家商业银行在开业之前都必须具备一定的物质条件，这些物质条件包括购置营业场所、各种设备、办公用品，增加技术研发等。而这部分资金必须由股东提供。因为在银行开业之前，银行无法通过其他途径筹措资金，所以拥有一定量的自有资本是银行正式营业的前提条件。

2. 商业银行资本金是商业银行的安全保障。银行信誉是银行经营成功的基本因素。银行拥有充足的资本就可以保护存款人的利益和增强人们对银行的信心。当银行出现亏损的时候，银行拥有充足的资本金，就可以吸收亏损，维持人们对银行的信心。如果银行资本金不足，就会引起金融恐慌，会出现挤兑，会加剧银行经营风险，甚至导致银行破产倒闭。

3. 衡量银行实力的标准。银行实力是银行地位、信誉及经营成果的综合反映。是银行同业间选择合作伙伴、确定业务风险标准的重要依据。

衡量银行实力究竟应以何为标准？历史上曾经以存款作为重要标准。但存款如运用不当，不仅不能增强反而会削弱银行实力。后来，资产规模又作为评判的标准，而实际结果表明适度资产标准下降，债务与自有资本的比率上升，从而导致银行经营风险增大。为此，由巴塞尔委员会于1988年正式签署的《巴塞尔协议》指出：资本是一家银行防止亏损的最终防线，所以只有用资本才能衡量一家银行的真正实力。基于这一点，巴塞尔委员会提出了以加强银行资本为核心内容的加权风险资产比率新体系。

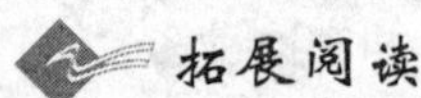

拓展阅读

是资本金危机导致了20世纪90年代初期信贷危机吗?

在1990～1991年衰退时期及其后的一年中，信贷的增长率史无前例地下降了，这是第二次世界大战以来的首次。很多经济学家和政治家都认为，这一时期存在着一种“信贷危机”，即贷款很难得到，这导致了1990～1992年的经济疲软。信贷增长趋缓是否意味着信贷危机？如果是，其原因如何？

分析显示：在1990～1992年间，可能是出现了信贷危机，而且，这至少部分归因于银行出现了资本金危机，即资本金的短缺导致了信贷增长率趋缓。

在20世纪80年代末期，不动产市场出现繁荣，继而出了大失败，这致使银行不动产贷款损失惨重。贷款损失导致银行资本金大规模下降。同时，管理当局又提高了资本金要求。资本金短缺迫使银行或是增加资本，或是减少贷款以约束资产的增长。由于当时经济比较疲软，增加资本金十分困难，致使银行及其客户抱怨由此引起的信贷危机拖了经济复苏的后腿。

资料来源：米什金《货币金融学》(第四版) 237页，中国人民大学出版社，2001。

（二）商业银行资本的构成

由于商业银行组成的方式不同，其资本的构成也不相同，有独资银行资本，有合资银行资本，也有股份制银行资本。由于在商业银行中股份制银行所占比重最大，所以这里以介绍股份制银行资本为主。

在商业银行存在和发展的相当长时期内，各国金融监管当局都按照各自的资本适宜度标准规范其银行的资本构成和资本数量。1988年，国际清算银行库克委员会，即巴塞尔委员会，经数次酝酿策划后，通过了《关于统一国际清算银行的资本计算和资本充足率标准的协议》，即《巴塞尔协议》。《巴塞尔协议》中规定的资本充足率标准成为世界各国检验银行资本适宜度的统一标准。按照《巴塞尔协议》的规定，各国银行的资本由核心资本和附属资本构成。其中，核心资本包括银行股本和公开储备两部分；附属资本包括未公开储备、重估储备、普通准备、混合资本工具和长期附属债务五部分。同时还规定，核心资本占银行资本总额的比重要达到50%以上。《巴塞尔协议》规定的资本充足比率要求各国银行的资本占其风险加权资产的比率必须达到8%。

我国中央银行于1992年向国际社会承诺，将按照《巴塞尔协议》的规定监管和规范我国银行业的资本构成和资本数量。目前，我国商业银行的资本构成中，包括核心资本和附属资本，其中核心资本中包括实收资本、资本公积、盈余公积和未分配利润四部分；附属资本中包括贷款呆账准备金和次级长期债券。在银行资本中，核心资本占资本总额的比重，以及资本总额占风险加权资产的比重的规定保持与《巴塞尔协议》相一致，即分别要达到4%和8%的统一要求。

相关链接

1988年6月《巴塞尔协议》的诞生，形成了国际统一的银行资本要求的标准。《巴塞尔协议》的资本要求具体如下：银行资产和表外业务，按其信贷风险的大小被分为四类，并对各类分别规定加权数。第一类的资产风险权数为零，包括无违约风险项目，如银行准备金和政府债券。第二类低风险资产的权数为20%，包括低违约风险的资产，如银行间同业存款，有足额抵押的债券和政府机构发行的证券。第三类风险资产权数为50%，包括市政债券和居民抵押贷款。第四类风险资产权数为100%，包括其他各类证券（如商业票据）、贷款（如商业贷款和房地产建筑贷款）和混合资产（银行楼宇、计算机和其他财产）。对表外业务则以同样的方式进行分类、信用评估并确定相应的风险权数，进而并入表内项目之中。

二、存款类资金来源

存款是商业银行最主要的资金来源，也是商业银行最主要的负债。存款是银行资产负债表中重要的一项。作为商业银行重要的资金来源之一，存款规模总是被现代商业银行的管理者视为衡量市场份额、评判企业业绩的重要标志。

（一）活期存款

活期存款是指顾客无须预先通知，可随时提取或支付的存款，也称为支票存款。这种存款传统上只能由商业银行经营，是商业银行创造存款货币的基础，但是目前西方国家，储蓄银行和其他金融机构也能经营该项业务。由于活期存款客户存取自由，便于结算，因此，受到公司企业青睐，通过活期存款而流通的支票占了货币流通量的主要部分。目前，在国际商业银行业务活动中，活期存款一般是不付息的，甚至还要收取一定的手续费，因为活期存款是银行资金来源中最具有波动性和最不稳定的部分。也正是因为不付息，银行在争取活期存款方面存在着竞争，由于现在保留活期存款账户的主要是经营机构，银行可以通过加快结算速度、降低结算过程的交易费用、为开户企业提供贷款承诺等多种方式来争取更多的存款，还可以开辟新的存款种类来吸收更多存款。

（二）定期存款

定期存款是相对于活期存款而言的，是一种由存户预先约定存储期限的存款。期限一般为3个月、6个月和1年不等，但也有1年以上，3年、5年甚至更长的。对存款者而言，定期存款可获得高利息收入。传统的定期存款要凭银行所签发的定期存单提取，存单不能转让，银行根据存单计算应付利息。目前各国的定期存款则有多种形式，如大额可转让定期存单已成为公司、养老金协会、政府机构的主要投资对象。

（三）储蓄存款

储蓄存款一般是个人为积蓄货币和取得利息收入而开立的存款账户，存户以个人居多。

由银行发给存户存折，作为存取款项的凭证，银行对储蓄存款支付利息。该存款没有一定的到期期限，某些国家还规定这种存款存入后须经过一定期限（一般为30天）或在一定期限前通知银行才能提取，但此类规定多为虚文，很少实施。由于这种存款以存折作为收付的凭证，所以也称为存折活期存款。

我国的储蓄存款专指居民个人在银行的存款，有活期储蓄、定期储蓄和定活两便等多种形式。政府机关、企业单位的所有存款都不能称之为储蓄存款，公款私存则被视为违法现象。

三、非存款类资金来源

近年来，由于金融市场监管的放松使各类型的金融机构参与市场竞争，保险、共同基金等都对公众的存款偏好产生重大影响。再加上银行同业竞争的激烈化，现代商业银行的存款来源变得越来越不稳定。这就迫使商业银行寻求其他的资金来源以支持业务的发展。

（一）向中央银行借款

中央银行是银行的银行，是最后贷款人。当资金紧张时，商业银行可以向中央银行借款。商业银行向中央银行借款主要是为了缓解银行资金暂时不足。

商业银行向中央银行借款的主要形式有两种：再贷款和再贴现。再贷款是中央银行向商业银行的信用放款，也称直接借款；再贴现是指商业银行持中央银行规定的已贴现未到期的票据向其申请贴现，实为一种特殊的抵押贷款，也称间接借款。在市场经济发达的国家，由于商业票据和贴现业务广泛流行，再贴现就成为商业银行向中央银行借款的主要渠道；而在商业票据不普及的国家，主要采用的是再贷款形式。

（二）同业拆借

同业拆借是银行间发生的短期借贷行为，其目的是用以解决本身临时性资金周转困难。银行在日常经营中有时会有暂时的资金闲置，有时又会发生临时性的资金不足，同业拆借资金市场恰好满足了资金供求双方的需要，临时发生流动性不足的银行通过同业拆借获得资金，而资金充足的银行通过拆借方式使资金得以有效运用。在西方国家，由于对商业银行的存款准备金中央银行不支付利息，同时，商业银行对于一部分活期存款也不支付利息，这就更加刺激了商业银行将闲置的资金头寸投放到同业拆借市场以获取盈利。同业拆借一般通过各银行在中央银行的存款账户进行，即通过中央银行把款项从拆出行账户转到拆入行账户。

（三）转贴现和转抵押

转贴现是指中央银行以外的投资人在二级市场上购进票据的行为。商业银行通过转贴现在二级市场上卖出未到期的贴现票据以融通到所需要的资金。转贴现期一律从贴现之日起到票据到期日止，按实际天数计数。转贴现利率由双方议定，也可以以贴现率为基础参照再贴率来确定。在我国，票据款项的回收一律向申请转贴现的银行收取，而不是向承兑人收取。转抵押是指商业银行发生准备金头寸不足时，将发放抵押贷款而获得的借款客户提供的抵押品，再次向其他银行申请抵押贷款，以取得资金。转贴现和转抵押增强了银行资金流动性，促进了商业银行票据信用的发展。

（四）发行金融债券

融资方式非中介化、证券化的趋势使金融市场的地位日益突出，商业银行可以在金融市场上通过发行金融债券方式来筹集资金。与吸收存款这种被动性的负债相比，发行金融债券是典型的主动负债方式。这种方式可能为商业银行筹集中长期资金。商业银行在发行债券时，可凭借自己的信用担保发行，也可以以商业银行的资产作为抵押品或第三方担保发行；在英、美等国家，金融机构发行的债券归类于公债券。在我国和日本等国家，金融机构发行的债券称为金融债券。

发行金融债券无须交纳存款准备，同时能为银行带来较为稳定的资金来源；但银行承担的利息较高，其融资成本较其他融资成本要大，因而从总体上加大了银行的经营风险。因此，各国对商业银行发行债券以法律、法规加以限制。

（五）从国际金融市场借款

在国内银根紧缩或告贷无门的情况下，大商业银行利用国际金融市场也可以获取所需的资金，最典型的是欧洲货币存款市场。当银行所接受的存款货币不是母国货币时，该存款就叫做欧洲货币存款。随着银行业务的国际化和综合化，向国际市场融资已经成为各国银行资金来源的一个重要方面。

（六）证券回购

证券回购是指银行在卖出证券的同时又跟对手约定到时再买回证券的行办。商业银行在发生短期资金周转困难时，可以通过签订回购协议的方式融资。回购协议可以是隔夜回购，也可以是较长时期，大部分期限为几天，但是近来有一种趋势，即持续合同——根据回购协议出售证券筹集的资金可以无限期使用，直到买方或卖方取消交易为止。政府债券作为流动性强、安全性高的债券品种，越来越受到商业银行的青睐，也是证券回购的主要对象。

小贴士

证券回购业务中，一方是以券融资，获得短期资金；另一方是以资融券，获取价差收益。

第二节 商业银行资产业务

商业银行的资产业务是指商业银行体系对通过负债业务形成的资金加以运用的业务。由于商业银行资金来源的特殊性（以负债为主），所以，商业银行的资金运用要把盈利性和流动性有机结合起来。因此，商业银行资产业务的内容主要有：现金资产业务、贷款和证券投资等。

温馨提示

本书将票据贴现作为一种特殊的贷款，不作为单独的资产形式介绍。

一、商业银行的现金资产业务

商业银行的现金资产是商业银行的库存现金、存放中央银行的准备金、存放同业款项以及托收中的现金。商业银行的现金资产具有流动性强、安全性高、盈利性低的特点，是维护商业银行支付能力的第一道防线，也称为一级准备。

狭义的现金资产是指银行库存现金。一般意义上理解现金资产是指广义现金资产，即包括现金和准现金。

适度的流动性是银行经营成败的关键环节，同时也是银行盈利性与安全性的平衡杠杆。现金资产是商业银行维持其流动性而必须持有的资产，它是银行信誉的基本保证。银行是高负债运营的金融企业，对其存款客户负有完全债务责任。从银行安全性角度讲，其流动性越好，安全性就越有保障。如果现金资产不足以应对客户的提现要求，将会加大银行的流动性风险，引发挤兑风潮，甚至导致银行破产，进而出现货币供给的收缩效应，弱化商业银行的存款创造能力，弱化商业银行社会信用职能。但现金资产是一种无利或微利的资产，因持有现金资产而失去的利息收入构成持有现金资产的机会成本，所以，现金资产占全部资产的比重越高，银行的盈利性就越低。尤其是在通货膨胀或利率水平上升的时期，银行保有现金资产的机会成本也随之上升。因此，银行从盈利性出发，必然降低现金资产的保有额度。银行现金资产管理的目的就是要在确保银行流动性需要的前提下，尽量降低现金资产占总资产的比重，使现金资产达到最适度的规模。实际操作中，要着力于流动性需求的预测与满足，解决盈利性与安全性之间的矛盾，坚持适度存量控制、适时流量调节和安全性原则。

二、贷款

贷款也称放款，它是商业银行的主要资产业务。贷款是指商业银行将其吸收的资金，按一定的利率贷给借款人使用，并约定一定期限归还贷款本息的一种借贷行为。贷款业务是商业银行重要的利润来源，也是商业银行主要的风险所在。

（一）贷款种类的划分

银行贷款的分类方法很多，而不同的分类，对于银行的经营与管理具有不同的意义，其中主要有：

1. 按贷款期限分类。商业银行贷款按期限分类可分为短期贷款、中期贷款和长期贷款三种。短期贷款期限一般在 1 年以内，中期贷款期限一般为 1 年以上 5 年以内，5 年以上的为长期贷款。

2. 按照贷款的用途分类。银行贷款的用途非常复杂，它涉及再生产的各个环节、各种产业、各个部门、各个企业，与多种生产要素相关，贷款用途本身也可以按不同的标准进行划分。但按照我国习惯的做法，通常有两种分类法：一是按照贷款对象的部门来分类，分为工业贷款、商业贷款、农业贷款、科技贷款和消费贷款；二是按照贷款具体用途来划分，一般分为流动资金贷款和固定资金贷款。

按照贷款用途划分贷款种类，其意义在于：首先，有利于银行根据资金的不同性质安排贷款顺序。一般来说，银行贷款首先应当满足企业的生产性流动资金需要，然后安排用于企业的固定资产投资资金需要。其次，有利于银行监控贷款的部门分布结构，以便银行合理安排贷款结构，防范贷款风险。

3. 按贷款的保障条件分类。按贷款的保障条件分类，银行贷款可以分为信用贷款、担保贷款、票据贴现。

信用贷款是指商业银行仅凭客户的信誉而无须提供抵押物或第三者担保而发放的贷款。这类贷款从理论上讲风险很大，因而，银行要收取较高的利息，且对借款人的要求很高，一般是实力雄厚、管理水平高、信誉好的公司和企业。

担保贷款是指银行要求借款人以其本人或第三人向银行提供一定财产或信誉为还款保证而发放的贷款。根据还款保证的不同，具体分为抵押贷款、质押贷款和保证贷款。抵押贷款是指按规定的抵押方式以借款人或第三人的财产作抵押发放的贷款；质押贷款是指按规定的质押方式以借款人或第三人的动产或权利作为质物发放的贷款；保证贷款是指按规定的保证方式以第三人承诺在借款人不能偿还贷款时，按约定承担一般保证责任或连带责任而发放的贷款。担保贷款由于有财产或第三人承诺作为还款的保证，所以风险相对较小。但担保贷款手续复杂，且需花费抵押物（质押物）的评估、保管以及核保等费用，贷款成本也比较大。

票据贴现是一种特殊的贷款方式。是指银行客户（贴现申请人）将未到期的票据转让给银行，以贴付一定利息的方式从银行取得现款的一种融资行为。如果票据合格，且有信誉良好的承兑人承兑，这种贷款的安全性和流动性都比较好。

想一想

你所了解的银行贷款中有哪些是信用贷款，哪些是担保贷款？

4. 按贷款的质量（或风险程度）分类。按贷款的质量（或风险程度）划分，银行贷款可以分为正常贷款、关注贷款、次级贷款、可疑贷款和损失贷款等五类。正常贷款是指借款人能够履行合同，有充分把握按时足额偿还贷款本息的贷款。关注贷款是指尽管借款人目前有能力偿还贷款本息，但是存在一些可能对偿还产生不利影响的贷款。次级贷款是指借款人的还款能力出现了明显的问题，依靠其正常经营收入已无法保证足额偿还贷款本息的贷款。可疑贷款是指借款人无法足额偿还本息，即使执行抵押或担保，也肯定要造成一部分损失的贷款。损失贷款是指在采取所有可能的措施和一切必要的法律程序之后，贷款本息仍然无法收回，或只能收回极少部分的贷款。

按贷款风险分类，首先，有利于加强贷款的风险管理，提高贷款质量。银行贷款具有与生俱来的风险，按贷款质量或风险程度科学合理地划分贷款种类，不仅可以帮助识别贷款的内在风险，还助于发现信贷管理、内部控制和信贷文化中存在的问题，从而有利于银行提高信贷管理水平，帮助银行的稳健运行。其次，有利于金融监管当局对商业银行进行有效的监管。金融监管当局对商业银行的有效监管，必须有能力通过非现场检查手段，对商业银行的信贷资产质量进行连续监控，并通过现场检查，独立地对商业银行的信贷资产质量做出评估，而这些都离不开贷款分类。没有按贷款质量的分类，监管当局的并表监管、关于资本充足率的要求、对流动性的监控等，都将失去基础。

5. 按银行发放贷款的自主程度分类。按银行发放贷款自主程度划分，银行贷款可以分为自营贷款、委托贷款和特定贷款三种。自营贷款是指银行以合法方式筹集的资金自主发放的贷款。这是商业银行最主要的贷款。由于是自主贷款，因此，贷款风险及贷款本金和利息的回收责任都由银行自己承担。委托贷款是指由政府部门、企事业单位及个人等委托人提供资金，由银行（受托人）根据委托人确定下的贷款对象、用途、金额、期限、利率等代为发放、监督使用并协助收回的贷款。这类贷款银行不承担风险，通常只收取委托人付给的手续费。特定贷款在我国是指经国务院批准并对可能造成的损失采取相应的补救措施后，责成国有独资商业银行发放的贷款。这类贷款由于事先已经确定了风险损失的补偿，银行也不承担风险。

按照银行发放贷款的自主程度划分贷款种类，有利于银行根据不同的贷款性质实行不同的管理办法，同时，也利于考核银行信贷人员的工作质量，加强信贷人员的责任心。

（二）借款企业的信用分析

借款企业的信用分析是为了确定借款人的未来还款能力如何。因此，银行贷款时，必须对债务人的资信和投资项目的盈利前景进行充分评估，然后择优授信。西方各国银行在多年实践的基础上，逐步形成了一套完善的评估标准，一般称为“6C”原则。

1. 品德（character）。是分析借款人是否具有清偿债务的意愿以及是否能够严格履行合同。不论借款人是个人还是公司，考察其履行合同条款的历史信用记录都是十分重要的。西方商业银行一般都建立有客户信用档案，以便分析。不少国家还设有专门调查个人和企业信用状况的机构，如美国的邓伯公司、日本帝国征信所等，它们通过各种途径搜集有关资料，为企业和个人建立信用档案，作出信用评级，以备债权人作信用分析参考。

2. 资本（capital）。主要分析借款人资财的价值、性质和数量。商业银行在信用分析中特别注意分析借款人资财价值的稳定性及变现能力，并注意分析借款人资本净值及其结构的合理性，以确定银行贷款的安全性如何。

3. 能力（capacity）。主要分析借款人的经营能力、企业管理能力及资金有效运用的能力，包括了解经理和业务人员的年龄、商业经验、经营才能、受教育程度、应变能力、预测能力和思想意识等。一个企业偿债记录再好，资本再多，若无精明能干的行政首脑，也很可能在激烈的竞争中遭遇失败，从而使银行贷款蒙受损失。因此，商业银行对借款人的能力分析格外认真。

4. 附带担保或抵押品（collateral）。是分析借款人提供的抵押品的价值，有保证人的，还要考虑保证人的信誉。主要分析抵押品的价值是否稳定，其市场是否广泛，是否易于出售，是否在保险公司投过保。

5. 企业情况（condition of business）。主要分析企业自身经营情况和外部经营环境。商业银行不但要根据企业的经营特点、经营方法、技术状况等企业自己能把握的内容来判断企业自身经营情况是否良好，还要根据社会环境、季节变化、商业周期、国民收入水平、同业竞争程度等因素来分析企业经营的外部环境，以便在贷款活动中事先采取某些必要的应变措施，保证银行贷款安全。

6. 事业的连续性（continuity）。主要分析在科技迅速发展、产品不断推陈出新及政局变动、劳资关系变化等非企业所能完全把握的形势下，企业应变能力如何，能否继续生存，使产品不断更新换代，使企业能保持稳定的收益和利润水平。必须明确，借款人的事业是否具有发展的后劲，是市场竞争剧烈情况下信用分析不可忽视的内容之一。

（三）贷款的定价

贷款是商业银行主要的盈利资产，贷款利润的高低与贷款价格有着直接的关系。一般情况下，贷款价格高，利润就高，但贷款的需求就会减少。相反，贷款价格低，利润就低，但贷款需求就会增加。因此，为贷款确定一个合理的价格是银行获取贷款业务利润的基础，也是与借款人能否达成该项贷款业务的关键。

1. 贷款定价原则。

（1）利润最大化原则。商业银行是经营货币信用业务的特殊企业，实现利润最大化始终是其追求的主要目标。信贷业务是商业银行传统的主营业务，存贷利差是商业银行利润的主要来源。因此，银行在进行贷款定价时，首先必须确保贷款收益足以弥补资金成本和各项费用，在此基础上，尽可能实现利润最大化。

（2）扩大市场份额原则。在金融业竞争日益激烈的情况下，商业银行要求生存、求发展，必须在信贷市场上不断扩大其市场份额。同时，商业银行追求利润最大化的目标，也必须建立在市场份额不断扩大的基础上。影响一家银行市场份额的因素非常复杂，但贷款价格始终是影响市场份额的一个重要因素。如果一家银行贷款价格过高，就会使一部分客户难以承受，而最终失去这部分客户，缩小银行的市场份额。因此，银行在贷款定价时，必须充分考虑同业、同类贷款的价格水平，不能盲目实行高价政策，除非银行在某些方面有着特别的优势。

（3）保证贷款安全原则。银行贷款业务是一项风险性业务，保证贷款的安全是银行贷款经营管理整个过程的核心内容。除了在贷款审查发放等环节要严格把关，合理的贷款定价也是保证贷款安全的一个重要方面。贷款定价最基本的要求是使贷款收益能够足以弥补贷款的各项成本。贷款成本除了资金成本和各项费用外，还包括因贷款风险而带来的各项风险费用，如为了弥补风险损失而计提的呆账准备金、为管理不良贷款和追偿风险贷款而花费的各项费用等。可见，贷款的风险越大，贷款成本就越高。因此，银行在贷款定价时，必须遵循风险与收益对称原则，以确保银行贷款的安全性。

（4）维护银行形象原则。作为经营信用业务的企业，良好的社会形象是商业银行生存与发展的重要基础。商业银行要树立良好的社会形象，就必须守法、诚信、稳健经营，要通过自己的业务活动维护社会的整体利益，不能唯利是图。在贷款定价中，要求银行严格遵循国家有关法律、法规和货币政策、利率政策的要求，不能利用贷款价格搞恶性竞争，破坏金融秩序的稳定，损害社会整体利益。

2. 贷款价格的构成。一般来讲，贷款价格的构成包括：贷款利率、贷款承诺费、补偿余额和隐含价格。

（1）贷款利率。贷款利率是一定时期客户向贷款人支付的贷款利息与贷款本金的比率。它是贷款价格的主体，也是贷款价格的主要内容。贷款利率的确定应以已收取的利息足以弥补银行支出并取得合理利润为依据。银行贷款所支付的费用包括资金成本、提供贷款的费用以及今后可能发生的损失等。合理的利润水平，是指应由贷款收益提供的、与其他银行或企业相当的利润水平。

（2）承诺费。承诺费是指银行对已承诺贷给顾客又没有使用那部分资金收取的费用。也就是说，银行已经与客户签订了贷款意向书，并为此作了资金准备，但客户并没有实际上从银行贷出这笔资金，承诺费就是对这笔已作出承诺但没有贷出的款项所收取的费用。承诺费由于是顾客为了取得贷款而支付的费用，因而，构成了贷款价格的一部分。银行收取贷款承诺费的理由是：为了应付承诺贷款的要求，银行必须保持一定高性能的流动性资产，这就要放弃收益高的贷款或投资，使银行产生利益损失。为了补偿这种损失，就需要借款人提供一定费用。支付了承诺费的贷款，承诺是正式承诺，当借款人需要使用贷款时，银行必须予以及时满足，否则银行就要承担法律责任。

（3）补偿余额。补偿余额是应银行要求，借款人保持在银行的一定数量的活期存款和低利率定期存款。它通常作为银行同意贷款的一个条件而写进贷款协议中。要求补偿余额的理由是：顾客不仅是资金的使用者，还是资金的提供者，而且只有作为资金的提供者，才能成为资金的使用者。存款是银行业务的基础，是贷款的必要条件，银行发放贷款应该成为现在和将来获得存款的手段。从另一方面讲，也是银行变相提高贷款利率的一种方式，因此，它成为贷款价格的一个组成部分。补偿余额的计算分为两个部分：一部分是按实际贷款余额计算的补偿余额；另一部分是按已承诺而未使用的贷款余额计算的补偿余额。

（4）隐含价格。隐含价格是指贷款定价中的一些非货币性内容。银行在决定给客户贷款后，为了保证客户能偿还贷款，常常在贷款协定中加上一些附加条款。附加条款可以是禁止性的，即规定融资限额及各种禁止事项；也可以是义务性的，即规定借款人必须遵守的特别条款。附加条款不直接给银行带来收益，但可以防止借款人经营状况的重大变化给银行利益造成损失，因此，它可以视为贷款定价的一部分。

贷款的定价方法多种多样，如成本加成贷款定价法、价格领导模型定价法、成本—收益定价法和基础利率定价法，不同银行在不同时期选择的方法不同。

（四）贷款的决策程序

虽然借款人的信用分析往往被认为是贷款决策最重要的因素，但构建正确的贷款结构也同等重要。因此，贷款决定不是简单的贷与不贷，一旦贷款项目可以接受，银行将决定贷款的数额、期限、还款安排、价格及其他贷款条件。贷款决策程序见图 5－1。

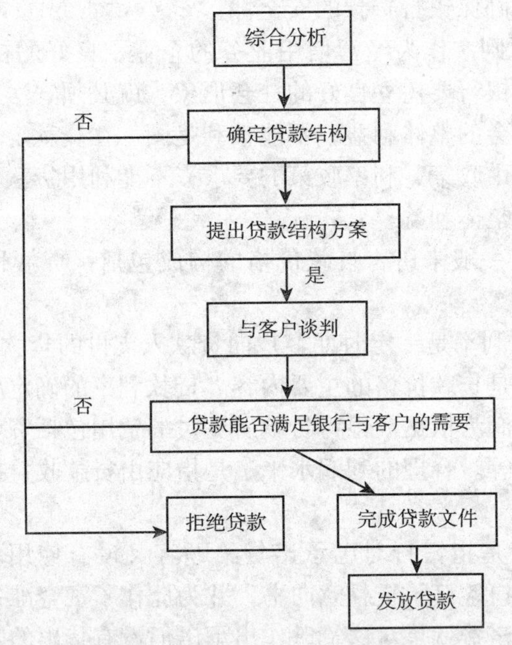

图 5－1　银行贷款决策程序

在综合分析阶段，银行要识别主要的风险，管理者能否有效地控制风险，风险对借款人的偿还能力有多大影响，银行能否建立一个早期预警系统来识别可能对偿债产生不良影响的变化等。

如果以上问题得到满意的回答，则银行可以考虑设计贷款结构，否则将拒绝贷款。在确定贷款结构时，要考虑银行需要何种期限和条件保护银行的利益，且满足客户的要求。对贷款工具来说，哪一类型的贷款比较合适？何时发放，何时偿还？在借款条件方面，作为贷款人的银行对借款人的要求是什么？对于担保问题银行提出怎样的条件？贷款定价时应考虑的风险有哪些？对贷款到期日、利息波动、贷款费用等应做怎样的规定？当贷款结构确定以后，就需要与借款人共同进行谈判。

在与客户进行谈判中，双方要讨论贷款方案的各个组成部分，以便在贷款工具、条件、担保和定价方面获得一致。特别要考虑到贷款条件能否满足银行和借款人双方的需求。

如果贷款方案能够满足双方的需要，则可以顺利达成贷款协议，银行可以根据协议发放贷款。

小贴士

为了防范风险，商业银行一般提取三种贷款损失准备金：普通准备金、专项准备金和特别准备金。普通准备金的提取比例为1%，专项准备金提取比例：正常类贷款为零，关注类贷款5%，次级类贷款20%，可疑类贷款50%，损失类贷款100%。

三、证券投资

证券投资业务是指商业银行以有价证券形式购入资产的行为。商业银行经营证券投资业务最初主要目的是为了保持资产的流动性。因为证券二级市场较发达，当银行需要现金头寸时，可随时出售证券，以满足流动性管理的需要。尤其是政府债券，安全性好、流动性强，通常被作为商业银行的二级储备。后来人们发现，证券投资除了满足流动性管理的需求以外，还能为银行增加投资收益，并能通过资产多元化和证券投资组合的多样化有效地分散风险。因此，证券投资越来越受到商业银行的青睐，成为商业银行一种重要的资产运用形式。

相关链接

在20世纪30～80年代后期这半个多世纪里，除德国、瑞士、奥地利等少数实行全能银行制的国家之外，绝大多数国家都不允许商业银行购买工商企业的股票，因此商业银行证券投资的对象主要是各类债券，特别是政府债券。20世纪80年代中后期以来，许多国家先后放松管制，如1999年美国通过《金融服务现代化法案》以后，美国商业银行从事证券投资业务的范围、对象不再受限制。但是从控制风险的角度出发，商业银行证券投资的对象仍以债券为主。

具体来说，西方商业银行和我国商业银行证券投资的金融工具有所不同。

（一）西方商业银行证券投资的对象

1. 政府债券。政府债券是指由政府作为债务人向社会公众发行的债务凭证。它是政府筹集巨资的一种方式，又称公债或国债。政府债券是商业银行投资的重要选择。与其他债券相比，政府债券有以下特征：一是安全性高。主要是因为它以政府信誉作为偿还的保证，在各类债券中的信用等级最高，几乎没有风险。二是收益稳定、免税。政府债券的利息是事先确定的，一般不受市场利率变动的影响，利率水平也高于同期限的存款，而且大多数国家都规定购买政府债券的利息收入可以享受税收优惠待遇，减税或免税；三是流通性强。政府债券的发行量大，偿还还有保证，在二级市场上很受欢迎，容易转让，具有很强的流动性。

政府债券按照发行主体的不同可分中央政府债券、政府机构债券和地方政府债券。按照偿还期的长短，还可分为短期债券（1 年及 1 年期内）、中期（1～10 年期）和长期（10 年期以上）债券。商业银行购买的政府债券，包括国库券、中期债券和长期债券三种。商业银行对政府证券投资主要采取两种方式，一是作为一级市场的承销商，二是作为二级市场的投资者。商业银行在国债市场上根据自己的需要购买债券，将国债作为一种重要的获取收益的工具。

2. 公司债券。公司债券是公司为筹措资金而发行的债务凭证。发行债券的公司向投资者作出承诺，在指定的时间按票面金额和利率还本付息。公司债券一般具有以下特点：一是收益率较高。因为购买公司债券要承担较高的风险，所以公司债券的票面利率一般要高于政府债券、金融债券和同期存款的利率。二是风险较大。由于公司债券的发行主体是公司，还款来源是公司的经营利润，如果公司经营不善、破产倒闭，投资者将面临利息甚至本金的损失。三是流动性差。公司债券的二级市场不如政府债券的二级市场发达，转让的风险也较大。四是不能享有免税待遇。所以其税后收益可能较其他证券的收益低。

公司债券按其性质的不同分为抵押债券、信用债券、可转换债券等几种。尽管公司债券种类很多，但由于风险较大，安全性、流动性都不如政府债券，所以商业银行对公司债券的投资额度一般较小。

3. 股票。股票是股份公司发行给股东的凭证。股东凭此可以向股份公司领取股息和红利。对商业银行不实行分业管理的西方国家允许商业银行投资公司股票，如奥地利、德国等。其他多数国家认为投资股票风险太大，所以以法律形式禁止商业银行直接投资股票。

（二）我国商业银行证券投资的对象

从图 5－2 中我们可以看出，相对于美国的商业银行，中国商业银行资金运作在各项贷款上的比例太大，不利于分散风险。其主要原因是，一方面，我国金融市场起步较晚，尚处于初级阶段，证券种类发展不完善；另一方面，我国资金融通是以间接融资为主，企业面向金融市场直接融资较少。

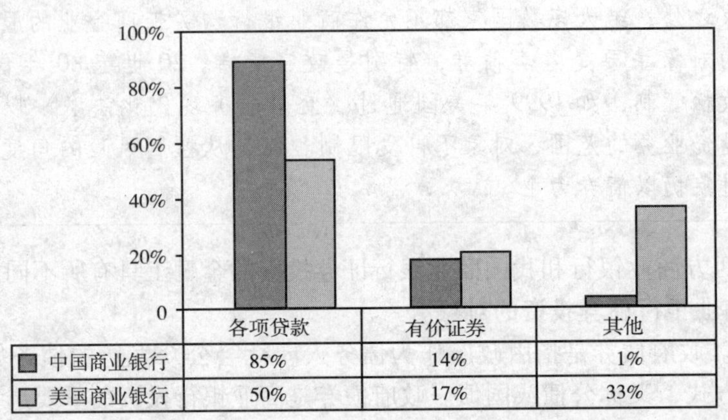

图 5－2　中美商业银行资金运用结构比较

我国商业银行由于宏观金融环境和政策法规等的限制，证券投资的种类与国外比较相对较少，各银行投资于证券的资产占总资产比重也较低。目前我国的债券大体可分为三类，即政府债券、金融债券和公司债券，我国商业银行只可代理、经营前两种，不得经营其他证券业务，但国家另有规定的除外。

在可供银行投资选择的证券中，目前商业银行的投资主要集中在政府债券上。政府债券主要包括国库券、财政债券和地方政府债券。国库券是国家为了解决财政资金短缺而发行的，也是目前我国证券市场上占有量最大的一种证券。财政债券是财政部为筹集建设资金、弥补财政赤字而于1988年开始发行的，债券发行的主要对象是各国有商业银行和其他金融机构。为防止地方盲目发债，国家对地方政府债券发行控制很严，除需要核准外，还采取财政代发的方式，如2009年的新疆债券、湖北债券等的发行均是由财政部按核定的额度代为发行的。其他的政府债券还有重点建设债券、基本建设债券和特种国债等。

第三节 商业银行中间业务

商业银行的基本业务除了负债业务和资产业务外，还有一类是中间业务。现代商业银行业务发展的突出特点之一，就是中间业务的迅速发展。在世界金融史上，中间业务是商业银行与生俱来的业务，尤其是近三十多年来发展更为迅速，已成为现代商业银行的主要支柱业务之一。在金融业竞争激烈、银行存贷利差不断缩小的今天，中间业务显得十分重要，成为银行重要的利润来源。

中间业务是指商业银行利用技术、信息、服务网络、资金、信用等方面的优势，不运用或不直接运用自己的资金，以中间人（或代理人）身份代理客户承办支付和其他委托事项，并据以收取手续费或佣金的业务。中间业务品种繁多，最常见的有汇兑、信用证、代收、代客买卖等业务。具体可以将其划分为如表5－1所示的几大类。

表5－1 商业银行中间业务分类

结算性业务	指商业银行为客户办理的与货币收付有关的业务，用以帮助结清客户之间的债权债务关系。在结算业务中，银行应恪守信用、履约付款；坚持谁的钱进谁的账，由谁支配；银行不得为客户垫款。这类业务主要包括传统的汇兑业务，以及结售汇、外币兑换、国际收支申报、信用卡等业务。结算业务是一项业务量最大、风险小、收益稳定的典型的中间业务。
代理性业务	指商业银行接受个人或单位的委托，以代理人的身份代表委托人办理双方议定的经济事务的业务。在代理业务中，银行不使用自己的资产，不为客户垫款，不参与收益分配，只收取代理手续费。这类业务主要包括代收代付业务、代客买卖证券或外汇业务、代发行代承销债券业务、代理保险业务、代保管和出租保管箱业务等。代理业务是现阶段商业银行开展的最为普遍的中间业务。
融资性业务	指商业银行向客户提供传统信贷以外的其他融资引起的有关业务，包括租赁、信托、出口押汇、代理融通等业务。其中代理融通业务是银行在为客户办理代收业务时，向客户提供资金融通的行为，这种业务产生于工商企业扩大销售与收回货款的需要，既有利于应收账款按时收回，又可解决赊销企业资金周转不灵的问题，银行可以从中收取一定的手续费和融资利息。
服务性业务	指商业银行利用现有的机构网络和业务功能，为客户提供纯粹的服务的业务，包括提供市场信息、企业管理咨询、项目资产评估、企业信用等级评定、公司财务顾问、电子计算机服务等。
担保性业务	指商业银行向客户出售信用、或为客户承担风险而引起的有关业务，包括担保、承诺、信用证等。这类业务往往以信用业务的替代形式出现，有的会构成商业银行的“或有资产”、“或有负债”，形成表外业务。
衍生性业务	指由商业银行从事与衍生金融工具有关的各种交易引起的业务，它包括金融期货、期权、远期利率协议、互换业务等。这类业务实际上属于商业银行的表外业务。

下面我们就常见的中间业务作一些介绍。

一、汇兑业务

汇兑业务是最早出现的信用服务业务，是客户以现款交付银行，由银行把款项支付给异地收款人的一种业务。按汇划方式不同，可以分为电汇、信汇和票汇三种。银行经营汇兑业务的实质是为客户提供信用服务，保证将一定款项交付收款人，并为此收取手续费；同时商业银行可以占用客户一部分资金，因为从付款行（或承兑行）收到客户的现款到汇入行将款项支付给收款人，这中间总有一段时间间隔，银行就可以短暂占用客户或他行的资金。在当前银行业务广泛采取电子技术的情况下，除小额款项仍用信汇、票汇、电汇形式外，大笔资金都通过电子资金调拨系统处理，系统内银行之间的任何资金转划均可瞬间完成。

二、结算业务

结算业务是指商业银行通过提供结算工具，如本票、汇票、支票等，为购销双方或收付双方完成货币收付、转账划拨资金的业务。结算业务是在商业银行存款负债业务基础上产生的一种业务。客户到银行存款（尤其是存入活期存款），除了安全保值的目的外，很大程度上是为了利用银行在转账结算方面的便利。商业银行为了吸收更多的存款，也尽可能地加强和完善结算业务工作，为顾客提供优质、迅速的结算服务。结算工具一般有银行本票、银行支票、汇票（银行汇票和商业汇票）、信用卡等，统称为“三票一卡”。

相关链接

为了加快异地资金转划，西方国家早在20世纪50年代创造了支票快速清算的“磁性墨水符号识别”（Magnetic Ink Character Recognition，MICR）标准系统，它能使支票通过高速识别分类得到处理。随着计算机大型化和远距离通讯网络化，又出现了电子通讯资金转划系统，参加清算系统的银行的终端机直接与清算中心的计算机联网，系统内银行之间的任何资金转划可以在一瞬间完成。比较有名的全国性电子资金划拨系统有美国的银行通讯系统（Bank Wire）、联邦储备通讯系统（Fed Wire）。跨国电子资金划拨系统有中心位于纽约的票据清算所同业支付系统（Clearing House Interbank Payment System，CHIPS）和总部设在布鲁塞尔的全球同业金融电讯协会（Society for Worldwide Interbank Financial Telecommunications，SWIFT）。

三、信用证业务

信用证业务是银行提供付款保证的业务。信用证有商品信用证和备用信用证两种，商品信用证是在异地采购、尤其是在国际贸易中使用最广泛的支付方式，它可以有效地解决异地商品交易中双方互不信任的矛盾。其基本流程是：银行应买方的要求，在收取了一定的保证金后，开给卖方保证支付货款的信用证，信用证上注明付款条件，卖方在收到信用证后，按所列条件发货，并在发货后备齐所有单据向银行要求付款，银行对单据审核无误后即向卖方支付货款，同时向买方收取全部货款。信用证结算是以银行的信用为担保的，买方和卖方都有保证，银行划拨资金也很安全。备用信用证是一种特殊的光票信用证，是银行出具的有保函性质的支付承诺，以保证申请人履行某种合约规定的义务，并在申请人没有履行义务时，凭受益人在信用证有效期内所提交的与信用证条款相符的文件或单据，向受益人支付一定金额的款项。备用信用证与商品信用证相比，使用范围受到的限制较少，付款条件比较宽松，银行承担的是第二付款义务，但是二者都遵循国际商会商品信用证的统一惯例，同属银行信用。银行办理信用证业务，可以从中收取手续费，并可以占用部分客户的资金。

四、承兑业务

承兑业务是商业银行为客户开出的汇票或票据签章承诺，保证到期一定付款的业务。银行开办承兑业务实质是以银行的信用来加固客户的信用，银行无须投入自己的资金，并可以通过信用担保获取手续费。只有当票据到期，客户无力或不愿支付票据款项时，承兑银行才承担付款责任。经银行承兑的票据在付款方面更有保障，所以这类票据的流动性很强。承兑业务的开展扩大了票据流通范围，加速了资金周转。

想一想

为什么承兑业务可能变成银行的或有负债?

五、代理业务

代理业务是指商业银行接受单位或个人的委托，以代理人的身份代表委托人办理一些经双方议定的经济事务的业务。商业银行代理业务的主要内容有：

1. 代理收付款业务。这是商业银行利用自身结算便利，接受客户的委托代为办理指定款项的收付事宜。包括：（1）代理收付款项。包括代收货款、劳务费、管理费、环保费、养路费、有线电视费、电话费、交通罚没款、税款、公用事业费、社会保险基金、劳保基金、房屋建设基金以及代付货款、运费、租金、赔偿金等。按收付的方式，一般可分为临时的收付和定期收付。(2）代理保险业务。它是指商业银行受保险公司的委托，代其办理财产保险和人身保险的业务。

2. 代理融通业务。又叫应收账款权益售与，是一种应收账款的综合管理业务，是指商业银行或专业代理融通公司接受他人的委托，以代理人的身份代为收取应收账款，并为委托者提供资金融通的一种中间业务。根据委托者权益让渡程度不同可分为权益转让和权益售与。权益转让是指委托者的应收账款的全部事项转让给商业银行或专业代理融通公司，如果委托者的应收账款变成呆账，则商业银行或专业代理融通公司对委托者有追索权，造成的相应损失由委托者承担；权益售与则是指委托者将应收账款的权益卖断给商业银行或专业代理融通公司，商业银行和专业代理公司对委托者没有追索权，即使发生坏账也由自身承担。根据商业银行或代理融通公司是否出面收账分为公开代理融通和幕后代理融通。

3. 其他代理业务。主要代理中央银行和政策性银行业务、代理发行和承销与兑付债券、代理买卖证券与外汇、代理清欠、监督、代理会计事务、代理保管、代办集资、代销和代客理财等业务。

六、信托业务

信托即信用委托的意思，是指接受他人委托，代为管理、经营和处理经济事务的行为。商业银行对信托业务一般只收取相应的手续费，而经营所获得的收入归委托人所有。同时，银行承办信托业务能占用一部分信托资金，有利于其扩展经营。信托业务可以从不同角度分类：如按组成信托关系的对象可分为个人信托和法人信托；按成立信托关系的方式可分为任意信托和特约信托；按受益对象可分为公益信托和私益信托；按信托资产的不同可分为资金信托、动产信托和不动产信托，等等。商业银行在开展信托业务时，应忠实地执行委托人的指示，尽力保护和扩大委托人的收益；信托资金必须与商业银行其他业务资金分开，禁止银行挪用信托资金作其他用途。

相关链接

信托业务拓展了商业银行的活动领域，但是商业银行从事信托业务是否适宜一直存在争议。实行分业经营的国家一般都要求银行的信托部门在财务、人事等方面相互独立；实行混业经营的国家一般采用全能银行制，银行可以从事贷款、证券、信托、保险等业务。我国各商业银行曾大量涉足信托业务，但从1995年开始，由于实行分业经营、分业管理，原有银行系统创办的信托投资公司或信托部、证券部等与银行彻底脱钩。

七、租赁业务

租赁业务是指以收取租金为条件出让物件使用权的行为。这种业务是由银行垫付资金购买商品后再出租给承租人。传统租赁业务源远流长，在市场经济高速发展之后，租赁已成为市场经济发达国家工业资本、商业资本和银行资本在高层次结合以及发展国内外贸易，促进资金融通的新形式。银行租赁业务主要分两大类：一是融资性租赁，即客户需添购或更新大型设备、仪器，但一时资金不足，于是，由银行出资购买这些设备，客户使用它们并按时交纳租金，银行通过租金逐步收回资金。在租赁期间，物品所有权属银行，物品使用权归承租人。租赁期满，承租人对租赁物品可作退租、续租或留购的选择。由于租期大致相当于设备折旧寿命，租金总额相当于设备价格、贷款利息和管理手续费之总和，承租人通常在租赁期满后以象征性付款取得设备的所有权。二是经营性租赁，即银行作为出租人购买设备、飞机、船只等大型设备，然后仅在一段时间内向承租人提供使用权，这种方式通常适用那些技术更新较快或使用次数不多的大型设施和仪器。

想一想

融资性租赁与经营性租赁有何区别？

八、咨询业务

咨询业务是指银行接受委托，通过专门的调查、分析、论证，为委托人提供有关市场和客户情况，解答各种问题，为委托人经营决策提供服务的一种业务。

现代市场经济是信息经济，谁掌握信息，谁就会在竞争中取得优势。因此，社会上对市场信息、商业情报的需求以及对市场趋势分析的需求十分广泛。大商业银行有遍及全国甚至全世界的分支机构，能及时掌握社会经济的各种信息，加之银行有许多专门人才，这为商业银行开展信息咨询服务提供了必备的条件。银行持有大量的资金账户，通过专业人才对资金流量变化、市场商情反映进行有效的梳理和分析，可以为客户提供必要的有用信息。咨询业务主要包括资信咨询、投资咨询、专项调查咨询、市场信息咨询、固定资产投资项目评估、企业信用等级评估、验资业务、国际经济信息咨询和介绍客户等方面。

九、银行卡业务

银行卡业务是由银行发行的，供客户办理存取款和转账支付的新型服务工具的总称。它包括：信用卡、支票卡、记账卡、智能卡等。其中以信用卡最为普遍。

1. 信用卡。是代替现金和支票使用的支付工具，发卡人可以是银行，也可以是公司或零售商店。银行作为发卡人的操作程序是：银行与商店、宾馆等商户约定，接受持卡人凭信用卡购物或消费；然后由商户根据持卡人用款数额向银行收款；银行于月底汇总向顾客收款。信用卡具有“先消费，后付款”的特点。银行发行信用卡时，通常为持卡人规定透支限额，向持卡人提供延期支付的便利。发卡银行一般不向持卡人收取手续费，其发行和管理费由特约商户负担一部分，其余部分由银行营业费用支付。信用卡服务过程基本上是电子化的。

想一想

列举你所知道的信用卡，它们都是哪些银行发行的？

2. 支票卡。又称支票保证卡。是供客户签发支票时证明其身份的卡片。卡片载明客户的账号、签名和有效期限。这种卡流行于欧洲，针对“欧洲支票”作证明之用，没有授信功能。由于支票保证卡的出现，使得8 000多家欧洲银行得以结成“欧洲支票”系统，为相互兑现支票提供了保证。

3. 记账卡。是一种可以在与银行电子计算机总机相连的各种终端上使用的塑料卡。卡上的磁带中储存有持卡人的个人密码、开户银行编码、账户等。提取现款或购物时，将其插入相关终端机，如商店的售货终端机内，客户即可获得现款或直接办理转账付款。记账卡不同于信用卡，不能获得银行授信。我国现在普遍发展的“借记卡”属于此类。

想一想

你手中的银行卡是什么卡？它有何功能？

4. 智能卡。又叫记忆卡、电子钱包。因为卡里带有芯片而使其具有自动计算、数据处理和存储功能，可以记忆客户每笔收支和存款余额。与借记卡和自动取款卡要到银行联网的电脑上支取款不同，智能卡由于具有自动存储记忆功能，在没有与银行电子计算机联机的终端机的地方也可以使用。智能卡工作的原理是：顾客先把钱存到卡里，卡就具有一定的购买力了，随着消费的增加，购买力减少。预付电话卡是智能卡的早期例子，它允许预付以后的电话费。

小贴士

随着银行卡的运用越来越普及，银行卡的安全问题也越来越受到人们的关注。除了进一步完善网络安全技术和提高银行卡的制作、识别技术外，人们在使用银行卡过程中应有安全意识，从密码的设置、业务的操作到银行卡的选择和保管等方面都要有风险防范意识。

知识要点

1. 商业银行的业务主要包括银行资本及负债业务、资产业务和中间业务等。银行资本金是银行投资者（所有者）实际投入银行用于经营活动的各种资金、财产和物资的总和，具体来说它包括股本、资本公积、盈余公积和未分配利润、贷款呆账准备金等。银行资本是银行实力强弱的标志之一，也是银行发展经营和业务的基础。

2. 负债业务是形成商业银行资金来源的业务，主要由存款负债和非存款类负债所组成。其中存款业务是商业银行重要的负债资金，包括活期存款、定期存款和储蓄存款等。非存款类负债形式多种多样。

3. 资产业务是指商业银行将通过负债业务所积聚的资金加以运用的业务，是商业银行获得收益的主要途径。主要有现金资产、贷款、证券投资等业务，其中贷款业务是商业银行获得利润的重要渠道，也是商业银行主要的风险所在，因此，商业银行经营过程中应特别注意对借款人的信用分析。

4. 中间业务是商业银行为了提升自身盈利水平和参与激烈的市场竞争所开展的一些传统的和创新型的服务业务，以取得佣金、手续费或管理费等收入，中间业务主要包括结算类业务、代理类业务、信托业务、咨询及承诺等业务。

课堂讨论题

我国商业银行业务与国际银行业发展趋势存在哪些差距？应如何完善？

推荐阅读

1. 韩文亮．现代商业银行业务．北京：中国金融出版社，2007
2. 戴国强．商业银行经营学．北京：高等教育出版社，2003
3. ［美］弗兰克尔．并购原理：收购、剥离和投资．大连：东北财经大学出版社，2009
4. 袁朝晖．摩根帝国．北京：经济日报出版社，2010
5. 中国人民银行．金融知识国民读本．北京：中国金融出版社，2008
6. 戴国强．货币金融学．上海：上海财经大学出版社，2009
7. ［美］米什金．货币金融学（第四版）．北京：中国人民大学出版社，2001

第六章

货币市场业务

学习目标

通过本章的学习，重点掌握货币市场中各子市场的结构特征、运作规则以及具体的业务流程，能运用所学的知识思考和分析我国货币市场的现状与问题。

案例导读

某工薪家庭，每月需还房贷1 300元，每年需交保险费1.42万元，因讨厌在银行排队，以往都是每年年初一次性往银行存足约3万元，银行及保险公司到时按时扣款。

专业理财师建议：每年年初存往银行的约3万元只有活期利息，收益不高，若通过国债或人民币理财产品替代储蓄，可能找不到到期日正好符合交款日要求的产品，而且还需要去排队买卖，因此建议通过网上银行购买货币市场基金，在每个还款日的前3天卖出适当金额的基金，这样既可以不必排队而做到如期还款，又可以享受到高于同期活期存款利息的收益。平时存活期享受的是0.576%的活期储蓄收益（税后）；而买入货币市场基金，以××现金福利基金为例，这只基金最近的7天年化平均收益率都在3.0%左右，是活期的5倍多，申购赎回都免手续费，而且还免利息税。

由此可见，货币市场上存在多种金融产品，选择不同，对投资者来说意味不同的风险和收益。那么，什么是货币市场？其主要构成和业务特点是什么?

如前所述，货币市场是指专门融通一年及一年以内的短期资金的市场。货币市场的活动主要是为了保持资金的流动性，以便随时可以获得现实的货币。货币市场交易工具主要有货币头寸、存单、商业票据、国库券和其他短期债券等，一般期限较短，流动性强。货币市场是金融市场的重要组成部分，对资本市场的健康稳定发展也有积极的支持和促进作用。货币市场主要包括票据市场、短期债券市场、拆借市场、存单市场、回购市场、货币市场基金和银行短期信贷市场等。

小贴士

货币市场交易工具期限最短的只有1天，如同业拆借；最长的也不超过1年，如国库券；较为普遍的是3~6个月，如商业汇票、大额可转让定期存单。

第一节　票据市场业务

票据是具有一定书面格式，载明一定金额、日期，到期由付款人对持票人（或指定人）无条件支付一定金额的债务凭证。在发达的商品经济社会，凡因商品交易和资金借贷而形成的债权债务关系，都可以使用一定形式的票据来进行交付或清算。票据记载的事项，必须符合法律规定，明确票据权利和票据责任。票据的签发、取得、转让，应当遵循诚实信用的原则，具有真实的交易关系和债权债务关系。

票据市场是指各类票据发行、流通及转让的场所。票据种类繁多，这里介绍的主要是具有投融资功能的票据，包括商业票据、商业汇票和大额可转让定期存单。

一、商业票据业务

（一）商业票据的概念与种类

商业票据又称商业本票，是指发行体为满足流动资金需求所发行的、期限为2~270天的、可流通转让的、无担保的债务工具。

商业票据是从商业信用工具逐渐演化而来的。在商品交易的过程中，每笔交易的成交，通常在货物运出或劳务提供以后，卖方向买方取款，买方则可按合约规定，开出一张远期付款的票据给卖方。20世纪20年代，美国的一些大公司为刺激销售，实行商品赊销和分期付款，因需要大量资金而开始发行商业票据。此后，商业票据的发行不断扩大，成为工商企业筹资的重要方式。

商业票据分交易性商业本票（俗称的CP_1）与融资性商业本票（CP_2），前者系因实际交易行为所产生的交易票据。早期为确保债权，主要流通的票券是有实质交易基础的“交易性商业本票”，不过有交易作基础的商业本票，金额往往不整齐、常有零头，造成交易上的不便，因此在交易性商业本票的基础上，逐渐产生变革，发行由银行保证的“融资性商业本票”。所谓融资性商业本票是由依法登记的公司组织与政府事业机构为筹集资金所发行的票据，一般企业发行融资性商业本票多经金融机构保证。

在西方国家的货币市场上主要的交易工具就是商业本票，由于融资性商业本票存在整数金额方便交易的优势，又有银行保证的信用作后盾，跃升市场交易的主流，目前融资性商业本票交易约占货币市场交易的九成以上。

温馨提示

目前我国金融市场上并没有商业本票的使用，而我国《票据法》中所指的本票是银行本票。

（二）商业票据的特点

1. 自付票据。本票是由出票人本人对持票人付款。

2. 基本当事人少。本票的基本当事人只有出票人和收款人两个。

3. 无须承兑。由于本票是由出票人本人承担付款责任，无须委托他人付款，所以，本票无须承兑就能保证付款。

4. 期限较短，发行金额较大，利率较高。如美国市场上面额大都在10万美元以上，期限大多在20～40天。

5. 票据的信用度高。商业票据的发行者主要有工商业大公司、公共事业公司、银行持股公司以及金融公司，因此，信用等级较高。

（三）商业票据的发行

1. 商业票据的发行方式。商业票据的发行方式通常有两种：第一种是发行公司直接发行，卖给购买者，这样可节省付给中间商的费用，但手续较烦琐。第二种是委托包销商发行。非金融公司发行商业票据大多通过包销商，金融公司出售商业票据则采用上述两种方法。在实际中，大部分商业票据是通过第二种方式发行的，发行公司将商业票据全部卖给包销商，由包销商再转售给投资人，发行公司按包销金额支付给包销商一定的手续费。

2. 商业本票的发行价格大多采取折价方式进行。折价方式是指发行价格低于票面金额，两者差额部分为投资人的利息。

3. 商业票据发行当事人。商业票据发行市场由发行人、包销商和投资人三方面参加。由于商业票据是一种无担保的筹资工具，因而其发行人主要是一些资信等级较高的大工商企业和银行控股公司。各国对商业票据发行企业的信用评级标准基本是根据资产负债和业务状况，由高到低把企业划分成若干个等级，信誉等级高的企业发行的商业票据易于销售，信誉等级低的企业发行的商业票据易遭违约风险。商业票据的投资人主要是中央银行、保险公司、基金组织、投资公司、非金融机构、政府部门等，个人投资较少。目前商业银行主要的参与方式是提供信用支持。

二、商业汇票业务

（一）商业汇票概述

1. 商业汇票的概念。商业汇票是基于合法的商品交易背景而产生的票据，它是买卖双方之间根据交易合同约定的各要素而开具的反映债权债务关系并到期清偿的票据。商业汇票是一种支付命令书，一般出票人是债权人，也可由债务人签发。

2. 商业汇票的基本规定。

（1）真实的商品交易背景；（2）必须记载的事项：表明“汇票”的字样；无条件支付

的委托；确定的金额；付款人名称；收款人名称；出票日期；出票人签章。（3）付款期限：不超过6个月。（4）提示付款期限：自汇票到期日起10日。

温馨提示

票据持有人向银行提交并要求银行付款的行为叫做提示付款，提示付款期就是提示付款的有效期。

（二）商业汇票承兑业务

由于商业汇票是由债权人签发的，必须经过付款人签字承兑才具法律效力。商业汇票按承兑人不同可分为商业承兑汇票和银行承兑汇票。商业承兑汇票由银行以外的付款人承兑，银行承兑汇票由银行承兑。

票据承兑是商业汇票特有的制度，票据承兑市场主要由出票、承兑两个环节组成，并构成票据的发行市场。出票是出票人按照票据法规定签发票据并交付的一种票据行为。出票人签发票据后，即承担一定的责任。汇票的出票，由于承兑人是主债务人，出票人负有担保汇票承兑和付款的责任。承兑是指汇票付款人承诺在汇票到期日支付汇票金额的票据行为。在银行对票据进行承兑时，是以其自身的信用作保证，负责承兑的票据到期付款，故办理承兑要收取手续费作为酬金。商业票据经承兑后，就等于向贴现市场提供符合条件的信用工具。

相关链接

银行受理汇票承兑一般审查较严，要求银行承兑汇票的出票人具备的条件：（1）在承兑银行开立存款账户的法人以及其他组织；（2）与承兑银行具有真实的委托付款关系；（3）能提供具有法律效力的购销合同及其增值税发票；（4）有足够的支付能力，良好的结算记录和结算信誉；（5）与银行信贷关系良好，无贷款逾期记录；（6）能提供相应的担保，或按要求存入一定比例的保证金。

（三）商业汇票贴现业务

贴现是指客户持未到期的商业票据，向商业银行兑取现款以获得短期融资的行为。

从表面上看，贴现是一种票据转让行为，但从性质上看，贴现体现了贴现银行对贴现申请人的授信行为，反映了商业银行与企业之间的资金融通关系。这种授信行为是商业信用与银行信用有机结合的产物。

汇票贴现要计算贴现息，贴现利息计算公式：

贴现利息＝票面金额×贴现天数×日利率

实付贴现金额＝票面金额－贴现利息

贴现天数是从贴现日至票据到期日（算头不算尾），到期日遇节假日顺延。

（四）商业汇票转贴现业务

转贴现是指贴现银行把尚未到期的商业票据转让给其他商业银行而获得短期资金的一种融资行为。它所反映的是商业银行之间的资金融通关系。贴现业务市场构成票据流通市场。

想一想

商业票据与商业汇票有何异同？

三、大额可转让定期存单

大额可转让定期存单是银行发行的具有固定期限和一定利率，可以转让的金融工具，简称 CD。这种金融工具的发行和流通所形成的市场称为可转让定期存单市场，简称 CD 市场。

相关链接

在我国大额可转让定期存单的发行单位为各商业银行。其他金融机构不得发行大额可转让定期存单，发行对象为城乡居民个人和企业、事业单位，各商业银行的储蓄机构只能对个人发行大额可转让定期存单。中国人民银行根据全国经济发展状况和货币政策的需要，确定大额可转让定期存单的发行计划，并根据各商业银行总行的申请，核定各商业银行的发行额度。各商业银行在向中国人民银行申请发行计划时，必须附上与指定经营大额可转让定期存单业务的证券机构达成的转让协议。

（一）大额可转让定期存单特点

大额可转让定期存单名义是银行存单的一种，实际上是银行发行的承诺在一定期限按票面金额和约定利率支付本息的短期债券。其主要特点是：

1. 通常不记名，不能提前支取，可以在二级市场上转让；
2. 大额存单按标准单位发行，面额较大；
3. 发行者多是大银行；
4. 期限多在 1 年以内。

想一想

大额可转让定期存单与定期存款有什么区别？

（二）大额可转让定期存单种类

根据美国和其他发达国家存单市场的发展情况，可转让存单按发行者不同可以划分为四类（以美国为例）：

1. 国内存单。由美国国内银行发行。发行面额 10 万美元以上，二级市场最低交易单位为 100 万美元。期限 30 天 - 12 个月，由银行和客户协商。多以无记名方式发行。

2. 欧洲美元存单。美国境外银行（外国银行、美国银行在外的分支机构）发行的以美元为面值的一种可转让定期存单。

3. 扬基存单。外国银行在美国的分支机构发行的一种可转让的定期存单。

4. 储蓄机构存单。由一些非银行金融机构如储蓄贷款协会、互助储蓄银行、信用合作社发行的存单。

相关链接

我国于1986年上半年起由中国银行和交通银行首次发行大额可转让定期存单。1989年以后其他银行也相继发行。当时中国人民银行颁布的《大额可转让定期存单管理办法》规定可对个人和单位分别发行可转让存单，其中对个人发行的存单面额为500元、1 000元和5 000元；对单位发行的则有1万元、5万元、10万元、50万元和100万元等几种。存单期限有1个月、3个月、6个月、9个月和12个月五个档次。由于利率较普通存单优惠，一开始非常抢手，人们更多的是把它作为投资工具收藏起来等待到期兑付，所以没有形成预期中活跃的二级市场。到1996年各银行都停止了批发发行。

（三）大额可转让定期存单优点

大额可转让定期存单作为最早的金融创新，在国际上对金融市场的发展曾经发生了非常重要的影响，并且至今仍被广泛使用，成为发达国家银行的一种重要的负债工具和货币市场的主要交易工具。其主要优点在于：

首先，大额可转让定期存单，对许多投资者来说，由于它由大银行发行，信誉良好，安全可靠，既有定期存款的较高利息收入特征，又可随时转让融资获得兑现，是追求稳定收益的投资者的一种较好选择。

其次，对银行来说，发行大额可转让定期存单手续简便，可以增加资金来源，并且吸收的资金数额大，期限稳定，是一个很有效的筹资手段。发行存单的意义不仅在于增加银行存款，更主要是由发行存单所带来的对银行经营管理方面的作用，使银行在调整资产的流动性及实施资产负债管理上具有更灵活的手段。

第二节 短期债券业务

债券按发行主体不同可分为政府债券、企业（公司）债券和金融债券三种，而短期债券是指期限不超过一年的债券，大体有两类：一类是短期政府债券，即国库券；一类是短期企业债券，又称短期融资券。

一、短期政府债券业务

短期政府债券即短期国债，在英国和美国称为国库券，我国也称国库券。国库券是由政府发行的，借以应付临时性、季节性财政需要的短期债券。目前，国库券是货币市场中最重要的信用工具。国库券与其他投资工具或信用工具相比，收益率并不算高，但信誉好、期限短、利率优惠、流动性非常强，持券人可以在货币市场上随时出售其所持的国库券，是短期资金市场上最受欢迎的金融工具。

相关链接

早在17世纪，英国政府经议会批准，开始发行以税收保证支付本息的政府公债，该公债信誉度很高。当时发行的英国政府公债带有金黄边，因此被称为“金边债券”。在美国，经权威性资信评级机构评定为最高资信等级（AAA级）的债券，也称“金边债券”。后来，“金边债券”一词泛指所有中央政府发行的债券，即国债。

（一）短期国债的发行

国债发行是指国债售出或被个人和企业认购的过程，它是国债运行的起点和基础环节，核心是确定国债售出的方式即国债发行方式。

1. 国债发行方式。

（1）计划派购方式。由财政部直接发行，采取计划分配方式，按地区、部门、企业单位和个人确定发行数额，并要求全额完成。我国20世纪80年代基本上采取这一方式。

（2）私募定向方式。由财政部直接向特定投资者发行专项或特种债券。比如我国自20世纪80年代以来对银行、保险公司、养老保险基金和待业基金定向发行的财政债券、专项国债和特种国债等。

（3）代销方式。财政部委托代销者向社会出售国债。代销者按预定的发行条件，于约定日期内代为推销。代销期终止，未销出的余额全部退给发行体，代销者不承担风险与责任。我国20世纪80年代后期和90年代初期曾运用这种方式。

（4）承购包销方式。由大宗机构投资者组成承购包销团，按一定条件向财政部承购包销国债，并由其负责在市场上转售，未能售出的余额均由承销者包购。承购包销可用招标方式决定发行条件，是国债发行市场化的一种表现形式。目前，世界上许多国家采取这一方式，也是我国20世纪90年代中后期的主要发行方式之一。

（5）招标拍卖方式。即按例行的拍卖程序，通过投标人直接投标竞价来确定国债发行价格或收益率，发行人将投标人的标价自高价向低价排列，或自低利率排到高利率，发行人从高价（或低利率）选起，直到达到需要发行的数额为止。

目前，短期国债一般采用拍卖方式发行，即短期国债的认购者将所要认购的数量、价格等提交中央银行，并多以贴现的方式计算价格和利息，发行价格是票面金额扣除贴现利息的余额，由发行主体根据价格优先的原则予以分配。如美国的国库券就采取招标拍卖方式发行。

小贴士

美国国库券的发行程序大致如下：(1) 投资者向联邦储备银行提交投标单；(2) 联邦储备银行接收投标单；(3) 决定中标者及中标价格；(4) 财政部宣布投标结果；(5) 财政部正式发行国库券。

短期国债（国库券）主要有3个月、6个月、9个月和1年期四种，一般采用不记名式、记名式和登记式三种形式。在美国，3个月和6个月期的国库券每周发行一次；9个月和1年期的国库券每月发行一次。

对政府而言，发行短期债券主要有以下三个作用：第一，满足政府对短期资金的需要。第二，在长期金融工具的收益率不稳定时，国库券可以起到弥补财政赤字的作用。第三，国库券是中央银行进行公开市场业务活动的主要工具，中央银行通过国库券的买卖来调节货币流通量。

（二）短期国债的转让

国债的转让是指在国债券到期前，持有者在证券市场上向第三者出售转让国债券，从而导致国债券所有权转移的法律行为。

短期国债是货币市场最活跃、流动性最高的短期证券，有着较发达的交易转让市场（或称二级市场）。尤其在美国，国库券市场的交易非常活跃，转让也非常频繁。国库券的转让交易多在场外或柜台市场进行，国债经纪人和交易商进行着频繁、大量的委托及自营交易。交易商（如证券公司）买进或卖出国库券的价格主要通过金融杂志和报刊刊登出来。有关短期国债二级市场转让或交易的方式、基本程序、基本方法、组织形式及主要规则等，同长期债券基本相同，有关内容将在第七章资本市场业务中介绍。

二、短期融资券业务

（一）短期融资券概念及交易规则

短期融资券是由企业发行的无担保短期本票。在我国，短期融资券是指企业在银行间债券市场发行和交易并约定在一定期限内还本付息的有价证券，是企业筹措短期（1 年以内）资金的直接融资方式。

为拓宽企业融资渠道，解决企业间接融资比例过高的问题，2005 年 5 月 23 日，中国人民银行颁布了《短期融资券管理办法》，鼓励业绩好、现金流稳定、信誉好的大型企业发行短期融资券。从 2005 年 5 月 26 日中国五矿集团公司首先发行短期融资券后已有多家企业发行了企业短期融资券，短期融资券已经成为公司融资的又一个重要渠道，并越来越受到一些质量好、规模大的大型企业青睐，为企业开辟了一条新的直接融资渠道。

短期融资券不对社会公众发行，只对银行间债券市场的机构投资人发行，在银行间债券市场交易；短期融资券采取间接发行，由符合条件的金融机构承销，企业自主选择主承销商，企业变更主承销商须报中国人民银行备案；短期融资券发行利率或发行价格由企业和承销机构协商确定，接近于票据贴现利率水平；短期融资券的期限最长不超过 365 天；企业发行的短期融资券实行余额管理，即待偿还融资券余额不超过企业净资产的 40%。

短期融资券采用实名记账方式在中央国债登记结算有限责任公司（以下简称中央结算公司）登记托管，中央结算公司负责提供有关服务。中国人民银行依法对短期融资券的发行、交易、登记、托管、结算、兑付进行监督管理。

（二）短期融资券融资优势

短期融资券与股票、公司债券和银行贷款一样都是作为企业融资方式的一种，但与其相比又有自己独有的优势，主要表现在以下几点：

1. 融资成本低。发行利率比同期商业银行贷款利率低，中介费用低，一般为融资额的 6‰~9‰。

2. 融资便利快捷。短期融资券一是降低了企业直接融资的准入门槛（无须抵押、担保，仅需一个会计年度盈利记录，无硬性附加条件）；二是采用备案制使得发行程序及申请手续相对简单，准备时间短，企业工作量小；三是审批难度小、发行快速，发行时间正常为 30~45 天。

3. 可持续融资，筹资数额大。央行规定，短期融资券的一次申请额度可按不超过企业净资产40%的比例申请，实行余额管理，可以连续滚动发行，短期融资长期使用，在总余额下，单期发行不设限额。

4. 能提高企业的信誉，提升企业形象。由于短期融资券是一种无担保票据，企业能成功发行短期融资券，表示投资者对企业信用的认同，这将有利于增强企业信誉度和在资本市场上的知名度，有利于以后企业再融资。

（三）短期融资券的发行程序

1. 公司做出发行短期融资券的决策并与主承销商签署承销协议，开展项目的前期准备工作；

2. 办理发行短期融资券信用评级；

3. 各机构（主承销商、评级公司、会计师事务所、律师事务所）出具所需要的文件并签字、盖章，各机构出具承诺函；

4. 将发行注册文件报交易商协会注册；

5. 20个工作日内交易商协会出具初审意见，若顺利过会，可领取注册通知书；

6. 注册完成后可通过中国货币网和中国债券信息网向市场公告正式发行短期融资券，主承销商组织承销团承销，完成本次发行，取得资金。

第三节 同业拆借业务

一、同业拆借概念及同业拆借市场的形成

同业拆借是指具有法人资格的金融机构及经法人授权的非法人金融机构分支机构之间进行短期资金融通的行为，目的在于调剂头寸和临时性资金余缺。这种金融机构之间进行资金拆借活动的场所被称为同业拆借市场，简称拆借市场。

同业拆借市场最早出现于美国，形成的根本原因在于1913年通过的《联邦储备法》规定的法定存款准备金的实施。按规定，加入联邦银行的会员银行，必须按存款数额的一定比例向联邦银行缴纳不付息的法定存款准备金。由于清算业务活动和日常收付数额的变化，一些银行会出现准备金多余，有的则会不足。准备金多余的银行如果找不到用途，只能暂时存在央行，存款准备金不足的银行一般通过向央行再贴现来取得短期资金。于是，美国在1921年形成了以调剂会员银行准备金头寸为内容的联邦基金市场。联邦基金就是商行存在联邦储备银行准备金账户上的存款准备金。

相关链接

我国的同业拆借市场源于1985年信贷资金管理体制的改革，1995年7月1日，我国《商业银行法》颁布实施，同业拆借市场逐步得到规范；1996年1月3日，全国银行间同业拆借市场建立，标志着全国同业拆借市场的形成；2002年6月1日，统一规范的国内外币同业拆借市场正式启动。

二、同业拆借市场特点

银行同业拆借市场是金融机构内部进行资金头寸融通的市场，与其他借贷形式相比有其自身的特点。

1. 是无担保的信用拆借，能够进入该市场的必须是有资格的金融机构；

2. 拆借的目的是为了弥补资金头寸的暂时不足和灵活调度资金，期限短则半天一天，长则一周至数月；

小贴士

"头寸"一词是旧中国金融业的习惯用语，是指资金和款项的意思；头寸拆借：是指金融业之间为了轧平头寸，补足存款准备金或减少超额准备进行短期资金融通活动，一般为日拆。

3. 资金主要是各商业银行存放在中央银行存款账户上多余的资金，而且交易量大；

4. 资金拆借的利息称为拆息，采用市场利率，由融资双方根据资金供求关系自由议定；拆借利率一般高于存款利率低于贷款利率和再贴现率；

5. 同业拆借一般没有固定场所，主要通过电讯手段成交。

三、同业拆借市场作用

同业拆借市场是各类金融机构之间进行短期资金拆借活动的市场，是货币市场的主要组成部分，备受金融机构及货币当局的重视，发挥着重要的作用。

首先，同业拆借市场使商业银行在不用保持大量超额准备金的前提下，就能满足存款支付的需要。在现代银行制度中，商业银行经营的目标是利润最大而风险最小。商业银行追求高利润、高收益，必须通过扩大高收益的资产规模，但同时可能使流动性不足，准备金下降，影响其正常经营甚至难以保证存款的支付。相反，保持过多的准备金，高收益的资产就相对减少，利润就降低。商业银行需要在不影响支付能力的前提下，尽可能地降低准备金水平，以扩大高收益的资产比重，使利润最大化。同业拆借市场，使准备金盈余的金融机构可以及时地贷出资金，获得较高收益，准备金不足的金融机构可以及时地借入资金保证支付，有利于商业银行实现其经营目标。

其次，同业拆借市场是中央银行制定和实施货币政策的重要载体。一方面，同业拆借市场的交易对象是在中央银行账户上的多余资金，中央银行可以通过调整存款准备金率，改变商业银行缴存准备金的数量，进而影响商业银行的信贷扩张能力与规模。另一方面，同业拆借市场的交易价格即同业拆借市场利率，反映了同业拆借市场的资金供求状况，是中央银行货币政策调控的一个重要指标。同业拆借市场利率基本代表了市场资金的价格，是确定其他资金价格的基本参照利率。中央银行可通过调控同业拆借市场利率，影响其他利率，实现金融宏观调控目标。

四、同业拆借业务岗位设置与职责

各银行为了开展同业资金拆借业务，在银行内部设置了专门部门，其基本的岗位设置与职责如下：

（一）前台交易岗

1. 网上交易职责：（1）寻找交易对手询价谈判；（2）通过网上交易系统进行交易；

(3) 打印成交单；(4) 发出拆入、拆出款的归还和划款指令；(5) 负责检查拆入款的到账和拆出款的回收。

2. 网下交易职责：负责寻找交易对象并询价谈判，负责相关拆借合同的填写及有关跟进事项。

(二) 后台复核岗

负责网上、网下交易业务复核和拆借业务台账记录的核对工作。

(三) 后台清算岗

负责资金的划拨、回收及其账务处理。

第四节　债券回购业务

一、债券回购业务概述

债券回购是指债券持有人（卖方）在银行间债券市场上卖出债券给债券购买人（买方）时，买卖双方约定在将来某一指定日期以约定价格，由卖方向买方买回相等数量的同品种债券的交易行为。

在债券回购业务中，一方是暂时卖出债券融入资金，到时再按约定买回债券，称为正回购或融资方；另一方是暂时买入债券借出资金，到时再按约定卖出债券出并获取价差收益（或利息），称为逆回购或融券方。

(一) 债券回购业务实质

债券回购业务实质是一种以债券作抵押的资金借贷行为。在交易中，买卖双方按照一个互相认可的利率（年利率）和拆借期限，达成资金拆借协议，即以券融资方（资金需求方）以相应债券作足额抵押，获得一段时间内的资金使用权；以资融券方（资金供应方）则在此时间内暂时放弃资金使用权，获得相应期限的债券抵押权，并于回购到期日收回本金及相应利息。这当中卖方的目的在于获得资金的使用权，而买方的目的在于获得高于银行存款的利息收入。

(二) 债券回购业务分类

债券回购业务按标的债券所有权是否发生转移，可进一步分为债券质押式回购交易与债券买断式回购交易。

1. 债券质押式回购交易。债券质押式回购是指回购交易中标的债券现券作为融入资金的质押品而不转移所有权的债券回购交易，又称封闭式回购。债券质押式回购交易的买卖双方按照约定的利率和期限，达成交易协议，融资方以相应的债券现券做质押获取一定期间的资金使用权，融券方则获得相应期间的债券质押权，但不能对该债券进行现券交易或者质押等处分，于回购到期日解除债券质押，向融资方收回本金及相应利息。

2. 债券买断式回购交易。债券买断式回购交易是指回购交易中标的债券现券的所有权于回购交易成交时和回购到期时分别发生所有权转移的债券回购交易，又称开放式回购。买断式回购交易的买卖双方按照约定的利率和期限，达成交易协议，融资方卖出债券现券，获取相应的资金，融券方则获得相应的债券现券并可以将该债券进行现券交易、回购交易或者设定质押等处分，在约定的回购到期日融资方向融券方购回债券现券。

债券质押式回购交易与买断式回购交易除了标的债券所有权转移情况不同外，质押式回购仅具融资功能，买断式回购则兼具融资和融券功能。

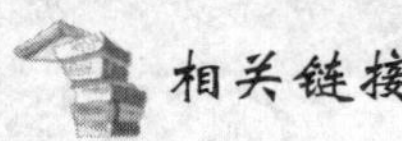

相关链接

我国早期的回购交易主要是质押式回购。2004 年 5 月，中国人民银行在银行间债券市场推出债券买断式回购业务；2004 年年底，上海证券交易所在大宗交易系统上进行国债买断式回购的试点，并于 2005 年 3 月 21 日起在公开竞价交易系统上进行国债买断式回购。目前我国的债券回购交易主要以上海证券交易所为主，回购交易有 1 天、2 天、3 天、4 天、7 天、14 天、28 天、91 天、182 天 9 个回购品种。

二、债券回购业务特点

（一）交易的特殊性

一笔回购交易涉及二次交易契约行为，即开始时的初始交易及回购期满时的回购交易。

（二）债券回购交易的收益性

债券回购对于融资方、融券方和交易所是各取所需：融资方在短时间内获得大笔资金的使用权，又没有失去其债券；而资金的提供方通过将大笔闲置资金进行短期拆借获取高于同期银行存款的利息收益；交易所则从融资方赚取佣金和手续费。

（三）债券回购交易的安全性

与股票交易不同的是，债券回购在成交之后一般不再承担价格波动的风险。债券回购交易在初始交易时收益的大小即已确定，因此回购到期日之前市场利率水平的波动与其收益无关。从这种意义上说，债券回购交易类似于抵押贷款，它不承担市场风险。

债券是一种在一定时期内不断增值的金融资产，而债券回购业务是能为投资者提高闲置资金增值能力的金融品种，它具有安全性高、流动性强、收益理想等特点，因此，对于资金充裕的机构来说，充分利用债券回购市场来管理闲置资金，以降低财务费用来获取收益的最大化，又不影响经营之需，是较好的投资选择。

三、债券回购业务流程

债券回购业务流程如下：

1. 回购委托——客户委托证券公司做回购交易。

相关链接

上海证券交易所对参与回购交易进行委托买卖的数量规定为：交易数量必须是 100 手（1 手为 1 000 元面额债券），即 10 万元面值及其整数倍。不符合交易数量要求的申报为无效申报。深圳证券交易所债券回购的交易单位规定为以合计面额 1 000 元（即 1 手）

及其整数倍为交易单位。

在债券回购交易过程中，以券融资方应确保在回购成交至购回日期间其在登记结算机构保留存放的标准券的数量应等于回购抵押的债券量，否则将按卖空债券的规定予以处罚。回购期满时，如融资方未按规定将资金划拨到位，其抵押的标准券将用于平仓交割。在债券回购交易过程中的以资融券方，在初始交易前必须将足够的资金存入所委托的证券经营机构的证券清算账户。

2. 回购交易申报——根据客户委托，证券公司向证券交易所主机做交易申报，下达回购交易指令。回购交易指令必须申报证券账户，否则回购申报无效。

3. 交易系统前端检查——交易系统将融资回购交易申报中的融资金额和该证券账户的实时最大可融资额度进行比较，如果融资要求超过该证券账户实时最大可融资额度属于无效委托。

4. 交易撮合——交易所主机将有效的融资交易申报和融券交易申报撮合配对，回购交易达成，交易所主机相应成交金额实时扣减相应证券账户的最大融资额度。

5. 成交数据发送——T 日闭市后，交易所将回购交易成交数据和其他证券交易成交数据一并发送结算公司。

6. 标准券核算——结算公司每日日终以证券账户为单位进行标准券核算，如果某证券账户提交质押券折算成的标准券数量小于融资未到期余额，则为“标准券欠库”，登记公司对相应参与人进行欠库扣款。（由于采取前端监控的方式，一般情况下，不会出现参与人和投资者“欠库”的问题，只有标准券折算率调整才可能导致“标准券欠库”。）

小贴士

标准券是指在证券回购交易中，由交易所根据证券经营机构证券账户的国债存量，按照不同的券种、根据各自的折合比率计算的、用于回购抵押的标准化国债券（综合债券）。标准券是一种虚拟的回购综合债券，是由各种债券根据一定的折算率折合相加而成。标准品种是指不分券种，只分回购期限，统一按面值计算持券量的标准化债券回购交易的品种。

7. 清算交收——结算公司以结算备付金账户为单位，将回购成交应收应付资金数据，与当日其他证券交易数据合并清算，轧差计算出证券公司经纪和自营结算备付金账户净应收或净应付资金余额，并在 T+1 日办理资金交收。

第五节　货币市场基金

一、货币市场基金发展与内涵

货币市场基金是指投资于货币市场上短期有价证券的一种基金。

货币市场基金起源于美国，发展至今已有 30 多年了。在货币市场基金产生之前，受美国法律条款的限制，即对商业银行与储蓄银行提供的大部分存款利率均进行管制，而货币市场工具则是浮动利率，但许多中小投资者无法进入货币市场，因有最低交易额规定，即只有投资额超过10万美元的投资者才能购买市场利率存单、商业票据等高收益的货币市场债务工具，直到1972年美国的第一只货币市场基金产生，小额投资者才有机会投资高收益的货币市场工具。

相关链接

2003年12月，华安基金管理公司推出了我国第一只准货币市场基金——华安现金富利基金。尽管现在我国货币市场基金产品不断增加，但货币市场基金的出现还只不过几年时间，发展还很不成熟，相关法律法规也不完善。

货币市场基金是开放式基金大家族中的一种，并且它是介于银行存款和其他各种证券投资基金（比如股票型基金、债券型基金等）之间的一种理财工具，因其收益相对稳定、投资风险小、流动性高等优点，在基金市场中占有重要地位。在发达国家，货币市场基金是家庭和企业最主要的投资理财工具。

二、货币市场基金产品的特征

货币市场基金是投资于短期货币市场工具的投资基金，与传统的基金比较，它具有以下特点：

1. 本金安全。由于大多数货币市场基金主要投资于剩余期限在一年以内的国债、金融债、央行票据、银行存单、商业票据、债券回购、同业存款等低风险证券品种，这些投资品种决定了货币市场基金在各类基金中风险是最低的，事实上保证了本金的安全。

2. 资金流动强。因为货币市场基金的投资对象是货币市场工具，所以流动性很高，可与活期存款媲美，基金买卖方便，资金到账时间短，一般基金赎回两三天资金就可以到账。

3. 投资成本低。在我国，买卖货币市场基金一般都免收手续费，认购费、申购费、赎回费都为零，一般只收取0.33%的管理费和0.1%的托管费。资金进出非常方便，既降低了投资成本，又保证了流动性。

4. 分红免税。多数货币市场基金基金面值永远保持1元，收益天天计算，每日都有利息收入，投资者享受的是复利，而银行存款只是单利。每月分红结转为基金份额，分红免收所得税。

相关链接

衡量货币市场基金表现好坏的标准是收益率，投资者可利用收益再投资，增加基金份额，这与其他基金以净资产价值增值获利不同。比如某投资者以100元投资于某货币市场基金，可拥有100个基金单位，1年后，若投资报酬是6%，那么该投资者就多了6个基金单位，总共106个基金单位，价值106元。

5. 均为开放式基金。一般货币市场基金还可以与该基金管理公司旗下的其他开放式基金进行转换，高效灵活、成本低。股市好的时候可以转成股票型基金，债市好的时候可以转成债券型基金，当股市、债市都没有很好机会的时候，货币市场基金则是资金良好的避风港，投资者可以及时把握股市、债市和货币市场的各种机会，因而也可以获取较好的收益。

货币市场基金除了具有上述特点外，还有其他一些优点，比如可以用基金账户签发支票、支付消费账单；通常被作为进行新的投资之前暂时存放现金的场所，这些现金可以获得高于活期存款的收益，并可随时撤回用于投资。

三、货币市场基金投资策略

因货币市场基金流动性高、收益稳定、风险低的特点，尤其适合资本短期投资生息以备不时之需，特别是在利率高、通货膨胀率高、证券流动性下降，可信度降低时，可使本金免遭损失。具体来说，以下两类客户群体更应关注和投资货币市场基金：（1）活期存款客户、银行定期存款客户、国债投资者（追求本金安全、高流动性并希望获取稳定收益的投资者，可将货币市场基金作为现金管理的工具）；（2）专业投资者将货币市场基金作为投资组合的成员，达到优化组合或避险的目的。在投资策略上，一是选时，二是选产品。

1. 投资时间的选择。一方面，货币市场作为高流动性的短期资金融通场所，利率波动较大，而货币市场基金投资组合只受市场利率的影响，因此可根据对短期市场资金供求、利率的判断进行货币市场基金投资。当货币市场资金紧张，预期收益率上升时，即可买入货币市场基金，反之则卖出。另一方面，通常在资本市场的不同时期，货币市场基金、债券基金和股票基金具有不同优势。当股市低迷且有通胀时，投资货币市场基金可规避市场风险和通胀风险，并获得稳定收益；当股市转好且无通胀时，则可迅速转换投资于股票基金或股票以获取超额收益。

2. 投资产品的选择。注意把握以下几点：首先，应该选择值得信赖的基金公司。基金管理公司是一个投资机构，其投资能力对客户是否能取得预期收益有重要影响，所以，要重点分析基金治理公司的财务实力（包括其注册资本、所有基金的资产总额等）、基金经理的从业经历和以往的投资业绩及基金产品线。其次，应该随时关注基金公司公布的季报、中报及年报中的有关数据，包括基金投资组合的均匀剩余期限、投资组合的结构以及基金规模的变化等。最后，应该密切关注宏观货币政策的变化。货币市场基金一般是持券到期后获得利息，利息收益是其主要的收入来源，而央行货币政策及回笼货币力度都会直接影响到货币市场利率的变化。

相关链接

我国货币市场基金的投资组合应当符合下列法律规定：（1）投资于同一公司发行的短期企业债券的比例，不得超过基金资产净值的10%；（2）存放在具有基金托管资格的同一商业银行的存款，不得超过基金资产净值的30%；（3）存放在不具有基金托管资格的同一商业银行的存款，不得超过基金资产净值的5%；（4）在全国银行间债券市场债券正回购的资金余额不得超过基金资产净值的40%；（5）货币市场基金投资组合的平均剩余期限，不得超过180天。

除此之外，投资者还应该了解基金投资的成本费用、关注基金各种信息的披露及基金分红的注意事项等。

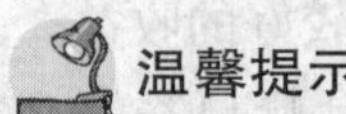

任何投资都是有风险的，所以，投资者在产品选择过程中要避免收益率至上的观点，要警惕各种理财宣传单上的猫腻。

四、货币市场基金投资业务流程

投资者进行货币市场基金投资的操作流程大体如下：

第一步，阅读有关法律文件。投资人购买基金前，需要认真阅读有关基金的招募说明书、基金契约及开户程序、交易规则等文件，仔细了解有关基金的投资方向、投资策略、投资目标及基金管理人业绩及开户条件、具体交易规则等重要信息，对准备购买基金的风险、收益水平有一个总体评估，并据此作出投资决定。

第二步，开立基金账户。投资人买卖货币市场基金首先要开立基金账户。按照规定，有关销售文件中对基金账户的开立条件、具体程序需予以明确。

第三步，购买基金。投资人在货币市场基金募集期间、基金尚未成立时购买基金单位的过程称为认购。投资人认购基金应在基金销售点填写认购申请书，交付认购款项，在注册登记机构办理有关手续并确认认购。在基金购买的T+1日开始计算收益。

在基金成立之后，投资人通过销售机构申请向基金管理公司购买基金单位的过程称为申购。投资人申购基金时通常应填写申购申请书，交付申购款项。款额一经交付，申购申请即为有效。货币市场基金是按照面值1元申购的，采用金额申购方式，并且申购一般没有手续费。

第四步，卖出基金。卖出基金是投资者把手中持有的基金单位按一定价格卖给基金管理人并收回现金，这一过程称为赎回。货币市场基金赎回价格固定为1元，采用份额赎回的方式，赎回一般没有手续费。

投资人赎回基金通常应在基金销售点填写赎回申请书。按照规定，基金管理人对该交易的有效性进行确认，并应当自接受基金投资人有效赎回申请之日起3个工作日内（T+2），支付赎回款项。

此外，对于货币市场基金来说，投资人除了可以买卖基金单位外，还可以申请基金转换、非交易过户、红利再投资。

基金转换是指当一家基金管理公司同时管理多只开放式基金时，基金投资人可以将持有的一只基金转换为另一只基金。即投资人卖出一只基金的同时，买入该基金管理公司管理的另一只基金。通常，基金转换费用非常低，甚至不收。

基金的非交易过户是指在继承、赠与、破产支付等非交易原因情况下发生的基金单位所有权转移的行为。非交易过户也需到基金的销售机构办理。

目前，我国的货币市场基金均采用“每日分配收益，按月结转份额”的收益分配原则。基金收益根据每日基金收益公告，以每万份基金份额收益为基准，每日为投资者计算当日收益并分配，每月集中支付收益即红利转基金份额，投资者可通过赎回基金份额获得现金收益；若投资者在每月累计收益支付时，其累计收益为负值，则将缩减投资者基金份额。

知识要点

1. 货币市场是指以期限在一年以内的金融工具为媒介进行短期资金融通的市场。从交易对象的角度看，货币市场主要由票据市场、同业拆借市场、短期债券市场、货币市场基金以及回购协议等子市场组成。

2. 票据市场是指各类票据发行、流通及转让的场所，主要包括商业票据、商业汇票和大额可转让定期存单。商业票据是指发行体为满足流动资金需求所发行的、期限为 2 天至 270 天的、可流通转让的债务工具。商业汇票是基于合法的商品交易背景而产生的票据，它是买卖双方之间根据交易合同约定的各要素而开具的反映债权债务关系并到期清偿的票据。商业汇票业务包括票据承兑、贴现和转贴现。大额可转让定期存单是银行发行的具有固定期限和一定利率，并且可以转让的金融工具，其发行和流通有自身的特点。

3. 短期政府债券即短期国债，也称国库券。具有市场风险小、流动性强、税收优惠等特征；短期国债一般采用拍卖方式发行，并多以贴现的方式计算价格和利息。短期融资券是由企业发行的无担保的短期本票。短期融资券优势主要表现在以下几点：融资成本低；融资便利快捷；可持续融资，筹集资金数额大；能提高企业的信誉，提升企业形象。

4. 同业拆借是指具有法人资格的金融机构及经法人授权的非法人金融机构分支机构之间进行短期资金融通的行为。其特点是：拆借无担保；期限短，拆借的目的是为了弥补资金头寸的暂时不足和灵活调度资金；交易量大；拆借利率一般高于存款利率低于贷款利率和再贴现率；同业拆借一般没有固定场所，主要通过电讯手段成交。

5. 债券回购是指债券持有人（卖方）在银行间债券市场上卖出债券给债券购买人（买方）时，买卖双方约定在将来某一指定日期以约定价格，由卖方向买方买回相等数量的同品种债券的交易行为。按标的债券所有权是否发生转移，可进一步分为债券质押式回购交易与债券买断式回购交易。债券回购业务存在交易的特殊性、收益性和安全性等特点。

6. 货币市场基金是指投资于货币市场的短期有价证券的一种基金。与传统的基金比较，它具有本金安全、资金流动性强、投资成本低、分红免税等特点。货币市场基金投资策略是正确地选时间、选产品。

课堂讨论题

谈谈你对货币市场金融工具的认识，你会如何去选择投资工具？为什么？

推荐阅读

1. 钱晔．金融学概论．北京：经济科学出版社，2007
2. 陈善昂．金融市场学．大连：东北财经大学出版社，2009
3. 沈悦．金融市场学．北京：科学出版社，2008
4. 李云丽．中国债券发行理论与操作实务．北京：法律出版社，2009

5. 中国证券业协会．证券投资基金．北京：中国财政经济出版社，2009
6. 刘沈忠．投资理财理论与实务．大连：东北财经大学出版社，2009
7. ［美］拉瑞·威廉姆斯．短线交易秘诀．北京：百家出版社，2010

第七章

资本市场业务

学习目标

通过本章学习，使学生在了解股票市场、债券市场和基金市场的种类、功能等基础知识的前提下，重点掌握股票市场、债券市场、基金市场的发行与交易、投资风险与收益等内容。

案例导读

投资高手巴菲特

沃伦·巴菲特，美国投资家、企业家及慈善家，被称为股神，目前拥有约620亿美元的净资产，根据《福布斯》杂志公布的2008年度全球富豪榜，他已经超过卡洛斯·斯利姆·埃卢和比尔·盖茨成为全球首富。

沃伦·巴菲特秉承价值投资理念，创造一个又一个投资奇迹。

可口可乐：投资13亿美元，至2003年持有15年，盈利88亿美元，增值6.8倍。

华盛顿邮报：投资1 000万美元，到2003年持有30年，盈利12亿美元，增值128倍。

富国银行：投资4.6亿美元，15年盈利30亿美元，增值6.6倍。

政府雇员保险：持有20年，投资4 571万美元，盈利23亿美元，增值50倍。

美国运通：投资 14.7 亿美元，11 年持续持有，盈利 71 亿美元，增值 4.8 倍。

大都会/美国广播公司：投资 3.45 亿美元，在 10 年中盈利 21 亿美元，投资增值 6 倍。

吉列公司：投资 6 亿美元，到 2003 年持有 14 年，盈利 29 亿美元，增值近 5 倍。

中国石油：投资 5 亿美元，到 2007 年持有 5 年，盈利 35 亿美元，增值 8 倍。

那么，资本市场的这些奇迹是怎样创造的？资本市场业务有哪些？资本市场又是如何运作的呢？本章将对此加以探讨。

资本市场是以期限在一年以上的金融资产为交易工具的中长期资金融通市场。资本市场可分为中长期信贷市场、证券市场，其中，中长期信贷市场属于间接融资市场，在第五章中已经讲述。本章主要讲解证券市场，具体包括股票市场、债券市场、基金市场等。

第一节 股票市场

一、股票市场概述

（一）股票的含义及特征

股票是有价证券的一种主要形式，是指股份有限公司签发的用以证明股东按其所持股份享有权利和承担义务的凭证。股票就其性质来看，代表着股东对公司的所有权，是代表一定经济利益分配请求权的资本证券，是资本市场上流通的一种有价证券。股票具有以下特点：（1）永久的期限性。即股东一旦入股就不能退股。（2）有限的责任性。即股东仅以其所持股份为限对公司承担责任。（3）决策上的有限参与性。即股东拥有的参与权仅限于参加股东大会、听取董事会提出的工作报告和财务报告并提出自己的意见和建议；投票选举公司董事或监事；投票参与公司重大经营决策等。（4）流动性。即股票是可以买卖转让的。（5）收益性。即股东可以获得公司派发的股息和红利以及低买高卖的价差。（6）风险性。即股东收益的不确定性。

（二）股票的种类

股票可以从不同角度划分为许多种类。

1. 股票按照股东所享有的权益不同，分为普通股票和优先股票。普通股票是股票中最普遍的一种形式，是股份公司最重要的股份，其持有人享有股东的基本权利和义务。普通股票的股利分配不固定，在对公司盈利和剩余资产的分配顺序上列在债权人和优先股票股东之后，所以普通股票是风险最大股票。普通股票股东享有的主要权利有：经营决策的参与权、公司盈余的分配权、剩余资产索取权和优先认股权。优先股票是相对于普通股票而言的，指股东权利受到一定限制，但在公司盈余和剩余资产分配上享有优先权的股票。

2. 股票按照是否记载股东姓名分类，可以分为记名股票和不记名股票。记名股票是指在股票票面和股份公司股东名册上记载股东姓名的股票。不记名股票是指在股票票面和股份公司股东名册上均不记载股东姓名的股票。一般来说，不记名股票可以请求改换为记名股票，但记名股票不能改换为不记名股票。

3. 按是否在股票票面上标明金额分类，可以分为有面额股票和无面额股票。有面额股票是指在股票票面上记载一定金额的股票。无面额股票是指在股票票面上不记载股票面额、只注明它在公司总股本中所占比例的股票。对于发行公司来说，发行无面额股票既可在股票发行时灵活掌握发行价格，又便于今后对股票进行分割，以提高股票的流动性。

4. 按照是否有实物载体分类，可以分为实体股票和记账股票。实体股票是指股份公司给股东发放纸制的票券作为其持有股份的表现形式。记账股票是指不发行股票实体，只做股东名册登记的股票。记账股票仅限于记名股票使用。在现代证券市场上，多数交易所都借助大型计算机网络进行股份登记和股票交易，股票不再具有纸制票券的形式，而以电子符号的形式存在。

此外，在我国还有一些分类方法。如按投资主体划分，将股票分为国家股、法人股、社会公众股。国家股是指有权代表国家投资的部门或机构以国有资产向公司投资形成的股份，包括公司现有国有资产折算成的股份。法人股是指企业法人或具有法人资格的事业单位和社会团体以其依法可支配的资产投入公司形成的股份。社会公众股是指社会公众（个人和机构）依法以其拥有的财产向可上市流通股权部分投资所形成的股份。如按照上市地点不同分类，可以分为境内上市股票和境外上市股票。境内上市股票是指在中国内地挂牌上市的股票。它包括 A 股和 B 股两种。A 股的正式名称是人民币普通股票，它是由我国境内的公司发行的，以人民币认购和交易的普通股票。B 股的正式名称是人民币特种股票，它原来是指股份有限公司向境外（除大陆以外）投资者募集并在我国大陆挂牌上市的股票，所以又称境内上市外资股。B 股是以人民币标明面值、以外币认购和买卖的。B 股的注册地和上市地都在中国内地，投资者是境外（含香港、澳门和台湾地区）的机构和个人。从 2001 年 2 月起，境内的居民个人也可以从事 B 股的投资。境外上市股票是指中国内地的股份有限公司向境外投资者发行的在境外证券市场挂牌上市的股票，通常是以上市地的英文首字母表示。如在香港上市的股票称为 H 股，在纽约上市的股票称为 N 股，在新加坡上市的股票称为 S 股。

（三）股票市场的功能

股票市场是股票发行和流通的市场。它具有以下几种功能：

1. 筹资和投资。股份有限公司可以通过在股票市场上发行股票，将社会上分散的闲置资金集中起来，形成巨额的、可以长期使用的资本。而投资者可以通过在股票市场购买股票实现投资的目的，从而分享经济增长和企业业绩增长带来的好处。股票市场为投资者提供了一个广阔的投资渠道。

2. 优化资源配置。投资者通过及时披露的各种信息，投资于经营业绩好、管理高效的公司的股票，推动其股票价格上扬，为上市公司利用股票市场进行资本扩张提供了良好的外部环境。而经营业绩不好、管理不佳的企业将会被投资者所抛弃，难以取得上市资格或继续筹集资金。这实际上是利用市场的力量引导资金流向优质的企业，从而起到优化资源配置的作用。

3. 定价。股票市场通过市场竞价机制为公司的股票定价，而股票价格反映公司的价值和未来的成长潜力。市场上对股票的需求和供给共同决定了股票的交易价格。理论上看，如果股票市场是有效的，股票的交易价格就是股票的价值，也代表市场对股票发行公司的价值判断。

4. 分散风险。在股票发行市场上，公司在筹集资金的同时也将公司的部分风险转移给了投资者；而在流通市场上，投资者可以根据自己的风险偏好选择不同的股票组合，通过投资组合来分散风险。

5. 监督公司管理层。上市公司的股票价格往往可以反映这家公司的管理水平。在成熟的市场上，公司的管理层普遍注重自己公司的股票价格。这是因为普通投资者可以采取“用脚投票”的方式，即在“二级市场”上抛售股票的方式否定管理层的业绩，而这种信号又会影响到管理层成员在经理人市场上的评价，进而影响到他们以后的职业前途。同时因为管理问题而导致股票价格下跌的公司又是其他公司兼并的对象，一旦被兼并，公司的管理层往往要被更换。基于以上原因，管理层必须努力经营，实现公司价值的最大化或股东利益最大化的目标，时刻注意股票市场的反应。股票市场间接地发挥了监督公司管理层的作用。

二、股票市场的运行

股票市场按照功能划分，可以分为股票发行市场和股票流通市场。股票发行市场的运行就是对股票的发行和流通的制度性安排。

（一）股票发行市场

股票发行市场是通过发行新股票筹集资本的市场，是股份公司筹集资金、将社会上分散的资金转化为公司资本的场所。

1. 股票发行制度。股票市场的发行制度可以分为注册制和核准制两大类。

（1）注册制。注册制是指发行人在准备发行股票时，必须将依法公开的各种资料完全、准确地向证券主管机关呈报并申请注册。证券主管机关只对申报资料的全面性、真实性、准确性和及时性作形式审查。如果申报资料没有包含任何不真实的信息且证券主管机关对申报资料没有异议，则经过一定的法定期限，申请自动生效。一旦申请生效，发行人就有权发行股票。

（2）核准制。核准制是指发行人在准备发行股票时，不仅要充分公开企业的真实情况，而且必须符合有关法律和证券管理机关规定的必备条件，证券管理机关有权否定不符合条件的股票发行的申请。在核准制下，证券管理机关不仅要进行注册制下所要求的形式审查，而且要对发行人的经营业绩、发展前景、发行数量和发行价格等条件进行实质审核，并由此作出发行人是否符合发行实质条件的判断，进而最终决定是否准予发行。

我国现在的股票发行制度是核准制并配之以发行审核制度和保荐人制度。

2. 股票发行的类型。

（1）初次发行。初次发行是指公司首次在发行市场上发行股票。初次发行一般都是发行人在满足必须具备的条件并经证券主管部门审核批准或注册后，通过证券承销机构面向社会公众公开发行股票。通过初次发行，发行人不仅募集到了所需资金，而且完成了股份有限公司的设立或转制。

（2）增资发行。增资发行是指股份公司组建、上市以后为达到增加资本金的目的而发行股票的行为。公司增资的方式有向社会公众发行股份、向现有股东配售股份、公司债转换为公司股份等。

3. 股票的发行方式。按照发行对象的不同可以分为公募发行和私募发行。公募发行是指向不特定的社会公众发行股票。在公募发行的情况下，任何合法的投资者都可以认购拟发行的股票。私募发行是指向特定的少数投资者发行股票。私募发行的对象有两类，一类是公司的老股东或发行人的员工；另一类是投资基金、社会保险基金、保险公司、商业银行等大型金融机构以及与发行人有密切往来关系的企业机构投资者。

按照是否有中介机构的介入又可以分为直接发行和间接发行。直接发行是指发行人直接向投资者发行股票的方式。间接发行是指发行人委托证券公司等证券中介机构代理发行股票的方式。根据受托机构承担发行责任的不同可以分为承购包销发行、代销发行和余额包销发行。

想一想 做一做

公募发行与私募发行有何优缺点？包销、代销和余额包销又有何不同？我国现行的股票发行方式有哪些？

4. 股票发行价格。股票发行价格是新发行股票有偿发售时投资者实际支付的价格。股票发行价格一般有以下几种：（1）平价发行。又称面额发行，是以股票面额为发行价格发行股票。由于股票上市后的价格往往高于面额，以面额发行可以使认购者得到溢价收益，因此投资者愿意认购。（2）溢价发行。它是以高于股票面额的价格发行。高于面额的部分称为溢价，记入股份公司的资本公积金。（3）折价发行。它是指按照股票面额打一定的折扣作为股票的发行价格。这种方式很少使用，我国《公司法》规定股票发行价格不得低于股票面额。

5. 股票发行程序。各国对股票的发行都有严格的法律程序，不同国家、不同证券市场，其股票发行程序也不尽相同。大体包括以下几个阶段：（1）准备阶段。发行公司拟定了资金使用计划和新股发行计划以后，需要聘请一家证券承销商负责此次发行事宜，并由承销商负责组织一个包括律师、会计师、资产评估师等组成的专家小组，负责对公司的尽职调查和发行前的准备工作。（2）申请阶段。主承销商会同拟发行公司将申请书、招股说明书、承销协议等申请文件交证券管理机关，申请公开招股。（3）推介阶段。在提出发行申请到发行申请被批准或注册生效之间的时间内，发行公司与主承销商可以推介拟发行的股票，包括提前通知市场有关新股发行情况，大致确定目标投资群体，通过巡回展示或其他推介形式吸引投资者购买。（4）发售阶段。注册期满或申请被批准后，发行公司须提交并公开招股说明书的最后文本，同时与主承销商正式签署承销协议，并由主承销商负责组织承销团，在公开发行日向投资者发售股票。发售完毕后，主承销商负责公布认购结果并将所筹集资金转交发行公司，办理股份登记。如果发行公司想成为上市公司，主承销商还要负责上市事宜和上市以后的市场维持。

想一想

为什么通常在准备阶段需要对公司进行改造、“包装”？

（二）股票流通市场

股票流通市场又称为“二级市场”、交易市场，是指对股票进行买卖、转让、流通的市场。股票流通市场的存在保证了股票的流动性，为投资者提供了投资和变现的途径，保证了股票发行市场的正常运行。

股票流通市场按照组织形式不同分为证券交易所和场外交易市场。与主板市场相对应的二板市场是20世纪股票流通市场的重要创新之一。

1. 证券交易所。证券交易所是依据国家有关法律经证券管理部门批准设立的集中进行证券交易的场所，是“二级市场”的主体，也是整个证券市场的核心。证券交易所本身并不参与证券的买卖，只提供交易场所和服务，同时兼有监管证券交易的职能。

证券交易所的组织形式有公司制和会员制两种。公司制证券交易所是以股份有限公司形式设立的并以营利为目的的法人团体，一般是由银行、证券公司、信托机构以及各类民营公司共同出资建立的。会员制证券交易所是以会员协会形式设立的不以营利为目的的法人团体，一般由证券公司、投资银行等证券商组成。会员制证券交易所规定只有会员才能进入交易大厅进行交易，其他人要买卖证券交易所上市的证券，必须委托会员进行。我国沪深证券交易所均实行会员制。

证券交易所的交易采用“价格优先、时间优先”的原则进行。价格优先是指价格最高的买方报价与价格最低的卖方报价优先于其他一切报价而成交。时间优先是指在买或卖的报价相同时，在时间序列上，按报价先后顺序依次成交。先后顺序按证券交易所主机接受申报的时间确定。此外，如交易所内有经纪商兼自营商的，应该遵循客户优先的原则，即优先执行客户的委托指令，再进行自营交易。

为了保证股票交易高效有序地进行，证券交易所在交易时间、交易单位、报价方式和涨跌幅限制等方面制定了一系列交易规则。

想一想

你所知道的我国证券交易所有关交易时间、交易单位、报价方式和涨跌幅度等交易规则是怎样的？为什么会有涨跌幅度的限制？

在证券交易所进行股票交易要经过开户、委托、竞价成交、结算、过户登记等程序。

2. 场外交易市场。场外交易市场是相对证券交易所而言的，凡是在证券交易所以外的股票交易活动都可以称为场外交易。由于这种交易方式最早是在证券公司的柜台上进行的，因而也称为柜台市场。

场外交易市场有以下特征：（1）场外交易市场是一个分散的、没有固定交易场所的无形市场。它由许多各自独立的证券公司分别交易，而且主要依靠电话和计算机网络联系成交。（2）场外交易市场是一个以交易未能在证券交易所上市的股票、定期还本付息的债券和开放型基金为主的市场。（3）场外交易市场是一个交易商报价驱动的市场。在场外交易市场上，采用的是与客户直接进行交易的方式，由证券公司同时报出同种证券的买价和卖价，根据投资人是否接受而加以调整。（4）场外交易市场是一个管理较为宽松的市场。场外市场分散，没有统一的章程，不易管理和监督，其交易效率也不及交易所。

场外交易市场为已发行而未能上市的证券提供了流通转让的机会，是证券交易所市场的必要补充，是二级市场的重要组成部分。

3. 二板市场。二板市场的正式名称为“第二交易系统”，也有人称为创业板市场，是与现有的股票交易所市场即主板市场相对应的概念。如美国的NASDAQ市场、伦敦AIM市场、欧洲 EASDAQ 市场、欧洲 EUROUM 市场、新加坡 SESDAQ 市场、中国台湾的 OTC 市场、吉隆坡 KLSE 市场、中国香港的创业板市场等，其中尤以美国的 NASDAQ 市场运行最成功。

二板市场有以下特点：(1) 上市标准低。由于二板市场多是面向新兴的中小企业和高科技企业，因此其上市的规模和盈利条件都较低，大多数对盈利没有要求。(2) 报价驱动市场。报价驱动市场又称为做市商制度，是指做市商同时报出同一种股票的买卖价格，投资者可以直接与做市商进行交易，做市商负责维持股票的买卖，并且随时调整价格。(3) 电子化交易。二板市场多采用高效率的电脑交易系统，无须交易场地。

小贴士

做市商是承担某一只或几只股票买进和卖出的独立的交易商。他们一方面为投资者报价，直接与投资者交易；另一方面接受客户的限价委托，代为完成交易。

二板市场为极具发展潜力的中小企业提供了融资支持、为风险投资的退出提供了渠道。二板市场作为 20 世纪流通市场的一项创新，大大地丰富了资本市场，进一步完善了资本市场体系。

最成功的二板市场是美国的 NASDAQ 市场。但很多二板市场的企业规模较小，市场价格难以确定，投资风险较大，使得交易清淡。而且，上市的企业多为新兴公司，缺乏长期的业绩历史、上市限制较少，都使得二板市场风险较大。欧洲、日本、韩国、中国香港的二板市场都不成功，其中的经验和教训都值得我国借鉴。

小贴士

我国于 2009 年 10 月正式开通二板市场交易。

三、股票投资的收益与风险

人们投资股票的目的是为了获得收益，但股票的投资收益是当期无法确定的，股票收益的不确定性即为股票的投资风险。所以，股票投资的收益和风险总是并存的，投资者在进行股票投资时只能在收益和风险之间加以权衡，即在风险相同的股票中选择收益较高的或在收益相同的股票中选择风险较小的。

（一）股票投资收益

股票投资收益是指投资者从买入股票开始到出售股票为止整个持有期的收入，它由股息收入、资本利得和公积金转增股本的收益组成。

1. 股息收入。股息是指股东在持有股票期间从发行公司分取的盈利。股息的来源是公司的税后净利润。常见的股息形式有现金股息和股票股息两种。

2. 资本利得。投资者买入股票和卖出股票的差价收入就是资本利得或称资本损益。资本利得主要受股票市场价格变动的影响，与公司的经营业绩、宏观经济运行态势、投资者的预期和心态、市场的供求关系等都有很大的关系。

3. 公积金转增股本收益。公积金转增股本是指公司将提取的公积金在法律规定范围之内转为股本，按股东的持股比例派送红股或增加每股面值。

（二）股票投资风险

股票投资是高风险投资，股票投资风险是股票投资收益的不确定性。与股票投资相关的所有风险统称为总风险，可以分为系统风险和非系统风险两大类。

1. 系统风险。系统风险是指由于某种全局性的因素引起的股票投资收益可能的变动，进而对市场上所有的股票收益都产生影响。在现实中，所有发行股票的公司都会受到一些共同因素的影响，这些因素包括社会、政治、经济等各个方面的变动。由于这些因素来自于公司外部，是公司无法控制和回避的，投资者不能通过组合投资而分散，因此也可以称为不可分散风险。系统风险主要包括政策风险、市场风险、利率风险和购买力风险四种。

2. 非系统风险。非系统风险是指只对某个行业或某个公司的股票产生影响的风险。它通常是由某种局部的、特殊的因素引起的，只对个别或少数股票的收益产生影响，而不会对整个股票市场的价格产生影响。由于非系统风险可以通过多样化的组合投资加以分散，因此又称为可分散风险。股票的非系统风险包括经营风险、财务风险和信用风险等。

小贴士

我国2007年的"530事件"和2008年的"三鹿奶粉事件"应该是系统风险与非系统风险的最好佐证。

四、股票价格指数与股市行情指标

（一）股票价格指数

股票价格指数，是选取一定的股票样本，运用平均法、综合法、加权法等统计方法编制的，力图全面准确反映股价变动的一般情况及其趋势的价格指标，也是反映一个国家或地区政治、经济发展状况的灵敏信号。

目前，世界上影响较大的有道·琼斯指数（Dow-Jones Averages）、标准普尔指数（The Standard and Poor's Indexes）、金融时报指数（Financial Times Index）、日经指数（Tokyo Nikkei Average）、香港恒生指数（Hong Kong Hang Seng Index）。在中国内地，上证综指和深证成指影响也较大。

（二）股市行情指标

对股市行情全面把握是个复杂的问题，但通过对以下股市行情指标的分析，我们就能对股市行情，尤其是对当时的行情有个基本的了解。

1. 开盘价、收盘价。开盘价又称开市价，是指某种证券在证券交易所每个交易日开市后的第一笔买卖成交价格。世界上大多数证券交易所都采用成交量最大原则来确定开盘价。收盘价又称收市价，通常指某种证券在证券交易所每个交易日里的最后的一笔买卖成交价格。

相关链接

在我国，深圳证券交易所收市价是以每个交易日最后一分钟内的所有成交价格加权平均计算得出的，上海证券交易所则以最后一笔成交价格作为收盘价。

2. 最高价、最低价。最高价是指某一时期内各种股票的最高成交价格。最低价则指某一时期内各种股票的最低成交价格。最高价和最低价反映了某一时期内成交价的上限和下限。

3. 涨跌和涨跌幅度。涨跌是指某一时期内各种股票的收盘价（或收市时的股价指数）与前一个收盘价（或前一个收市时的股价指数）之差数，其差额正为涨，负为跌。涨跌幅度是指上述的涨跌与前一个收盘价（或股价指数）之比，用百分数表示。涨跌幅度比涨跌更能说明股价的变化情况，因为同样的涨跌差额所反映的变化程度很可能不同。

4. 成交量和成交金额。成交量是指某一时期内一种或各种股票的成交总量，用股数或交易单位“手”数来表示。成交金额是指某一时期内一种或各种股票的成交总金额。成交量和成交金额的多少反映了股市成交的活跃程度。

5. 增减和增减幅度。增减是指某一时期内股票的成交量（或成交金额）与前一个同样时期内股票的成交量（或成交金额）之差，若差量（或差额）正为增，负为减。增减幅度是指上述“增减”与前一个同样时期内股票成交量（或成交金额）之比，用百分数表示。增减幅度比增减更能说明成交量（或成交金额）的变化情况，因为同样的增减所反映的变化程度很可能不同。

6. 市盈率。市盈率又称股份收益比率或本益比，是股票市价与其每股收益的比值。市盈率是衡量股价高低和企业盈利能力的一个重要指标。计算公式是：

$$\text{市盈率}=\frac{\text{当前每股市场价格}}{\text{每股税后利润}}\times 100\%$$

7. 换手率。“换手率”也称“周转率”，指在一定时间内市场中股票转手买卖的频率，是反映股票流通性强弱的指标之一。其计算公式为：

$$\text{周转率（换手率）}=\frac{\text{某一段时间内的成交量}}{\text{发行总股数}}\times 100\%$$

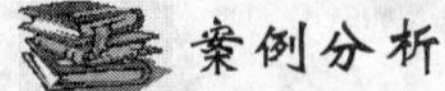案例分析

刘元生的长期投资策略

“股神”巴菲特的老师，哥伦比亚大学的本杰明·格雷厄姆在其代表作《证券分析》中提出价值投资的理念。简单地说，价值投资就是在一家公司的市场价格相对于它的内在价值大打折扣时买入其股份。本案例的主人公很好地诠释了价值投资，他通过各个方面对拟投资的公司进行了分析，然后买入被低估的股票，持有19年后，当初所投入的资金增加了410多倍。

万科企业股份有限公司（以下简称万科）最大的个人股东刘元生持股19年，400万元变为16.73亿元（以2007年4月30日收盘价计算），股票价值增长410多倍。刘元生创造了中国股市的一个巨大神话，其投资业绩甚至超过了巴菲特。当然这并不是说刘元生比巴菲特还要高明，刘元生的案例只是为了说明，随着中国资本市场的不断完善，通过价值投资，在我们的市场上也能产生堪与美国股市媲美的惊人投资业绩。

从公司因素分析的角度看，刘元生很好地坚持了价值投资的理念。

第一，他了解万科公司的领导团队。据《提问万科》一书，刘元生是香港商人，比万科董事长王石稍长。早在王石创建万科前，他们就已经是商业合作伙伴，结下了深厚

的友谊。刘元生了解王石的能力，所以，1988 年 12 月末万科正式向社会发行股票，一家本来承诺投资的外商打了退堂鼓，刘元生闻讯立即认购 360 万股，就是这笔投资（再加上以后的增持），19 年后为他带来了 16.73 亿元。

第二，他知道万科的产品具有非常优秀的盈利能力。中国房地产行业历来都是以暴利著称，房地产公司资本密集度高，万科上市后具有雄厚的资本实力，刘元生当然有理由相信其会成为房地产行业的领头羊。

第三，认准自己眼中的明星股，坚持持有 19 年。历史资料显示，1992 年刘元生持有万科股票 370.76 万股，以后随着万科送股配股，加上刘元生通过二级市场增持，他拥有的万科股票逐年增加。1993 年为 503.29 万股，1995 年为 767 万股，2004 年为 3 767.94 万股，2006 年为 5 827.63 万股，2007 年为 5 831.58 万股。他持有的股票数量，不仅远远超过万科董事长王石的 41.8677 万股、总经理郁亮的 11.6742 万股，而且超过了深圳市投资管理公司、万科企业工会委员会、中国平安保险各自的持有量。目前他的持股比例为 1.34%，是最大的个人股东，在所有股东中持有量排第三。

刘元生给浮躁的股民上了一课，他的价值投资理念很好地诠释了投资（Invest）和交易（Trade）的区别。他经过冷静缜密的分析，认准优秀的股票进行长期投资，持有了 19 年；而我们中的大多数人通常是不加以科学分析，道听途说，随波逐流，也正是由于不加以科学地分析，很多人不得不根据“消息”经常地变换手中的股票，不停地交易，最后，给股票经纪商做了不少贡献，自己反而一无所获。

思考：请分析刘元生的投资模式可以复制吗？投资者应如何进行价值投资？

资料来源：李国强，李雯．证券投资分析．北京：机械工业出版社，2008

第二节 债券市场

一、债券概述

（一）债券的定义与特征

债券是按照法定程序发行的要求发行人（也称债务人或借款人）按约定的时间和方式向债权人或投资者支付利息和偿还本金的一种债务凭证。债券作为一种金融工具，有以下特征：

1. 收益性。收益性是指债券能为投资者带来一定的收入。包括利息收入和价差收入。

2. 流动性。债券流动性指债券能够以其理论值或接近于理论值的价格出售的难易程度。当债券持有人急需资金时，可在市场上售出取得现金以收回投资。不同的债券在不同的情况下，其流动性的强弱是各不相同的。

3. 安全性。债券与股票等其他有价证券相比，投资风险低，安全性较高，主要原因是：（1）债券发行的审查相对较严；（2）债券票面利率固定；（3）债券流动性较强；（4）债权人的清偿优先于股票持有人。

4. 偿还性。偿还性是指债券有规定的偿还期限，债务人必须按期向债权人支付利息和偿还本金。

（二）债券的种类

债券的种类众多，可以从不同的角度进行分类。

1. 按发行主体不同可分为政府债券、公司债券和金融债券。政府债券的发行主体是政府，包括中央政府、政府机构和地方政府，它以政府信誉作保证，因而无须提供抵押品，它的风险在各种投资工具中是最小的。公司债券是由公司按照法定程序发行的约定在一定期限还本付息的有价证券。公司债券的发行主体是股份公司，但有些国家也允许非股份制的企业发行债券。公司债券有中长期的，也有短期的，有担保债券和无担保债券。金融债券的发行主体是银行或非银行金融机构。金融债券是金融机构补充附属资本的主要渠道，是较为理想的筹集长期资金的工具，其发行条件较为宽松，但发行额通常有一定限制。

2. 按债券的利率是否固定可分为固定利率债券和浮动利率债券。固定利率债券是指在偿还期内利率固定不变的债券。浮动利率债券是指利率可以定期变动的债券。这种债券的利率与市场利率挂钩，一般高于市场利率一定百分点。

3. 按利息的支付方式可分为附息债券、一次还本付息债券、贴现债券和零息债券。附息债券是在券面上附有息票的中长期债券。息票本身也可以转让。一次还本付息债券是不设息票、不分期付息、只是在到期时将本金和多期利息一并支付给投资者的债券。贴现债券也叫贴水债券，是券面上不附息票，发行时按规定的折扣率（贴现率），以低于债券面值的价格发行，到期时按债券面值兑付而不另付利息，其发行价与面值的差额即为当付的利息。美国短期国债的发行就采用贴现方式。零息债券是指在存续期内不支付利息，发行价格是债券面值按票面利率折现后的现值，到期按票面额还本付息的债券。投资者以低于面值的价格购买，收益是债券面值与购买价格的差额。

想一想

贴现债券与零息债券有何异同？我国国债发行多采用什么利息支付方式？

4. 按有无担保可分为信用债券和担保债券。信用债券也称无担保债券，仅凭发行人的信用而发行，没有特定的物品做担保。国债、金融债券、信用良好的公司发行的公司债券一般大多为信用债券。担保债券是指以抵押财产为担保而发行的债券。按担保品不同，分为抵押债券、质押债券和保证债券。一般公司债券大多为担保债券。

5. 按内含选择权不同可分为可赎回债券、偿还基金债券、可转换债券和带认股权证的债券，这些选择权不同程度地影响债券的定价。可赎回债券是指公司债券附加提早赎回和以新偿旧条款，允许发行公司选择于到期日之前购回全部或部分债券。偿还基金债券要求发行公司每年从盈利中提存一定比例存入信托基金，定期偿还本金，即从债券持有人手中购回一定量的债券。这种债券的选择权在债券持有人一方。可转换债券是指由公司发行的投资者在一定时期内可选择一定条件转换成公司股票的公司债券。这种债券兼具债权和股权双重属性。带认股权证的债券是指公司债券可把认股权证作为合同的一部分附带发行。带认股权证的债券允许债券持有人按债券发行时规定的条件购买发行人的普通股票，且认股权证也可以转让。

二、债券市场的运行

（一）债券发行市场

1. 债券发行市场的主要参与者。债券发行市场的参与者主要由发行人、投资者（认购者）和承销商等中介人三部分构成。债券发行人即筹资者或债务人，包括国内外的政府和政府机构、大型公司企业及金融机构。债券投资者即债权人，包括国内外个人、公司企业及政府机构，他们是债券市场上的资金供给者。承销商是代理发行人办理债券的发行和销售业务的中介人，由他们负责把债券转售给投资者，通常由投资银行等担任。

2. 债券的发行条件。债券的发行条件直接影响到发行者筹资成本的高低，同时也决定了投资者的收益率，因此，发行条件只有制定得合理，才能保证债券发行成功。一般来说，债券的发行条件是由债券的发行额度、期限、票面利率和发行价格等因素决定的。

（1）发行额。债券的发行额是根据发行者所需资金的数量、发行者的信誉、债券种类以及市场承受能力等因素决定的。有些国家在法律上规定了不同发行者发行债券的最高发行额。

（2）债券的期限。债券的期限应考虑筹集资金的目的和用途、资金运用的周转时间、市场利率变化的发展趋势、流通市场的发达程度及投资人的投资意向等确定。债券期限分为长期、中期和短期三种情况。通常短期为 1 年以内，中期为 1 ~10 年，长期为 10 年以上。

（3）债券的票面利率。确定债券票面利率需考虑以下几个因素：债券的期限、债券的信用等级、有无抵押担保、金融状况、债券利息的支付方法和管理体制的影响。

（4）发行价格。发行价格主要取决于债券期限、票面利率和市场利率水平。附息债券发行价格可以分为三种情况：平价发行、溢价发行和折价发行。

3. 债券发行方式。债券的发行方式分为直接发行和间接发行两种。

（1）直接发行。是发行人自己完成发行程序进行募集的方式。直接发行又可以分为直接募集和出售发行两种情况：①直接募集是发行人不通过中介机构，自己承担发行事务的方式；②出售发行是预先不规定发行数额，由发行人在确定的时间内向公众出售债券，该期限内出售的债券总额即为发行总额。

（2）间接发行。是发行人通过中介机构处理债券的发行事务。现代债券发行，特别是国债发行大部分是采取间接发行的方式。主要有承购包销、招标发行等方式。承购包销是由若干家银行、证券公司等组成承销团包销全部债券，再由承销团成员利用自己的销售网络将债券分销给公众投资者的发行方式。招标发行是债券发行者通过招标的方法决定债券投资者和债券发行条件的发行方式。

（二）债券流通市场

1. 债券流通市场结构。从各国情况来看，债券转让市场主要有两种形式：一种是证券交易所交易，也称场内交易；另一种是柜台交易，也称场外交易。

（1）场内交易。是在证券交易所内进行证券的买卖。这个市场就是场内交易市场。债券在交易所上市交易，要符合一定的条件和规定，并经过严格的审核。交易所作为债券交易的组织者，本身不参加债券的买卖和价格的决定，只是为债券买卖双方创造条件，提供服务，并进行监管。

（2）柜台交易。不符合证券交易所的上市条件或其他原因而没有上市交易的债券，为了实现其流动性，满足买卖双方的需求，形成了场外交易。如在证券公司柜台、银行间市场以及一些机构投资者通过电话、电脑等通信手段进行的债券买卖。在柜台交易中，证券经营机构既是交易的组织者，又是交易的参与者。

2. 债券的交易程序。证券交易所与柜台交易市场的债券交易程序是有区别的。

（1）证券交易所债券交易程序包括开户、委托、成交和交割四个环节。①开户。投资者委托证券经纪商买卖债券，签订开立债券交易账户的契约，填写开户有关内容，明确经纪商与委托人之间的权利和义务。②委托。投资者以书面、电话、计算机等方式向证券经纪商下达委托指令。证券经纪商立即通过它在证券交易所内的代表人或代理人按照委托指令实施债券买卖业务。③成交。买卖成交后办理成交手续。经纪人应于成交的当日填制买卖报告书，通知委托人（投资人）按时将交割的款项或债券交付委托经纪商。④交割。经纪商核对交易记录办理清算交割手续。委托经纪商于营业终了时按债券类别与交易所记录核对无误后，就受托成交的同种债券买卖双方数额进行抵消，抵消后的差额在证券交易所办理清算交割手续。随后受托经纪商再与委托人办理交割债券过户。

（2）柜台交易市场的交易。柜台交易市场的交易分为自营买卖和代理买卖两种业务。①自营买卖。它指证券公司作为交易商为自己买卖债券，赚取价差。基本程序是：证券公司以批发价格从其他证券公司买进债券，然后再以零售价格将债券出售给客户；或者证券公司以零售价格向客户买进债券，然后再以较高的价格批发给其他证券公司。②代理买卖。它指证券公司作为经纪人，根据客户的委托，代理客户买卖债券，赚取佣金。其程序与交易所交易类似。

3. 债券交易方式。目前世界各国常用的交易方式有：现货交易、期货交易、期权交易、信用交易、回购协议交易等。

（1）现货交易。是交易双方在成交后立即交割或在极短的期限内交割的交易方式，通常为T+1至T+3，即在交易达成之后的1~3个工作日内进行交割。

（2）期货交易。是指交易双方在成交后按照期货合约约定的条件进行远期交割的交易方式。从而有利于债券持有人锁定未来的收益。

（3）期权交易。又称选择权交易，也是规避债券价格波动风险的一项金融创新。投资者在支付一定的期权费后，买得一种在将来或规定期限内按约定价格买进或卖出一定数量的某种金融资产或商品（此处为债券）的权利。

（4）信用交易。又称垫头交易，是指交易者凭自己的信誉，通过交纳一定数额的保证金取得经纪人信用进行债券买卖的交易方式。信用交易可分为保证金买空和保证金卖空两种。①保证金买空是指当某种证券行市看涨时，交易者通过交纳一定数额的保证金，由经纪人垫款（即向经纪人融资）代其购入证券的交易方式；②保证金卖空是指当某种证券行市看跌时，交易者通过交纳一定数额的保证金，由经纪人融券向市场抛售的交易方式。

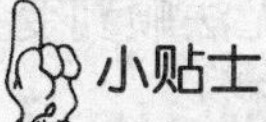
小贴士

我国从2010年4月起，允许一些有条件的证券公司申请办理融资融券业务。

（5）回购协议交易。是交易者在卖出（或买入）债券的时候，事先约定到一定期间后按规定的价格再买回（或卖出）同一品种的债券。其实质是一种以债券作质押的短期资金的借贷交易。同样可以分为质押式回购和买断式回购两种。

三、债券投资的收益与风险

（一）债券投资收益

投资者放弃当前的货币财富去购买债券是为了获取未来的收益，这一收益由三部分组成：

1. 发行人定期支付的利息。这是债券投资收入最基本的组成部分，对于固定利率债券来说，这部分收入是事先确定的，是稳定可靠的。

2. 债券期满或被赎回或被出售时的价差，即资本利得，资本利得可能为正值，也可能为负值。

3. 定期所获现金流量再投资的利息收入。对于长期债券而言，利息再投资的收入是构成债券收益的重要组成部分。

小贴士

当市场利率波动时，资本利得与再投资收入之间存在此消彼长的关系。

想一想

影响再投资收入的因素主要有哪些？

（二）债券投资的风险

上述收益都存在不确定性，可能使债券投资者面临以下一种或多种风险。

1. 利率风险。利率风险是固定收益证券，特别是债券的主要风险。债券价格与利率呈反向变化，即利率升高，债券价格下降；利率下降，债券价格上升。

2. 再投资风险。因市场利率变化而引起再投资收益的不确定性被称为再投资风险。债券持有期越长，即期现金流量越大的债券的再投资风险越大。需要指出的是，利率风险和再投资风险有着此消彼长的关系。

3. 违约风险。又称信用风险，是指当债券发行者发生财务危机进而没有能力履行付息和还本义务时给投资者带来的风险。投资者回避信用风险的最好办法是参考债券评级的结果。

4. 通货膨胀风险。又称购买力风险，是指由通货膨胀所导致的债券实际收益率下降而形成的风险。通胀风险最大的是固定利率债券、优先股票等固定收益证券，因为这类证券的现金流是确定的，不会随通货膨胀率的升高而增加，相对来说，浮动利率债券和普通股票的通胀风险要低一些。

5. 流动性风险。流动性风险主要取决于债券能以其理论值或接近于理论值的价格出售的难易程度。若债券二级市场不发达，交易量很小，则投资者在急需资金时可能无法顺利变现，或者要低价脱手，遭受资本损失，这就是流动性风险。

6. 赎回风险。在市场利率下降时，若发行人行使赎回权利，再以较低利率筹得资本，此时投资者将面临赎回风险。

四、债券的信用评级

信用评级是指信用评级机构对于公开发行的企业债券按照其偿还能力的大小对其信用质量进行级别的评定，以供投资者参考。进行债券信用评级的最主要原因是方便投资者进行债券投资决策。另一个重要原因是减少信誉高的发行人的筹资成本。

目前国际上公认的最具权威性的信用评级机构主要有美国标准·普尔公司和穆迪投资服务公司。上述两家公司负责评级的债券很广泛，包括地方政府债券、公司债券、外国债券等。由于它们占有详尽的资料，采用先进科学的分析技术，又有丰富的实践经验和大量专门人才，因此它们所做出的信用评级具有很高的权威性。标准·普尔公司信用等级标准从高到低可划分为：AAA 级、AA 级、A 级、BBB 级、BB 级、B 级、CCC 级、CC 级、C 级和 D 级。穆迪投资服务公司信用等级标准从高到低可划分为：Aaa 级、Aa 级、A 级、Baa 级、Ba 级、B 级、Caa 级、Ca 级和 C 级。两家机构信用等级划分大同小异。前四个级别债券信誉高，风险小，是“投资级债券”；第五级开始的债券信誉渐次降低，是“投机级债券”。

标准·普尔公司和穆迪投资服务公司都是独立的私人企业，不受政府控制，也独立于证券交易所和证券公司。它们所做出的信用评级不具有向投资者推荐这些债券的含义，只是供投资者决策时参考，因此，它们对投资者负有道义上的义务，但并不承担任何法律上的责任。

小贴士

我国目前缺乏权威的信用评级机构，影响了我国金融市场的完善与发展。

想一想

2010 年 4 月以来，希腊、葡萄牙等欧盟国家政府债券信用等级下调带来了什么影响？

第三节　基金市场

一、基金市场概述

（一）证券投资基金的概念

证券投资基金是指通过发售基金份额，将众多投资者分散的资金集中起来形成独立财产，由基金托管人托管，并由基金管理人分散投资于股票、债券或其他金融资产，并将投资收益分配给基金份额持有人的集合投资方式。世界各国和地区对证券投资基金的称谓有所不同。如“共同基金”、“集合投资基金”等。

（二）证券投资基金的特征

尽管称谓不同，但是它们具有一些共同的特点，主要有以下五点。

1. 集合投资，体现规模优势。证券投资基金将众多投资者的小额资金集中起来，表现出集合投资的特点。单个投资者由于资金规模较小，因此在投资时往往交易量较小，导致较高的交易成本。而证券投资基金可以发挥资金的规模优势，显著地降低交易成本，从而使投资者也能实现与机构投资者类似的规模收益。

2. 组合投资，分散非系统风险。现代证券投资理论表明，组合投资可以规避非系统风险。中小投资者如果要投资多种证券，或者会被资金规模所限，或者会有高额的交易成本。证券投资基金则可以同时投资于数十种甚至数百种证券，使基金所持有的证券组合的非系统风险充分分散。中小投资者若投资于证券投资基金，就相当于用少量的资金购买了一篮子证券，从而能降低投资的非系统风险。

3. 专家管理，服务专业化。证券投资基金由专业的基金管理人进行投资管理。他们比一般的中小投资者在信息、经验、时间、研究能力和投资技巧等方面更具有优势，同时，证券投资基金从发行、交易、申购赎回到收益分配和再投资都有专门的机构负责办理，因此，基金投资者能享受到专业化的投资管理和服务所带来的好处。

4. 监管严格，信息披露透明。证券投资基金拥有较大的资金量，其交易行为会对市场产生一定的影响，因此各国的法律法规都对基金业实行严格的监管。基金发起人、管理人、托管人的资格和职责、基金的投资对象和数量、基金的交易行为都受到一定的限制。同时，关于证券投资基金的多种信息都会被要求进行及时规范的披露，从而有效地保护了基金持有人的利益。

5. 资产管理和财产保管相分离。证券投资基金的管理人只负责基金的投资运作，并不处理基金财产的保管。基金财产则由独立于基金管理人的基金托管人负责保管。资产管理和财产保管相分离使基金管理人和基金托管人能相互监督，相互制衡，从而减少损害基金持有人利益的行为。

（三）证券投资基金的分类

证券投资基金按不同的分类标准有不同的分类方法。

1. 根据组织形式的不同，可以分为契约型基金和公司型基金。

契约型基金是通过基金投资者和基金管理人、基金托管人签订基金契约而设立的。基金契约是一种信托合同，基金投资者作为委托人将自有资金委托基金管理人进行投资运作，委托基金托管人保管基金财产。基金管理人和基金托管人依据基金契约进行运作，基金投资者依据基金契约分享投资收益。

公司型基金是依据公司法和基金公司章程通过向基金投资人募集基金股份而设立的。在公司型基金中，投资者是基金公司的股东，享有股东权利，按所持基金股份分享投资收益并承担有限责任。公司型基金在形式上类似于一般的股份公司，只是它通常不像普通的股份公司那样直接经营和管理资产，而是委托基金管理公司作为专业机构来经营和管理基金资产。

契约型基金和公司型基金的主要区别有以下四点：（1）基金资产的性质不同；（2）投资者的地位不同；（3）基金运作的依据不同；（4）基金的期限不同。

相关链接

契约型基金和公司型基金的区别并不代表它们之间孰优孰劣，事实上，契约型基金和公司型基金在世界许多国家和地区的市场上是并存的，只是相对数量不同而已。美国的共同基金大多是公司型的，而我国到2004年年底为止所设立的证券投资基金都是契约型基金。

2. 根据基金规模是否固定，可以分为封闭式基金和开放式基金。

封闭式基金是指经核准的基金份额总额在基金合同期限内固定不变、基金份额可以在依法设立的证券交易场所交易，但基金份额持有人不得申请赎回的基金运作方式。

开放式基金是指基金份额总额不固定、基金份额可以在基金合同约定的时间和场所申购或者赎回的基金运作方式。

封闭式基金和开放式基金在运作中存在着如下区别：（1）存续期不同；（2）规模不同；（3）交易方式和场所不同；（4）基金价格的形成方式不同；（5）基金的激励约束机制和基金的投资策略不同。

相关链接

《中华人民共和国证券投资基金法》规定，封闭式基金在存续期结束后，可以进行展期、扩募或转换为开放式基金。目前，我国的封闭式基金的存续期大多在15年左右。

小贴士

目前在我国，除了上市型开放式基金（LOF）以外，开放式基金一般不在证券交易所交易。

此外，还可按募集方式的不同分为公募基金和私募基金；按投资目标的不同分为收入型基金、成长型基金和平衡型基金；按投资对象的不同分为股票型基金、债券型基金、混合基金和货币市场基金；按资金来源或资金投向的地域不同分为国内基金、国家基金、区域基金和国际基金。

二、基金市场的运行

证券投资基金的运作即基金市场的运行，可分为发行和交易两个阶段。

（一）证券投资基金的发行

1. 证券投资基金发行的一般过程。证券投资基金的发行也称证券投资基金的募集，是指基金管理公司根据有关规定向证券监管机构提交募集文件，发售基金份额，募集基金的行为。一般来说，基金的发行要经过申请、核准、发售、备案和公告四个步骤。

（1）申请。基金发行的申请是基金发行的第一步。世界各国和地区对基金的发行都有一定的条件限制，只有符合一定要求的法人机构才能作为证券投资基金的发起人，申请设立基金。尽管具体条件各不相同，但主要包括以下几点：①发起人必须为依法设立的证券公司、信托投资公司、基金管理公司；②发起人的实收资本、从业经验和盈利记录必须达到一定要求；③发起人的组织机构、管理制度和财务状况必须达到一定要求。

基金发起人向监管机构提交发行申请时，必须附上一系列文件，其中最重要的是基金合同和基金招募说明书。基金合同载明了基金管理人、基金托管人和基金份额持有人的权利义务关系；基金招募说明书则是基金的自我介绍，它向投资者提供了基金的详情，以便投资者做出是否投资该基金的决策。

（2）核准。证券监管机构在收到基金发起人设立基金申请后的一定时间内，会按照相关法律法规对基金发起人的资格和发起人提交的文件进行审查，做出是否予以批准设立的答复。基金发起人只有在发行申请被批准后才能开始发售基金份额。

（3）发售。基金份额的发售一般由基金管理人负责办理。基金份额在发售时会有一个规定的时间段，即募集期，基金的发售必须在募集期内完成。在募集期结束后，如果符合规定的条件，即可宣告成立。这些条件包括：基金募集的份额要达到核准份额的一定比例；基金持有人必须达到一定数量等等。

（4）备案和公告。证券投资基金宣告成立后，基金管理人应当在法定时间内聘请验资机构验资。验资结束后，基金管理人应当向监管部门办理备案手续，并予以公告。

2. 证券投资基金的发售与认购。由于封闭式基金和开放式基金交易机制不同，因此，它们的发售和认购途径也不相同。

（1）封闭式基金的发售和认购。封闭式基金的发售一般通过证券交易所的网络系统以及网下配售进行。投资者可以委托经纪人认购封闭式基金份额。封闭式基金的发售价格一般为面值加上发售费用。

（2）开放式基金的发售和认购。

① 开放式基金的发售。开放式基金一般不在证券交易所上市，它的发售通常由基金管理公司负责办理。基金管理公司可以委托商业银行、证券公司、证券投资咨询机构、专业基金销售机构等机构代理开放式基金份额的发售。

② 开放式基金的认购。投资者一般通过基金管理公司的直销中心、商业银行以及证券公司进行开放式基金的认购。投资者进行基金的认购时，需分别开立基金账户和资金账户。基金账户用于记录基金持有人的基金份额及其变动情况，资金账户则分管投资者认购、申购、赎回基金份额以及基金分红时的资金结算。开放式基金的认购采取金额认购的方式。认购开放式基金，需要缴纳一定的认购费。不同种类开放式基金的认购费率不完全相同。一般而言，基金的认购费率随着基金风险的增加而增加。货币市场基金一般不设认购费用，债券型基金的认购费率一般低于1%，股票型基金的认购费率最高，一般可达1.5%。另外，开放式基金的认购费率会随着认购金额的增加而递减。

在前端收费的模式下，开放式基金认购费用的确定和认购份额的计算有两种方法：金额费率法和净额费率法。

想一想

金额费率法和净额费率法在认购费用和认购份额上有何不同？

（二）证券投资基金的交易

1. 封闭式基金的交易。封闭式基金募集完毕后，如果满足一定条件，就可以在证券交易所挂牌上市了。这些条件包括：基金的封闭期达到一定的年限；基金的募集资金额达到一定数量；基金份额的持有人达到一定数目。

与进行股票交易相类似，投资者要进行封闭式基金的交易，必须开立证券账户或是基金账户，同时必须有资金账户。封闭式基金的交易规则与股票交易基本类似，只是不需要缴纳印花税，并且佣金和过户费也比股票低。

想一想

为什么通常封闭式基金交易最小变动价位比股票交易的最小变动价位低?

2. 开放式基金的申购和赎回。封闭式基金的交易在基金投资者之间进行，而开放式基金的申购和赎回，则在基金投资者和基金管理人之间进行。

（1）开放式基金申购和赎回的定义和一些基本规则。开放式基金的申购是指在基金募集期结束后申请购买基金份额的行为；开放式基金的赎回是指基金持有人要求基金管理人购回其持有基金份额的行为。开放式基金的申购和赎回会相应增加和减少基金总份额。申购或赎回可以通过基金管理公司的直销中心或其代理机构完成。申购和赎回办理的时间与证券交易所开市的时间一致。开放式基金以金额申购、份额赎回。并且要支付申购费和赎回费。

（2）“已知价”和“未知价”。投资者在进行开放式基金的申购和赎回时，其申购、赎回价格的确定一般分为“已知价”法和“未知价”法两种。“已知价”是指开放式基金前一日的份额净值。“未知价”是指当日证券市场收盘后开放式基金的份额净值。我国开放式基金的申购和赎回通常使用“未知价”的原则。

想一想

为什么开放式基金的申购和赎回通常使用“未知价”?

（3）开放式基金的巨额赎回。开放式基金的巨额赎回是指单个开放日净赎回申请超过上一日基金总份额的10%的情况。巨额赎回将使基金管理人面临巨大的流动性风险，所以，基金管理人处理巨额赎回时有两种办法：接受全部赎回申请或接受部分赎回申请并对剩余份额延期处理。基金管理人可以在发生巨额赎回申请的当日接受不低于上一日基金总份额10%的赎回申请，对其余份额延期办理。当日受理的赎回份额按每个投资者的申请份额占总申请份额的比例进行分摊，其余的份额转入下一日办理，直到全部处理完毕。当开放式基金连续两天发生巨额赎回时，基金管理人可以暂停接受赎回申请。

想一想

为什么巨额赎回将使基金管理人面临巨大的流动性风险?

知识要点

1. 资本市场是以期限在一年以上的金融资产为交易工具的中长期资金融通市场。资本市场是金融市场的核心市场。资本市场可分为中长期信贷市场和证券市场。其中证券市场包括股票市场、债券市场、基金市场等。

2. 股票是有价证券的一种主要形式。股票可以从不同角度分类；股票市场的运行主要是关于股票的发行以及流通的制度性安排。在股票的发行中涉及发行的制度、方式、程序、定价等；在股票的交易中涉及证券交易所的制度以及场外交易等；股票投资的收益和风险是相伴的，股票的收益主要来源于股息收入、资本利得和公积金转增股本的收益。股票的风险包括系统风险和非系统风险。

3. 债券是按法定程序发行的要求发行人按约定的时间和方式向债权人和投资者支付利息和偿还本金的一种债务凭证。债券可以从不同角度分类。债券市场由发行市场和流通市场构成。债券投资的收益和风险也是相伴而生的。

4. 证券投资基金是一种利益共享、风险共担的集合投资方式，其独特的性质和特征使其在资本市场中发挥着重要的作用。证券投资基金可以有不同的分类方式。基金市场的运作分为基金发行和基金交易两个阶段。封闭式基金和开放式基金的发行和交易过程均存在着诸多不同。

课堂讨论题

我国股票市场的波动往往与世界主流市场不同步，你认为主要原因是什么？而我国创业板市场的前景又会如何？

推荐阅读

1. ［美］巴菲特，克拉克．巴菲特法则．北京：中信出版社，2008

2. ［美］特雷恩．巴菲特教你选股．北京：中信出版社，2010

3. 霍雯雯．证券投资学．北京：高等教育出版社，2008

4. 张亦春等．金融市场学．北京：高等教育出版社，2008

5. 李俊芸．金融实务．长沙：湖南人民出版社，2009

6. ［美］帕特·多尔西．炒股真规则——世界顶级评级机构的投资真经．北京：中信出版社，2006

7. 陈东．道氏理论——股票市场分析的基石．北京：中国经济出版社，2007

第八章

国际金融

学习目标

通过本章学习，使学生重点掌握以下内容：外汇、汇率的概念与种类；汇率的变动与影响；国际收支的含义；国际收支平衡表的内容；国际收支失衡的影响与调节；国际储备的构成、作用及其管理。

案例导读

20 世纪 90 年代以来，世界上刮起的几大金融风暴都和一个名叫乔治·索罗斯的人有关。1992 年，欧洲货币体系动荡不安，英镑被迫脱离这一体系，索罗斯是始作俑者；1995 年的墨西哥金融危机和 1997 年的东南亚金融风暴都与索罗斯的“兴风作浪”有关。对于索罗斯这个人，一些人仰慕不已，认为他是一位“投资天才”；另一些人则对他深恶痛绝，称他为“不择手段的金融海盗”。马来西亚前总理马哈蒂尔断言，索罗斯是 1997 年东南亚金融风暴的罪魁祸首，指责索罗斯“像毒品犯子一样，摧毁了贫穷国家的经济”。马哈蒂尔对索罗斯的抨击，引起了一场有关索罗斯及金融投机的大辩论。一些西方舆论为索罗斯辩护，认为东南亚金融风暴的主要原因在于泰国经济情况不好。言外之意，苍蝇不叮无缝的蛋，关键在于如何管理好自己的经济。这些人还拿新加坡与中国香港作例子，说在这场货币危机开始时，新加坡元和港币也受到波及，但很快就被遏制住了。这是因为这两个地方经济比较成熟，外汇储备雄厚，外国投机者不敢轻举妄动。但亚洲的一些舆论却认为，索罗斯是一个乘人之危大发横财的不义之徒，其所作所为扰乱了市场正常秩序，如果人人都步索罗斯的后尘，搞乱市场，套取暴利，市场也就不会存在了。这些舆论认为，经济出现弱点不一定导致灾难性的结局，可一旦受到有计划的冲击，便等于剥夺了其自我调整的机会，因此，索罗斯等人在东南亚金融危机中的作用是显而易见的，其破坏性也是巨大的。

为什么一个投机者的操作能对世界经济带来如此巨大的影响？在这里，我们有必要了解国际金融的一些基本范畴如外汇、汇率、国际收支和国际储备等相关内容。

小贴士

国际金融包括的范围非常广泛，除了上述内容外，还有国际资本流动、国际货币体系、外汇市场与外汇交易、国际结算等。

第一节　外汇与汇率

一、外汇的含义与种类

外汇（Foreign Exchange）是指以外国货币表示的用于国际结算的支付手段。我国外汇管理条例中所指的外汇包括外国货币、外币有价证券、外币支付凭证以及其他性质的外汇资产和特别提款权等。国际货币基金组织认为，外汇是货币当局（中央银行、财政部、外汇平准机构等）以银行存款、国库券、政府公债等形式所保有的、在国际收支逆差时可以使用的债权。

外汇可分为两类：一类是自由外汇，即那些可以自由兑换的外国货币，此类货币可以在国际金融市场上不受任何限制地兑换成其他国家的货币，或用于对第三国进行支付。目前，美元、日元、欧元、英镑、瑞士法郎等都是主要的可自由兑换的货币。另一类叫记账外汇(也叫双边外汇或协定外汇)，它是指在两国政府间签订的支付协定或清算协定中规定使用的货币。未经货币发行国家货币管理当局批准，记账外汇不能兑换成其他国家的货币或对第三国支付，协议国双方在指定的银行开立专门账户对交易产生的债权债务进行记录，而不产生实际的货币收付，年终的收支差额通常转入下一年度。

目前，世界上能作为自由外汇的货币 30 多种，但真正在外汇市场上有广泛交易的只有 10 多种。

想一想

人民币是自由外汇吗？其标志是什么？

二、汇率及其标价方法

汇率（Exchange Rate）是指两种货币之间的兑换比率，或者说是以一国货币所表示的另一货币的价格。外汇买卖以汇率为基础，因此汇率又叫汇价或外汇行市。汇率的表示方法称为标价法，它可分为以下三种：

（一）直接标价法（Direct Quotation System）

以本国货币表示外国货币价格的标价方法称为直接标价法。其特点是，外国货币的量是固定不变的，一般是 1 个单位或 100 个单位，本国货币的量是可变的，随着本国货币和外国货币的币值变化而变化。目前，绝大多数国家都采用此法，我国也不例外。比如，某日在东京外汇市场：

$1 = J￥87.620

（二）间接标价法（Indirect Quotation System）

以外国货币表示本国货币价格的标价方法就是间接标价法。其特点是，本国货币的量固定不变，外国货币的量随着本国货币或外国货币币值的变化而变化。间接标价法主要在美国和英国使用。例如，某日伦敦外汇市场上美元、瑞士法郎的汇率分别为：

£1 = $1.5250

£1 = SF1.6860

想一想

对同一货币来说，直接标价法和间接标价法之间存在着一种怎样的关系？

（三）美元标价法（U.S，Dollar Quotation）

标示美元与其他各国货币价格的标价方法就是美元标价法。美元标价法又分为单位元标价法和单位镑标价法两种。单位元标价法是以其他非美元货币标示美元的价格。例如：某日瑞士某外汇银行挂出自己的外汇牌价为：

$1 = J￥87.630

$1 = S$1.0460

单位镑标价法则是以美元标示其他非美元货币的价格。目前主要有五种货币：欧元、英镑、爱尔兰镑、澳大利亚元、新西兰元采用此标价法。例如：某日东京外汇市场的外汇牌价为：

£1 = $1.5270

A$1 = $0.8530

西方各大银行、主要外汇市场的外汇标价多采用美元标价法，以便于日常外汇交易中对各种货币的汇率进行比较，尤其便于和美国外汇市场的汇率进行比较，从而迅速、准确地进行交易。

温馨提示

在外汇交易中，人们通常把各种标价方法下数量单位固定不变的货币叫做基准货币或单位货币，数量单位变化的货币叫做报价货币或计价货币。

三、汇率的种类

外汇汇率可从不同角度分类，便于我们进一步认识汇率。

（一）从银行外汇买卖的角度可分为买入汇率与卖出汇率

买入汇率是指报价银行购买1单位被报价货币愿意支付的价格。卖出汇率是指报价银行出售1单位被报价货币所要求的价格。买入汇率和卖出汇率简称买价和卖价。银行报价采取报双价原则，且卖价高于买价，买卖之间的差价为1‰～5‰。比如某银行报价：£1 = \$1.5370——1.5380。其含义是：报价银行愿按1.5370美元的价格买入1英镑；同时，每出售1英镑向对方收取的价款是1.5380美元。

买入汇率与卖出汇率的平均值称为中间汇率（或中间价）。在各种文献和媒体上，人们对汇率进行经济分析时通常使用中间汇率。

相关链接

在未注明的情况下，买入汇率和卖出汇率指的是银行买卖以外币为面值的汇票等支付凭证（现汇）时的汇价。银行在买卖外币现钞时使用的是现钞价。在我国，现钞的买入价比现汇的买入价低，现钞的卖出价和现汇的卖出价相同。

（二）按外汇交易方式的不同可分为即期汇率与远期汇率

即期汇率是指外汇买卖成交后在两个工作日内办理交割时要使用的汇率。远期汇率是买卖双方预先约定的在将来某一时期办理交割时要使用的汇率。远期汇率有两种基本的报价方法：

1. 直接报价法，即直接报出远期汇率的办法。日本和瑞士采用这种远期汇率报价方法。比如某日在东京市场，银行报价：

即期：	\$1 = J￥87.530——87.540
30天：	\$1 = J￥88.550——88.580
60天：	\$1 = J￥89.590——89.660

想一想

若日本某出口商与银行签订两个月远期美元合同，其合同汇率是多少？

2. 点数报价法，即以远期汇率和即期汇率的差价来标明远期汇率的办法。英国、德国、美国和法国等国家采用这种方法。远期差价指远期汇率与即期汇率的差额，它的大小用基本点表示。

小贴士

在表明汇率的5位数字中（报5位有效数字），最后一位数字的1个单位为1个基本点。例如：在纽约外汇市场上，澳大利亚元的汇率由0.8630变为0.8635，则表明汇率变动了5个基本点。

远期差价有升水、贴水和平价三种情况。升水表示远期汇率高于即期汇率；贴水表示远期汇率低于即期汇率；平价表示二者相等。

即期汇率的买入价和卖出价的排列顺序总是前小后大；远期差价的排列则有前小后大和前大后小两种情况。但是，无论银行使用何种标价法，我们计算远期汇率时的规则是：前小后大往上加，前大后小往下减。

例如：某日银行报出的英镑对美元的汇价为：

即期：　　　　　　　　　　£1 = \$1. 5570——1. 5580

3 个月：　　　　　　　　　　　70——40

6 个月：　　　　　　　　　　　50——100

则 3 个月远期汇率为：

£1 = \$(1. 5570 - 0. 0070)——(1. 5580 - 0. 0040) = \$1. 5500——1. 5540

而 6 个月远期汇率为：

£1 = \$(1. 5570 + 0. 0050)——(1. 5580 + 0. 0100) = \$1. 5620——1. 5680

根据即期汇率和远期汇率，我们可以计算出远期升贴水年率。

（三）按汇率制定的方式不同可分为基本汇率和套算汇率

基本汇率是本国货币与关键货币的汇率。关键货币是指在本国的对外交往中使用最多的外币。现在多数国家都把美元作为关键货币。

套算汇率又叫交叉汇率，是根据基本汇率以及关键货币与其他货币的汇率计算出本国货币与其他货币的汇率。套算汇率的计算方法包括交叉相除和对应相乘两种。套算汇率的计算过程实际上是一个以关键货币为中介的套汇过程。

［例 1］已知：\$1 = SF1. 0340——1. 0350

\$1 = J￥87. 520——87. 530

则　　　　SF1 = J￥87. 520/1. 0350——87. 530/1. 0340（交叉相除）

即　　　　SF1 = J￥84. 560——84. 652

同理，可算出 J￥对 SF 的交叉汇率。

［例 2］已知：£1 = \$1. 5270——1. 5290

\$1 = HK\$7. 7850——7. 7870

则　　　　£1 = HK\$7. 7850 × 1. 5270——7. 7870 × 1. 5290（对应相乘）

即　　　　£1 = HK\$11. 888——11. 906

同理，可算出 HK \$对£的交叉汇率。

此外，按资金汇划方式的不同可分为电汇汇率、信汇汇率和票汇汇率；按汇率决定者的不同可分为官方汇率和市场汇率；按汇率适应的范围不同可分为同业汇率和商业汇率；按衡量货币价值的角度不同可分为名义汇率、实际汇率和有效汇率。

四、汇率的变动与影响

（一）影响汇率变化的因素

作为一国货币对外价值的表示形式，汇率受到国内和国际因素的影响。因此，汇率的变动常常捉摸不定，难以预测。主要因素有：

1. 国际收支。国际收支是短期内影响一国汇率变动最直接的因素。国际收支顺差通常引起本币对外升值；国际收支逆差则导致本币对外贬值。

2. 相对通货膨胀率。货币对外价值的基础是对内价值。货币的对内价值（物价水平）可以用通货膨胀率来表示，其对汇率的影响是，通货膨胀率高的货币其对外汇率也会下降。通货膨胀率主要是影响一国货币汇率的中长期变化趋势。

3. 相对利率水平。利率是对金融市场资金状况的一种反映。短期内，两国利率的差异是决定汇率的主要因素，通常利率高汇率升，利率低汇率降。

温馨提示

要注意利率因素发挥作用是有一定限定条件的。

4. 经济增长率的差异。实际经济增长率与未来的汇率变动有着更为复杂的关系，可能导致本币升值，也可能导致本币贬值。具体要看一国的经济类型、经济增长途径和时期。

此外，影响汇率变化的因素还有财政货币政策、汇率政策、国际储备、心理预期等。所以，影响汇率变化的因素是多方面的，我们在分析一国货币汇率变化时，要具体情况具体分析。而且，汇率预测的实际效果取决于能否正确判断将来的汇率变化方向，而并非简单地取决于预测误差的大小。

想一想

导致现阶段人民币汇率变化的主要原因是什么？为什么？

（二）汇率变化对经济的影响

汇率变动受诸多经济因素的影响，反过来汇率变动也会影响经济的运行。这也是当今世界各主要国家关注汇率、重视汇率变化的原因所在。汇率变动的经济影响也是多方面的。归纳起来讲，主要有以下方面：

1. 汇率变动对贸易收支的影响。在其他条件不变的前提下，一国货币贬值会改善其贸易收支，而升值则会恶化贸易收支。

温馨提示

利用汇率变动调节国际收支必须考虑进出口商品的供求弹性和时滞效应。

2. 对非贸易收支的影响。通常，本币贬值有助于改善非贸易收支，而升值则会恶化非贸易收支。

3. 对国际资本流动的影响。资本国与国之间流动的目的是为了获得较高的收益。汇率变动会对以某一货币表示的资产价值和收益产生较大影响，因而会影响到资本的流向。由于长期资本项目与短期资本项目的特点不同，汇率变动的影响也不尽相同。对长期资本项目来说，如果汇率变化是一次性的，会使资本从升值国流向贬值国。而短期资本项目则不同，贬值会使短期资本外逃，升值则会导致短期资本流入。同时，汇率变动还会影响一国储备资产和对外债权债务的变化。

4. 对国内物价的影响。影响物价是一国货币汇率变动对国内经济最为直接的作用。通常情况下，一国货币对外贬值会引起国内物价上涨，而升值会导致物价下降。

5. 对国民收入和就业的影响。一般来讲，一国货币对外贬值会带动国民收入增长、就业上升，反之，则会阻碍经济增长、扩大失业。

想一想

既然货币贬值会带动国民收入增长、就业上升，为何我们要对人民币升值？

6. 对产业结构的影响。不同产业收益的变化，使稀缺资源在各产业中重新分配，导致产业结构的变化。笼统地讲，货币贬值有助于提高资源配置效率、完善产业结构。

7. 汇率变化对世界经济的影响。一国货币汇率变化还可能对世界经济产生影响，一般国家汇率的变动只会对贸易伙伴国的经济产生一定的影响，而主要工业化国家、尤其是储备货币国汇率的变化，不仅仅是影响储备资产的实际价值和结构，更是对国际贸易、国际投资、国际金融市场（包括汇市、股市、期市）带来大的冲击。

相关链接

在布雷顿森林体系时期，美国曾实行高估美元汇率的政策。这种政策使美国跨国公司得以廉价购买其他国家的资源，促进了美国的资本输出。在20世纪70年代初，美元两次大幅度贬值，使以美元计价的初级产品出口收入受到损失，并使各国美元储备的实际价值下降。

在当前的浮动汇率制下，一些国家经常用压低本国货币汇率的手段争取贸易顺差和摆脱经济停滞局面。但是，一国的贸易顺差是以其他国家贸易逆差为代价的。因此，它会引起国家之间的贸易战、货币战加剧。从世界角度来看，各国货币汇率的频繁波动加大了国际贸易和国际金融活动中的风险，为外汇交易中的投机行为提供了可乘之机；同时，也促进了区域性货币集团的形成和发展。

五、汇率制度与人民币汇率

（一）汇率制度的种类

汇率制度（Exchange Rate System）又叫汇率安排，它是一国货币当局对本国货币汇率变动的基本方式所作的一系列安排或规定。汇率制度大体可分为两类：固定汇率制度和浮动汇率制度。

1. 固定汇率制率（Fixed Exchange Rate System）。固定汇率制度是指两国货币比价基本固定（平价），并且比价波动的幅度控制在一定范围内。金本位制时期和第二次世界大战后的布雷顿森林体系时期都实行这种汇率制度。其最大的优点就是避免了国际经济交往中的汇率风险，有利于国际贸易和国际投融资的发展。

2. 浮动汇率制度（Floating Rate System）。浮动汇率制度是指现实汇率不受平价的限制，随外汇市场供求变化而波动的汇率制度。1973年以后，尤其是黄金非货币化后，世界各主要国家实行的都是浮动汇率制度。按政府（货币当局）对汇率是否干预，又分为自由浮动和管理浮动两种。现实中，真正的自由浮动是不存在的，各国实行的都是干预程度不同的管理浮动。可见，在浮动汇率制度下，政府（货币当局）的作用尤为重要。

（二）人民币汇率制度

随着经济、金融体制改革的不断深化，外汇管理体制改革也不断推进，人民币汇率形成机制进一步完善。2005年中国人民银行对我国汇率制度做出了重大变革，主要内容是：从2005年7月21日起，我国开始实行以市场供求为基础、参考“一篮子”货币调节、有管理的浮动汇率制度。

现行人民币汇率的形成机制是以银行结售汇制度为基础，机构和个人卖出或购买外汇通过外汇指定银行，外汇指定银行又根据结售汇周转头寸管理的规定，进入银行间外汇市场，卖出多余或补充不足的外汇头寸，进而生成人民币汇率。

想一想

目前，人民币汇率不断上升，你认为是好事还是坏事？为什么？

相关链接

世界外汇市场是由各国际金融中心的外汇市场构成的，这是一个庞大的体系。目前世界上有外汇市场30多个，其中最主要的有伦敦、纽约、法兰克福、巴黎、苏黎世、东京、新加坡、香港等，它们各具特色，分别位于不同的国家和地区，并相互联系。由于所处的时区不同，各外汇市场在营业时间上此关彼开，相继挂牌营业，相互之间通过先进的通讯设备和计算机网络连成一体，市场的参与者可以在世界各地进行交易，外汇资金流动顺畅，市场间的汇率差异极小，形成了全球一体化运作、全天候运行的统一的国际外汇市场。

表8-1　国际重要汇市交易时间

外汇市场	当地时间	北京时间
澳大利亚悉尼	09：00—17：00	06：00—14：00
日本东京	09：00—15：30	08：00—14：30
新加坡	09：00—16：00	09：00—16：00
中国香港	09：00—16：00	09：00—16：00
德国法兰克福	08：30—17：30	15：30—00：30
英国伦敦	08：30—17：30	15：30—00：30
美国纽约	09：00—16：00	21：00—04：00

第二节　国际收支

国际收支是反映一国宏观经济状况的重要指标，国际收支失衡的原因、影响及其调节理论，是国际金融理论的重要组成部分。维持国际收支平衡是一国宏观经济的四大目标之一。

一、国际收支的概念

国际收支（Balance of Payments）是指一定时期内一国居民与非居民之间全部经济交易的系统记录。要理解国际收支的概念必须把握以下几点：

1. 国际收支记录的是居民与非居民之间的交易。居民是一个广义的概念，包括自然人和法人。个人居民身份的认定办法是：首先，身在国外且代表本国政府的个人，如军人、驻外使馆工作人员都是派出国的居民；其次，身在国外的居民则以利益中心作为标准来判断，利益中心不清楚的以工作地为标准，工作地不清楚的则以长期居住地为标准。企业等法人居民身份的认定以其注册登记地为准。派驻国外的政府机构无论时间长短都属于它所代表的国家的居民。国际组织，比如联合国、国际货币基金组织和世界银行等对任何国家来讲都是非居民。

2. 国际收支是全部经济交易的系统记录。包括以下四类：（1）交换。即一交易者（经济体）向另一交易者（经济实体）提供一定经济价值并从对方得到价值相等的回报。这里的经济价值，可概括为实际资源（货物、服务、收入）和金融资产。（2）转移。即一交易者向另一交易者提供了经济价值，但是没有得到任何补偿。（3）移居。指一个人把住所从一经济体搬迁到另一经济体的行为。移居后，该个人原有的资产负债关系的转移会使两个经济体的对外资产、债务关系均发生变化。（4）其他根据推论而存在的交易。在一些情况下，可以根据推论确定交易的存在，即使是实际流动并没有发生，也需要在国际收支中予以记录。

小贴士

根据推论存在的交易如国外直接投资者收益的再投资。投资者海外子公司所获得的收益，一部分是属于投资者本人的，如果这部分收益用于再投资，则必须在国际收支中反映出来，尽管这一行为并不涉及两国间的资金与劳务的流动。

3. 国际收支是一个流量的概念。流量是一定时期内发生的变量变动的数值。国际收支一般是对一年内的交易进行总结，所以它是一个流量的概念。

二、国际收支平衡表的内容与记账方法

（一）国际收支平衡表的内容

国际收支平衡表是指国际收支按照特定账户分类和复式记账原理编制的会计报表。国际货币基金组织已经出版了《国际收支手册》第五版，对国际收支平衡表的编制所采用的概念、准则、管理、分类方法以及标准构成都作了统一的说明。按照这一规定国际收支账户可分为三大类：（1）经常账户；（2）资本与金融账户；（3）错误和遗漏账户。

1. 经常账户（Current Account）。经常账户是指对实际资源在国与国之间的流动行为进行记录的账户。它包括以下项目：货物、服务、收入和经常转移。

（1）货物（Goods）。货物包括一般商品、用于加工的货物、货物修理、各种运输工具在港口购买的货物和非货币黄金。

（2）服务（Services）。包括运输、旅游、通讯、金融、计算机服务、专有权征用以及其他商业服务等。

（3）收入（Income）。包括居民和非居民之间的两大类交易：①支付给非居民的工资报酬；②投资收入项下有关对外金融资产和负债的收入和支出。

（4）经常转移（Current Transfers）。又称无偿转移或单方面转移。包括所有非资本转移项目的转移，是指商品、劳务或金融资产在居民和非居民之间转移后，并未得到补偿和

回报。

2. 资本和金融账户（Capital and Financial Account）。资本和金融账户是指对资产所有权在国与国之间流动行为进行记录的账户。它包括资本账户（Capital Account）和金融账户（Financial Account）两大部分。

资本账户包括资本转移和非生产、非金融资产的收买和放弃。资本转移主要是指投资捐赠和债务注销；非生产、非金融资产的收买和放弃是指各种无形资产如专利、版权、商标、经销权以及租赁和其他可转让合同的交易。

金融账户包括了一个经济体对外资产和负债所有权变更的所有交易。根据投资类型或功能，金融账户可以分为直接投资、证券投资、其他投资、储备资产四类。与经常账户不同，金融账户的各个项目并不按借贷方总额来记录，而是按净额来记入相应的借方或贷方。

3. 错误和遗漏账户（Errors and Omissions Account）。简单地说，由于从事国际交往的行为主体成千上万，统计时难免发生差错，因而，一切统计上的误差均归入错误和遗漏账户。

（二）国际收支平衡表的记账方法

复式记账法是国际会计的通用准则，即每笔交易都是由两笔价值相等、方向相反的账目表示。国际收支平衡表也采用复式记账法。

在会计上，商品劳务的进出口和从外国获得的净要素收入等经济行为都对应着一国对外资产负债的相应变化，即一笔贸易流量对应着一笔金融流量。因此，我们可以运用复式记账法的基本原理，将国际收支的各种经济行为归入两类账户：反映商品、劳务进出口及净要素支付等实际资源流动的纳入“经常账户”；反映资产所有权流动的纳入“资本和金融账户”。这样，同一行为就在不同账户被记录两次，从而较为完整科学地反映出一国国际收支状况。

根据复式记账的惯例，不论是对于实际资源还是金融资产，借方表示该经济体资产（资源）持有量的增加，贷方表示资产（资源）持有量的减少。所以，记入借方的账目包括：（1）反映进口实际资源的经常项目；（2）反映资产增加或负债减少的金融项目。记入贷方的项目包括：（1）表明出口实际资源的经常项目；（2）反映资产减少或负债增加的金融项目。

做一做

若我国某企业出口收汇500万美元，存款存入外汇银行。在国际收支平衡表中应如何记录?

三、国际收支失衡的影响

现实中国际收支的平衡是相对的，失衡才是绝对的。而长时期的、严重的国际收支失衡，不论逆差还是顺差都会给一国经济造成一定的不利影响。

（一）逆差影响

1. 逆差会造成本国货币对外贬值；
2. 逆差会造成本国外汇储备的减少，国际信誉下降；
3. 逆差可能会使本国出现国民收入下降、失业增加的现象；

4. 逆差可能会导致本国资本大量外流，造成国内资金紧张，利率水平上升，使投资减少，国民收入下降，失业上升。

(二) 顺差的影响

顺差虽然为一国积累外汇储备提供了条件，但是，长期和严重的国际收支顺差也给一国带来消极影响。

1. 顺差使本国货币面临对外升值的压力，不利于本国生产的扩大和经济的增长；

2. 顺差可能会增加本国外汇储备，使本国货币供应量相应增长，从而加剧本国的通货膨胀的压力；

3. 顺差可能会恶化国际经济关系；

4. 顺差会加剧国内资源的紧张，从而影响一国经济的长远发展。

想一想

我国持续的、巨额的国际收支顺差对我国经济有何影响？

四、国际收支的调节政策

国际收支失衡后，有时并不需要政府立即采取措施来加以消除，经济体系中存在着某些机制，往往能够使国际收支失衡至少在某种程度上得到缓和，乃至自动恢复均衡。这种功效在不同国际货币制度下是不同的。但是国际收支的自动调节机制只能在某些条件或经济环境下才会发生作用，而且作用的程度和效果无法保证，所需要的过程也比较长。因此，当国际收支出现失衡时，一国当局往往不能完全靠经济体系的自动调节机制来使国际收支恢复均衡，而需要主动采取适当的政策措施。这些政策主要有：

(一) 外汇缓冲政策

外汇缓冲政策是指一国政府把黄金外汇储备作为缓冲体，通过中央银行在外汇市场上买卖外汇，来消除国际收支不平衡造成的外汇供求缺口，从而使国际收支不平衡所产生的影响仅限于外汇储备的增减，而不至于进一步影响国内经济。这一政策的优点是简单易行；缺点是不适于对付长期的、巨额的国际收支失衡。

(二) 财政和货币政策

财政、货币政策是一国的宏观经济政策，通过财政货币政策的调整可以影响一国的社会总需求，进而对国际收支产生影响。当一国出现国际收支逆差时，当局可以实行紧缩性的财政货币政策进行调节；而当国际收支顺差时，则可以采取扩张性的财政货币政策进行调节。然而，这类政策的局限性在于，国际收支的改善是以牺牲国内经济为代价的。往往与国内经济目标发生冲突。因此，这类政策主要适宜于用来纠正国际收支的周期性赤字。当一国同时面临国内、国际内外两个经济目标时，政府在宏观经济政策运用时还要注意财政政策与货币政策的搭配，一般是以财政政策对内、货币政策对外。

想一想

财政政策手段和货币政策手段有哪些？什么是扩张性政策？什么是紧缩性政策？

（三）汇率政策

汇率政策是指运用汇率的变动来消除国际收支差额。国际收支逆差时降低本币汇率，顺差时提高本币汇率。但汇率变动能否产生预期效果取决于诸多条件，如进出口商品的供求弹性、国内承受能力（特别是通胀的压力）以及时滞效应等。

（四）直接管制

对于结构性变动所引起的国际收支失衡，以上政策都难以收到良好的效果。因此，在出现国际收支结构性失衡时，许多发展中国家都是采取直接管制的方式。即政府通过发布行政命令，对国际经济交易进行直接干预，以求国际收支平衡的政策措施。从实施的性质来看，直接管制的措施包括数量管制和价格管制。前者主要针对进口来实施，包括进口配额、进口许可证制、外汇管制等各种非关税进口壁垒。后者既可用于减少进口支出，也可以用来增加出口收入，如出口补贴、出口退税、外汇留成、出口信贷优惠等。从实施的效果来看，直接管制往往能在短期内产生立竿见影的效果，但不能从根本上解决国际收支失衡问题，而且，还会恶化国际经济基础关系。

相关链接

一国的国际收支调节政策往往对本国和他国经济造成一定的影响，因此，政府在选择国际收支调节政策时应遵循以下原则：(1) 根据国际收支不平衡的性质选择国际收支调节方式，如偶发性和周期性不平衡可以用外汇缓冲政策，货币性不平衡可以选择汇率政策，收入性不平衡可以运用财政货币政策，而结构性不平衡则通常采取直接管制；(2) 尽量避免国际收支调节措施给国内经济带来的消极影响；(3) 注意减少国际收支调节措施对其他国家的刺激。

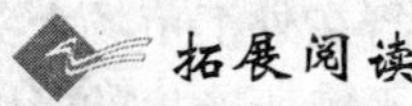
拓展阅读

贸易逆差与美国的国际经济地位

20 世纪 90 年代以来，美国对外贸易连年出现巨额逆差，成了世界上最大的贸易逆差国和债务国，在世界贸易中所占的份额也由 50 年代的 23% 下降到 90 年代的 15% 左右。就一般认识而言，美国的国际经济地位已相对下降，但美国真的在衰落吗?

一国对外贸易处于逆差状态，不一定意味着其国际分工地位低下。特定的条件下，在国际分工中处于有利地位的国家也有可能出现贸易逆差，美国就是如此。

在出口方面，美国所出口的产品绝大多数是资本与技术密集型产品，如自动数据处理设备、办公设备、通信设备、机电产品、飞机及零部件、科学仪器等。这类产品的生产者少，在国际市场上所遇到的竞争也少，产品在国际市场上售价较高，利润也较为丰厚。由于美国经济规模大，技术开发能力强，因而在这些商品项目基本上都是顺差。以计算机产业为例，利润最丰厚的计算机芯片的开发研制与生产销售几乎全部被美国公司所垄断。在以信息产业为代表的高技术行业，美国处于绝对领先的地位。虽然美国也是一个农产品出口大国，但这并不能说明美国在国际分工中的地位低下，美国在农产品生产上拥有自然资源禀赋优势，并且美国的农业早已是机械化、自动化程度很高的资本技术密集型产业，这与发展中国家的农业相比，有着天壤之别。

从进口来看，作为资源大国的美国非但不是主要资源出口国，相反，在金属原材料和矿物性燃料等方面却是世界上的主要进口国，一些对自然资源依赖性很强的工业制品，如金属制品、木材制品、橡胶制品等，进口量很大。一些发展中国家为了赚取进口高技术产品所急需的外汇，也只能拼命地压价出口一些资源性产品。

虽然美国对工业制成品也有较高的需求，但主要是劳动密集型产品。这类产品生产工艺简单，生产者众多，相互之间竞争激烈，售价低廉，属于所谓的竞争品之列。面对充足的供给，美国可以充分享受到自由贸易所带来的实惠。

美国对外贸易出现巨额逆差，在一定程度上是世界经济全球化与美国产业结构调整的结果。在世界经济全球化的浪潮中，为了占据有利的国际分工地位，抢占信息时代的制高点，美国加快了国内产业结构的调整。20 世纪 90 年代以来，美国发展最快的行业就是最有发展前景的，以信息产业为代表的高技术行业，美国在技术、信息、金融、保险等服务贸易领域稳居世界第一，而钢铁、汽车等传统制造业则逐步让位于日本，在制鞋、纺织等劳动密集型产业方面也基本退出。为了实现可持续发展，美国加速将资源、能源消耗型及污染大、低附加值的行业，如有色金属冶炼和加工、水泥、塑料等，向发展中国家转移。为了弥补产业结构升级所造成的国内市场缺口，满足美国大众对基本消费品和国民经济对部分生产资料的需求，同时保护国内的资源和环境，美国必须大量进口自然资源、原材料、消费品和其他制造业产品，故而出现贸易逆差是很自然的现象。美国跨国公司的全球扩张战略是造成美国贸易逆差扩大的主要原因之一。进入 90 年代，为了寻求生产的低成本、逃避贸易壁垒，美国跨国公司加快了对外直接投资。IBM 计算机 70% 以上的零部件在日本和新加坡生产，美国轿车 25% 的部件由其海外子公司供应，半导体行业 80% 以上的组装工作在国外完成，波音飞机 28% 的零部件送到国外去加工生产。美国贸易逆差有很大一部分是出自美国海外子公司对美国的出口。据统计，自 1994 年以来，美国跨国公司所属的海外子公司创造了 1.5 万亿美元的生产销售，但并未包括在美国的出口统计数字中。

尤其值得注意的是，正是在近年美国贸易逆差不断扩大的情况下，美国跨国公司的发展尤为迅速。不管是从入围 500 强企业的数量来看，还是从企业的利润积累来看，美国都已经将日本、德国等竞争对手远远地甩在了身后。

一国国际收支出现持续、巨额逆差。通常会导致其货币的国际信誉下降，其货币在国际上的地位也不断削弱。然而，自 20 世纪 80 年代起，美国国际收支一直处于巨额逆差，却并未能动摇美元在国际货币体系中的霸主地位。以欧盟经济实力作为后盾的欧元一度被认为会取代美元的霸主地位，然而欧元问世后并不像人们想象的那样风光。至少在可以预见的将来，美元的霸主地位不会出现丝毫的动摇。

资料来源：李明武．论贸易逆差与美国的国际经济地位．学术论坛．2001（1）

第三节 国际储备

一、国际储备的概念与特点

国际储备（International Reserve）是指一国货币当局能随时用来干预外汇市场、支付国际收支差额的资产。按照这个定义，一种资产须具备三个特征，方能成为国际储备。一是可得性，即它是否能随时、方便地被政府得到；二是流动性，即变为现金的能力；三是普遍接受性，即它是否能在外汇市场上或在政府间清算国际收支差额时被普遍接受。

国际储备不同于国际清偿力，两者既有联系，又有区别。国际清偿力（International Liquidty）是指一国货币当局为应付国际收支逆差和稳定汇率可能利用的一切资金来源。通常认为国际清偿力由自有储备和借入储备两部分组成（也称广义国际储备）。国际储备即自有储备，其数量多少反映了一国在涉外货币金融领域中的地位；而国际清偿力则反映了一国货币当局干预外汇市场的总体能力。因此，国际储备仅是一国现有的对外清偿能力，而国际清偿力是现有的清偿能力和潜在的对外清偿能力的总和。

二、国际储备的构成

狭义的国际储备主要有四种形式，或者说由四个部分组成。

1. 黄金储备。黄金储备又叫货币黄金，它指一国货币当局持有的黄金总额。在国际金本位时期，黄金是最重要的储备资产。1976 年国际货币基金组织推行黄金非货币化，削弱了黄金在国际货币制度中的地位。尽管如此，黄金仍是一种很好的保值手段，没有一个国家的货币金融当局愿意废除黄金储备，因为黄金储备完全属于国家主权范围，可以自动控制，不受任何超国家权力的干预。

2. 外汇储备。外汇储备是当今国际储备的主体，并非所有可兑换货币都可成为储备货币。作为外汇储备的货币（储备货币）具有三个相互联系的特点：能够自由兑换、价值稳定以及为人们广泛接受和使用。1880～1914 年间，英镑是主要的储备货币。20 世纪 70 年代以前的布雷顿森林体系时期，外汇储备的供应主要依赖于美元。1973 年以后，德国马克、日元和法国法郎作为储备货币在外汇储备总额中所占的比重不断上升。但是，在各种储备货币中，美元仍占大的优势。从 1999 年 1 月 1 日起，欧元逐步取代德国马克和法国法郎等众多的货币而成为一种重要的国际储备货币。

小贴士

目前，在国际外汇储备中美元占到60%以上的比重，这与布雷顿森林体系以及美国的国际经济地位是密切相关的。也正是因为这样，2008 年全球金融海啸爆发后，美元贬值，使各国（尤其是非储备货币国）蒙受巨大的资产损失。

3. 储备头寸。储备头寸又叫普通提款权，它是会员国在国际货币基金组织持有的储备资产的简称，它包括会员国以黄金或外汇向基金组织认缴的份额、基金组织动用的那一部分会员国以本国货币认缴的份额以及基金组织向该会员国的借款。

4. 特别提款权。特别提款权是国际货币基金组织创造的，用于会员国之间或会员国与国际货币基金组织之间国际支付的一种国际储备资产。特别提款权是一种账面资产，不是现实的货币，不能直接用于国际支付，会员国可以凭它向基金组织兑换等值的外汇，也可直接用它偿还基金组织的贷款。会员国只有在发生国际收支逆差时才可动用特别提款权。

小贴士

特别提款权是根据多国货币定值的，是一种无主权国的货币。所以，加大其在国际储备中的比重对大多数国家都有利，一是它的币值相对稳定，二是它不会受到储备货币国国内政策的影响。

三、国际储备的作用

可以从两个层次来理解国际储备的作用。

第一个层次是从世界的范围来考察国际储备的作用。随着世界经济和国际贸易的发展，国际储备也相应增加，它起着对国际商品和金融资产流动的媒介作用。

第二个层次则是具体到每一个国家来考察。从一国角度看，持有国际储备主要有以下三个目的。

1. 清算国际收支差额，维持对外支付能力。当一国发生国际收支困难时，政府需采取措施加以纠正。如果国际收支困难是暂时的，则可以通过使用国际储备予以解决，而不必采取影响整个宏观经济的财政货币政策来调节。如果国际收支困难是长期的、巨额的或根本性的，则国际储备可以起到一定的缓冲作用，它使政府有时间渐进地推进其财政货币政策，避免因猛烈的调节措施而带来国内社会震荡。

2. 干预外汇市场，调节本国货币的汇率。当本国货币汇率在外汇市场发生变动或波动时，尤其是因非稳定性投机因素引起本国货币汇率波动时，政府可动用储备来缓和汇率的波动，甚或改变其变动的方向。由于各国货币金融当局持有的国际储备总是有限的，因而外汇市场干预只能对汇率产生短期的影响。但是，汇率的波动在很多情况下是由短期因素引起的，故外汇市场干预能对稳定汇率乃至稳定整个宏观金融和经济秩序起到积极作用。

3. 信用保证。国际储备的信用保证作用包含两层意思：一是可以作为政府向外借款的保证；二是可以用来支持对本国货币价值稳定性的信心。比较充足的国际储备有助于提高一国的债信和货币稳定性的信心。

四、国际储备的管理

从一国的角度来看，国际储备的管理主要涉及两个方面，第一是水平管理（或称规模管理、数量管理），第二是结构管理（主要是币种管理）。水平管理讲的是一国应保持多少储备才算合理，结构管理讲的是怎样搭配储备形式特别是如何搭配不同种类的储备货币，才能使风险最小或收益最大。

（一）国际储备的水平管理

一国持有的国际储备量并非越多越好。首先，国际储备数量过多会造成资源的浪费。持有国际储备具有一定的机会成本，即该国放弃了将它转化为进口生产资料等实际资源所可能获得的收益。其次，一国采取特定政策片面追求储备的过程中可能出现一些消极影响。例如，中央银行可以简单地通过在外汇市场上抛出本币购买外汇来增加国际储备，但货币供应量增加可能助长该国通货膨胀。又如，一国政府可以通过高利率政策吸引外资流入来增加国际储备，但是从紧的货币政策可能引起需求减少和失业增加。但是一国持有的国际储备量过少也会使该国蒙受损失。首先，政府缺乏足够的外汇平准基金，本币汇率难以稳定，增加了国际贸易和金融活动中的风险。其次，该国可能面临偿债困难，在利用外资时缺乏国际信誉。最后，由于该国缺乏国际清偿能力，在受到各种冲击时可能付出格外沉重的代价。所以，国际储备必须适度。

适度国际储备量并无统一的标准，不同国家具有不同的适度国际储备标准。世界经济环境的变化也会改变适度标准。概括起来讲，决定一个国家适度国际储备的因素是：

1. 一国经济规模及对外开放程度。一国经济规模越大，或者其对外开放程度越高，则它进口规模越大，利用外资越多，从而需要更多的国际储备量。人们通常用国民生产总值或国内生产总值反映一国经济活动的规模；用对外贸易依存度，即进出口总额与国民（国内）生产总值的比例来反映一国对外开放的程度。

2. 该国对外贸易发展状况。一国进口规模越大，该国需要的国际储备越多。一般认为，一国的储备额应占全年进口总额的25%，即一国的储备应该能满足本国3个月进口支付的需要。

3. 该国利用外资的状况。一国外债负担越大，特别是当年还本付息额越多，该国需要持有的国际储备越多。人们通常用国际储备额与外债总额的比值来衡量国际储备是否适度，该比值一般不应低于100%。

4. 一国对国际收支进行管制的程度。实行外汇管制或贸易管制的程度越高，越有可能避免动用国际储备来平衡国际收支，从而可以相应地减少国际储备量。

5. 该国货币在国际上的地位。储备货币国家（比如美国）可以直接用本国货币偿付国际债务，所以其适度国际储备量的标准较低。

6. 借用国外资金的能力。包括获取外国政府和国际金融组织贷款的能力、获取外国商业银行贷款的能力和在国际债券市场上的融资能力。一国借用国外资金的能力越强，越有可能通过借款进行对外支付，从而可以持有较少的国际储备资产。

7. 该国的汇率制度和汇率政策。如果一国选择弹性较大的汇率制度，那么它可以利用汇率自发调节国际收支，因而可以适当减少国际储备的数量。如果一国实行严格稳定本币汇率的政策，那么其中央银行需要拥有较多的国际储备资产作为干预外汇市场的物质基础。

想一想

目前，我国外汇储备是全球第一，造成这种巨额外汇储备的原因是什么？它存在哪些风险？

（二）国际储备的结构管理

国际市场上汇率、利率的波动、金价的不稳定，以及各国贸易和资本流动方向的改变都会对国际储备的实际价值带来影响，所以，各国政府需要根据市场及其他因素的变化不断调整其国际储备结构。

一国政府调整国际储备结构的基本原则是统筹兼顾各种储备资产的安全性、流动性和盈利性。安全性是指储备资产能在多大程度上避免价值下降的损失。流动性是指储备资产转化为直接支付手段而不蒙受损失的性质。例如，有价证券一般不能直接用于国际支付，一国在实际支付时需要转换为国际支付凭证。盈利性是指储备资产提供利息收入的能力。

储备资产的安全性、流动性与盈利性之间存在替代关系，或者说它们负相关。储备资产的安全性和流动性越高，其盈利性往往越低。一国持有国际储备并非单纯出自盈利考虑，同时它也希望在保证足够的安全性和流动性的前提下使储备资产获得更多的利息收入。因此我们需要根据国内外环境的变化调整储备结构，处理好三者之间的关系。

具体而言，加强储备结构管理要处理好这样几个关系：一是黄金储备与外汇储备之间的比例结构。一般而言，黄金储备比例不宜过高；二是不同储备货币的币种选择，一般都争取储备货币结构与该国在特定时期的对外支付币种结构保持一致；三是不同储备资产形式选择，主要是要兼顾不同储备资产的安全性、流动性和盈利性。尤其是在现代信用货币制度下，各主要国际储备货币汇率变动频繁，更需要考虑如何规避储备资产的风险，如调整国际储备结构，启用一些资源产品进行替代，或改革国际储备货币体系，使国际储备或国际结算不过分依赖某种或某几种主权货币。在当前形势下，我国有必要加快推进人民币的自由兑换和国际化进程，使人民币逐步成为国际储备货币体系的一员，从而减少我国对外经济、金融活动中的风险。

想一想

我国应如何完善国际储备？目前我们加快推进人民币自由兑换和国际化进程有哪些实质进展？

知识要点

1. 外汇是指以外国货币所表示的用于国际结算的支付手段；汇率是指两种货币之间的兑换比率，汇率标价法有三种：直接标价法、间接标价法和美元标价法；汇率有买入汇率与卖出汇率、即期汇率与远期汇率、基本汇率与套算汇率等种类，而远期汇率和套算汇率的计算是外汇市场的基本技能。

2. 影响汇率变化的因素主要有：国际收支、相对通货膨胀率、相对利率、经济增长率等；汇率变化对国际收支、国内经济甚至世界经济都会产生影响。

3. 国际收支是一定时期内一国居民与非居民之间全部经济交易的系统记录；国际收支平衡表是一种非常重要的统计报表，它记录的内容可分为三大类，即经常账户、资本与金融账户和错误与遗漏账户；国际收支平衡表采用复式记账法进行编制。

4. 长期的、巨额的国际收支差额会对一国经济产生不利影响；国际收支失衡的调节政策包括外汇缓冲政策、财政和货币政策、汇率政策和直接管制等。

5. 国际储备是指一国货币当局所持有的能随时用来干预外汇市场、支付国际收支差额的资产；国际储备形式主要有黄金储备、外汇储备、储备头寸和特别提款权；国际储备具有清算国际收支差额、干预外汇市场和信用保证等作用；国际储备的管理涉及水平管理和结构管理两个方面，国际储备不但规模要适度，而且要兼顾其安全性、流动性和盈利性。

课堂讨论题

目前，人民币汇率问题成为全球关注的热点问题，你认为这是好事还是坏事？我们应如何应对？

推荐阅读

1. ［英］葛霖．金融的王道．北京：中国人民大学出版社，2010
2. ［美］希亚特．货币阴谋．北京：当代中国出版社，2009
3. ［美］乔治·索罗斯．超越金融：索罗斯的哲学．北京：中信出版社，2010
4. ［美］邓肯．美元危机．大连：东北财经大学出版社，2007
5. 张荐华．金融战争．北京：中华工商联合出版社，2008
6. 宋鸿兵．货币战争．北京：中信出版社，2007
7. 李军燕．国际金融．大连：大连出版社，2008
8. 王应贵，甘当善．外汇市场透视．北京：清华大学出版社，2006
9. 王中华，万建伟．国际金融．北京：首都经济贸易大学出版社，2005

第九章

货币供求与均衡

学习目标

通过本章学习，使学生了解货币需求、货币供给与货币均衡的含义，掌握货币需求量和货币供应量的测算与确定方法，并能结合我国实际分析和认识通货膨胀和通货紧缩问题。

案例导读

2007 年，中国高投资回报率吸引大量国外资金流入，由此导致流动性过剩，内外经济失衡问题成为当时最大挑战。

为此，央行频繁动用加息、提高存款准备金率、发行票据等货币政策工具。一年内 10 次上调存款准备金率、6 次加息，并重启 3 年期央行票据，适时延长央行票据期限，进一步加大央行票据发行力度。7 月 20 日国务院决定将利息税率由 20%调减到 5%，同时人民银行宣布上调金融机构人民币存贷款的基准利率。此外，在全国人大常委会 6 月批准财政部发行 15 500亿元特别国债购买外汇的议案后，8 月 29 日财政部宣布发行第一期特别国债 6 000 亿元。通过财政发行债券来分离央行对冲职能，有利于央行更好地实施货币调控，以紧缩银行体系流动性。

调减利息税和加息两项政策同时出台体现了财政政策和货币政策的协调配合，对于引导货币信贷和投资的合理增长，缓解流动性过剩，调节和稳定通货膨胀的预期，维护物价总水平的基本稳定意义重大。

那么，货币是如何进入流通的？货币需求量由什么决定？什么因素导致货币供给量发生变化？如何通过调节货币供求来确保国民经济健康发展？

第一节　货币需求

一、货币需求的含义

货币需求是指社会微观经济主体（包括个人、企事业单位和政府部门）在既定的国民收入分配范围内对持有货币形式的需求。这种需求是出自于需求者的实际经济能力，而不是出自于主观心理要求，因而有一个客观的量的界限。

货币需求量是指在一定时期内，社会各部门（个人、企业、政府）在既定的社会经济和技术条件下需要的货币数量的总和。

在市场经济条件下，货币需求包括交易性货币需求、储备性货币需求和投资性货币需求。交易需求是指社会微观经济主体在收支活动和经营活动中的货币需求，反映了一定时期内商品流通对货币的需要量。储备需求是指人们为了防止意外而储存一部分货币的需要。投资需求则是指人们为得到资产的收益而对货币的需求。交易需求强调货币的交易功能，而储备需求和投资需求是人们为追求利益和预防意外而产生的货币需求，把货币看成是一种资产，属于资产性需求。

想一想

在现实生活中，我们知道的哪些是交易需求、哪些是储备需求和投资需求？

把握货币需求的含义，需要区别以下几组概念：

（一）名义货币需求与实际货币需求

名义货币需求是按照现行价格计算的，反映社会微观经济主体持有的货币单位数量。实际货币需求是根据不变价格计算的，反映一定数量的货币购买力，它等于名义货币需求除以物价。名义货币需求与物价成正比，而实际货币需求与物价无关，它随实际收入的变化而变化。对于货币持有者来说，重要的是货币所具有的购买力而不是货币的数量。这样，就有人对货币产生了幻觉。

小贴士

货币幻觉是指只看到名义货币的变化而没有看到它的实际购买力的变化。例如，在工资加倍物价亦加倍时，只看到工资的名义货币量增加而看不到价格水平的上升，或只看到物价水平上升而看不到工资增加，都是货币幻觉。

我们研究货币需求时要假设人们摆脱了货币幻觉，从而体现的货币需求即为实际货币需求或实际余额需求。名义货币需求与价格水平同比例变动。

（二）微观货币需求与宏观货币需求

微观货币需求是指微观经济主体，即个人、家庭、企业、单位和其他经济主体在既定的收入水平、利率水平和其他经济条件下所需要的货币量。宏观货币需求是指一个国家在一定时期内的经济发展与商品流通所必需的货币量，这种货币量既能够满足各方面的需要，又不至于引发通货膨胀。两者之间的区别在于，前者的出发点是某一经济主体的经济行为，后者的出发点则是整体经济运行。但两者之间存在着密切联系，宏观货币需求等于微观货币需求的总和，即把个人、家庭、企业、单位和其他经济主体的货币需求加总起来，就是宏观货币需求。

二、决定和影响货币需求的主要因素

现实中，影响货币需求量的因素很多，主要有以下几个方面：

（一）收入状况

在商品经济社会中，所有社会成员的收入都是以货币形式，而支出也需要用货币支付。一般来说收入提高，说明社会财富增多，支出也会相应扩大，需要有更多的货币量来媒介商品交易，因此收入状况与货币需求量总是呈同方向变动的关系。其原因有二：第一，收入水平在一定程度上制约着货币需求。因为货币是人们持有财富的一种形式，是财富的一部分，收入水平往往决定着财富的规模及增长速度。第二，收入的数量决定着支出的数量。在通常情况下，收入越多，支出越多，要求持有的货币也越多。当收入水平变动时，货币需求往往以更快的速度或更大的幅度变动。

（二）价格水平

价格是商品价值的货币表现。货币需求实际上是指在一定价格水平下人们从事经济活动所需要的货币量。在商品和劳务量既定的情况下，价格越高，社会商品流转额就会上升，用于周转或交易的货币需求量必然增加，因此，价格对货币需求的影响很大。由商品价值或供求关系变化所引起的物价变动率对货币需求的影响是相对稳定的，两者之间可以找到一定的稳定比例。但由通货膨胀造成的非正常的物价变动率对货币需求的影响是不稳定的，因为这种非正常的物价变动不仅通过价格总水平的波动影响货币需求，而且通过人们的对未来的预期及行为影响货币需求。

（三）利率和金融资产收益率

利率和金融资产的收益率对货币需求产生重要的影响。由于利率及金融资产的收益率是持有货币和进行即期消费的机会成本，所以，当利率上升或金融资产的收益率增加时，人们会倾向于持有收益性金融资产而减少对货币尤其是现金的持有。因此，利率和金融资产的收益率的变化与现金货币需求的变化成反比。但利率的变化同样影响人们对存款货币的需求。一般而言，在社会平均利润率不变或变化很小的情况下，利率提高会引导人们增加对利率性金融工具的持有，其中最主要的是银行存款会增加，从而人们对存款货币的需求会增加；反之，当利率下降时，投资于非利率性金融工具的投资收益率会相对增加，人们会转而将其收入投资于非利率性金融工具，从而减少对存款货币的需求。所以，利率的变化与存款货币的需求成正比。

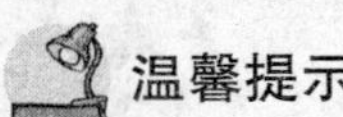

温馨提示

这里的解释可能与我们通常的理解相悖。通常认为，利率提高使投资成本上升，所以人们会减少投机（资）货币需求。而这里是从收益角度分析，认为利率上升会提高金融资产的收益率，所以人们会增加这类金融资产的持有。

（四）货币流通速度

货币流通速度是指一定时期内货币的转手次数。从动态的角度观察，一定时期货币总需求是指货币的总的流量。而货币总流量是货币平均存量与速度的乘积。假定用来交易的商品总量不变，货币流通速度减慢，必然增加现实中货币总需求。因此，货币流通速度与货币总需求是反方向变动的。

（五）信用制度的发达程度

信用的发展和信用工具的应用会在一定时期内节约对货币的使用，例如，一个社会信用发达，就可以以赊销方式进行商品买卖、以支票账户完成债务的支付、以信用卡代替现金支付等等，所以，信用制度和信用工具越发达，对货币的需要量将越少。因此，一般来说，货币需求与信用的发达程度呈负相关关系。

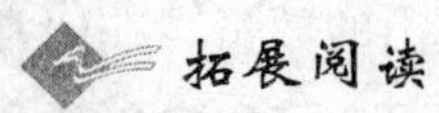

拓展阅读

货币需求理论简介

（一）马克思的货币需求理论

马克思的货币需求理论是通过货币流通规律展示出来的。根据马克思揭示的货币流通规律，一定时期内的货币必要量由商品价格的高低，商品总量的多少和货币流通速度三个因素决定。在货币自身价值一定的情况下，流通中需要的货币量与待实现的商品价格总额成正比，与单位货币的流通速度成反比。用公式表示如下：

货币必要量 ＝待实现的商品价格总额 ÷ 单位货币流通速度

若以 M 表示货币必要量，Q 表示待售商品数量，P 表示商品平均价格，V 表示货币流通速度，则有：

$$M = PQ/V$$

由于马克思的货币必要量模型建立在金属货币流通基础上，因此，对该模型的理解必须注意以下几个问题：

1. 货币必要量理论强调待交换的商品价值决定其价格，货币数量不影响价格水平。这是因为金本位制下铸币可以自由地进入和退出流通，从而自发地调节商品流通对货币的需要量，因而商品价格不会大幅波动。而不兑现的信用货币流通使货币供应量失去自动适应货币必要量的性能，流通中货币量与货币必要量经常存在差异，必然引起商品价格的变动。于是马克思在上述货币必要量规律的基础上提出了纸币流通规律，指出在纸币流通下，单位纸币所代表的金属货币量等于流通中所需的金属货币量除以流通中的纸币总额。用公式表示为：

单位纸币所代表的金属货币量 = 流通中所需金属货币量 ÷ 流通中的纸币总额

在这个公式中，我们可以明显看出货币供应量对货币币值从而对物价的影响。在货币需求不变的条件下，如果纸币供应量增加，则有币值下降和物价上升的变化。

2. 货币必要量规律及模式为我们提供了对货币需求进行理论分析的思路。但直接运用时各因素在实践中很难准确测算。

3. 货币必要量公式反映的仅仅是货币的交易需求。

马克思的研究方法和他揭示的基本原理（商品流通决定货币流通），为我们探索现代货币需求问题提供了理论基础，对我们了解商品流通与货币流通的内在联系，研究货币需求理论，具有重要的指导意义。

（二）凯恩斯的货币需求理论

1936 年，凯恩斯出版其学术专著《就业、利息和货币通论》。在该书中凯恩斯系统地提出了他的货币需求理论，即著名的流动性偏好论，形成了凯恩斯学派。

凯恩斯认为人们对货币的偏好，也就是对货币的需求，起因于三个动机：交易动机、预防动机和投机动机。

1. 交易动机。即为进行日常交易而产生的持有货币的愿望。在现代社会中，任何经济主体为了完成交易，都必须保有一定数量的货币，这就是货币的交易需求。这一货币需求的数量主要决定于收入的多少，是国民收入的增函数。

2. 预防动机。即为应付紧急情况而产生的持有货币的愿望。如个人和家庭为应付失业、患病等意料不到的需要；企业预防不时之需，即为应付突然发生的意外支出和为不失去意料之外的有利的购买机会等，人们出于预防需要必须经常地保持一定数量的用于应付不时之需的货币，这就是货币的预防需求。这一货币需求也主要决定于收入的数量，也是国民收入的增函数。

3. 投机动机。即指人们对市场利率变化的预期需要持有货币以满足从中获利的目的。所谓货币的投机需求实际上是指人们对闲置货币余额的需求。也就是说，投机动机的货币需求是将货币作为一种资产而持有，而不是作为一种交易媒介而持有。人们之所以持有闲置的货币余额，是为了在利率变动中进行债券的投机，以获取利润。投机动机的货币需求是利率的减函数。

交易动机产生的货币交易需求与预防动机产生的货币预防需求都与货币的流通手段职能有关，统称为交易性货币需求，它与国民收入成正比，是国民收入的增函数；由投机动机产生的货币投机需求与利率水平成反比，是利率的减函数。货币需求总量即是由交易性货币需求与投机性货币需求组成的。公式如下：

$$L = L_1(y) + L_2(r)$$

式中，L 为货币需求总量，L_1 为交易需求函数，L_2 为投机需求函数，y 为国民收入，r 表示利率。

凯恩斯的货币需求理论认为，货币总需求等于交易性货币需求与投机性货币需求之和，货币需求的变动主要受国民收入和利率水平的影响，其最大的创新是认为投机性需求和利率呈反比关系。

（三）弗里德曼的货币需求理论

1956 年，美国货币学派领袖米尔顿·弗里德曼发表《货币数量说的重新表述》一文，以货币需求理论的形式，提出了新货币数量说。根据弗里德曼的分析，决定货币需求量大小有四个关键因素：

1. 恒久性收入。恒久性收入是指一个人在一个较长时期的平均收入水平而不是当前的收入水平（即过去、现在乃至将来一个较长时期中的平均收入水平）。弗里德曼认为，当前收入不能反映财富水平，人们的恒久性收入是影响货币需求量的重要变量。恒久性收入越高，货币需求越大，即货币需求与收入成正比。

2. 人力财富与非人力财富的比例。弗里德曼认为，货币需求不仅决定于总财富，而且还受到财富结构的影响。总财富是由人力财富与非人力财富构成的，人力财富与非人力财富在为其所有者带来收入方面有着不同的稳定性。一般地说，人力财富转化为非人力财富，将受到经济形势、经济环境和制度方面的限制。因此，人力财富与非人力财富在总财富中所占的比例，将在一定程度上影响货币需求。一般地说，人力财富在总财富中所占的比例越大，货币需求相对就越多。

3. 持有货币的收益与机会成本。持有货币的收益率可用银行存款利率表示，它与货币需求成正比；持有货币的机会成本主要是各种有价证券的收益率，它与货币需求成反比。

4. 其他因素。除了上述因素之外，弗里德曼认为还有其他很多因素对货币需求产生一定的影响。如有人口因素、技术因素、制度因素及心理因素等。

在以上分析的基础上，弗里德曼提出如下货币需求函数：

$$M=f\left(p,\ r_b,\ r_e,\ \frac{1}{p}\cdot\frac{\mathrm{d}p}{\mathrm{d}t},\ \omega,\ y,\ u\right)$$

式中，M 表示名义货币需求量；P 表示物价水平；r_b 表示债券的预期收益率；r_e 表示股票的预期收益率；$\frac{1}{p}\cdot\frac{\mathrm{d}p}{\mathrm{d}t}$ 表示物价水平的预期变动率，也就是实物资产的预期收益率；ω 表示非人力财富占总财富的比例；y 表示名义收入；u 表示影响货币需求的其他因素。

第二节 货币供给

一、货币供给概述

（一）货币供给与货币供给量

货币供给是指发行主体通过其业务活动向生产和流通领域提供货币的整个过程。货币供给量是指在一定时点上流通中的货币存量。它是指被社会各个阶层所持有的，由发行者所提供的货币总量。

理解货币供给与货币供给量的含义应从以下几个方面入手：

1. 货币供给的主体。即在一定的货币制度下，货币的供给主体是谁。不同的货币体制，货币供给的主体是不同的。

小贴士

在国家垄断货币发行权之前，货币供给主体是分散的，尤其是金币本位制下，几乎所有拥有货币金属的主体都可以成为货币供给者；在国家垄断货币发行权后，特别是中央银行的出现，货币发行则由国家授权给中央银行统一组织发行。

2. 货币供给的客体。即发行者或者货币供给者向流通中供应什么样的货币。不同的货币制度下也存在不同的差别。在信用货币制度下，发行者供给货币是多层次的，既有现金，也有存款，还有其他形式的货币。

3. 货币的供给过程。也与具体的货币制度相联系。在现代不兑现的信用货币制度下，流通中的货币不论是现金，还是存款，都是通过银行的信用活动形成的。因此，银行是货币供给的主体。在货币供给过程中，商业银行和中央银行分别发挥不同的作用。整个货币的供给是由中央银行提供基础货币，在货币乘数的作用下，通过商业银行的信用创造，然后向社会经济主体提供包括现金、存款等各种不同层次的货币。

（二）货币层次的划分

在现代发达的商品经济中，由于许多新的信用工具层出不穷，这给货币流通量的统计和中央银行的调控带来了一系列问题，为了解决这些问题，各国中央银行将货币划分为不同层次和口径。各国划分的标准基本一致，通常按照货币流动性的不同，将货币划分为四个层次。如国际货币基金组织对货币层次的划分如下：

$M_1 = M_0$ 通货 + 商业银行的活期存款

$M_2 = M_1 +$ 商业银行的定期存款和储蓄存款

$M_3 = M_2 +$ 其他金融机构的定期存款和储蓄存款

$M_4 = M_3 +$ 其他短期流动资产（如国库券、商业票据、银行承兑汇票、短期公司债券、人寿保险单等）

小贴士

所谓流动性，是指某种金融资产转变为支付手段和流通手段的能力，即转变为现实购买力而不受损失的能力。

相关链接

我国现阶段货币供应量划分为三个层次，其含义分别是：

$M_0 =$ 流通中现金，即在银行体系以外流通的现金；

$M_1 = M_0 +$ 企事业单位活期存款，即狭义货币供应量；

$M_2 = M_1 +$ 企事业单位定期存款 + 居民储蓄存款 + 外币存款 + 信托其他类存款，即广义货币供应量；

$M_3 = M_2 +$ 金融类债券 + 回购协议 + 商业票据 + 大额可转让存单。

其中，M_0 与消费变动密切相关，是最活跃的货币；M_1 反映居民和企业资金的松紧变化，是经济周期波动的先行指标，流动性仅次于 M_0；M_2 和 M_3 流动性偏弱，程度不同地反映了一定时期的社会总需求的变化和未来通货膨胀的压力状况，对国民经济综合平衡有重大参考价值。通常所说的货币供应量主要是指 M_2。就目前而论，M_1 可作为我国宏观调控的重点。

二、商业银行与货币供给

存款货币是商业银行的负债，商业银行具有创造信用的功能。因此，商业银行的信贷活动是货币供给机制运作的基础。

存款货币的运行不同于现金运行，它有自己的运行特点：一是存款货币都在银行体系内运行；二是存款货币在运行中能够自行扩张——存款总量的增加。

（一）原始存款与派生存款

银行存款有原始存款和派生存款之分。这两种存款在银行贷款业务和整个社会货币供给过程中所起的作用有很大区别。原始存款是指银行吸收的客户以现金形式存入银行的直接存款以及银行对中央银行的负债余额。派生存款是指由银行贷款通过转账创造出来的存款。原始存款是商业银行创造派生存款的基础。

（二）创造派生存款的条件

商业银行存款创造的前提条件是：部分准备金制度和非现金结算制度。部分准备金制度是指商业银行不需要保持与银行存款相等的全额存款准备金，而只需在吸收的存款中提取一部分存款准备金。如果商业银行保持全额准备金制度，则其不能贷款或投资，从而无法创造出存款。非现金结算又称转账结算，这是商业银行创造派生存款的又一重要条件。若借款人以提取现金的方式向银行取得贷款，就不会形成派生存款。

想一想

什么是存款准备金、法定准备金、超额准备金？

在部分准备金制度和非现金结算的条件下，商业银行只要能够保持法定的存款准备数量，就可以利用所吸收的存款发放新的贷款。在这一过程中，商业银行通过贷款，增加存款，再发放贷款，再增加存款，始终按法定存款准备金比率的要求，直到商业银行不能再发放新的贷款和投资为止，整个银行体系的存款会发生多倍扩张，其理论扩张倍数为法定存款准备金率的倒数。这个过程就是派生存款的创造过程，这个倍数就是通常所说的货币乘数。

做一做

假定设法定存款准备金率为10%，第一银行获得现金存款1 000万元，客户不在同一家银行开户且全部转账（不提现金），商业银行将得到的存款扣除法定准备金后的余额全部贷出。请计算商业银行体系的存款扩张会达到多少？其中派生存款是多少？货币乘数又是多少？

（三）商业银行对货币供给的影响

如前所述，商业银行通过活期存款业务、贷款业务等创造存款货币，进行货币供给，这种货币供给对商业银行来说并不是被动的，而是可以主动影响的。一般情况下，商业银行对货币供给的影响主要通过两种手段：一是调节超额准备金的比率，二是调节向中央银行借款的规模。

超额准备金是指商业银行在中央银行的超过法定存款准备金的那部分存款。通常情况下，超额准备金比率越高，货币乘数越小，货币供给越少；相反，货币供给越多。任何体制下的商业银行都会保留一定比率的超额准备金，问题是为什么有时会增加超额准备金，有时又会减少。在市场经济中，主要的动机有两个：一个是成本和收益动机，另一个是风险规避动机。

商业银行向中央银行借款会增加准备金存款，即基础货币数量，从而能支持更多地创造存款货币。所以，在其他条件不变时，商业银行增加向中央银行借款，会扩大货币供应量；相反，会减少货币供应量。商业银行向中央银行借款的行为动机也是成本和收益，而决定成本和收益的因素是市场利率和中央银行的再贴现率。

想一想

举例说明成本和收益变化对超额准备金和向中央银行借款的影响。

三、中央银行与货币供给

在现代信用制度下，货币的供给是通过中央银行提供基础货币，在货币乘数的作用下，经过商业银行的信用创造（存款创造）完成的。要了解货币供给过程，就需要了解基础货币、货币乘数以及它们对货币供应量确定的决定作用。

（一）基础货币

1. 基础货币的含义。基础货币也称货币基数或强力货币、高能货币，它是指具有使货币总量倍数扩张或收缩能力的货币。基础货币一旦流入商业银行系统，就会增强银行信用创造能力。所以，一方面，从其来源来看，基础货币在本质上表现为中央银行的负债，它是由中央银行投放并为中央银行所能控制的那部分货币，但它只是货币供应量的一部分而不是全部；另一方面，从其运用来看，基础货币由公众持有的现金和商业银行的存款准备金（包括商业银行的库存现金和在中央银行的法定存款准备金与超额准备金）构成，这两部分都是中央银行对社会公众的负债。基础货币可以用公式表示为：

$$B = C + R$$

式中：B 代表基础货币；C 代表流通中的现金；R 代表商业银行的存款准备金。

2. 基础货币和货币供应量的关系。基础货币是中央银行能够直接控制的货币，它直接决定了商业银行存款货币的创造能力，增加基础货币意味着扩大货币供给量。在实践中，中央银行对全社会货币供给量的调控很大程度上都是通过调节基础货币来实现的。

3. 基础货币的供给。中央银行投放基础货币的渠道主要有：（1）对商业银行等金融机构的再贷款和再贴现；（2）通过收购黄金、外汇等储备资产投放货币；（3）通过公开市场业务等投放货币。

4. 影响基础货币投放的因素。基础货币是中央银行可以调控其投放量的货币。基础货币的投放主要受以下因素影响：

（1）财政收支状况。当财政出现赤字时，如果是通过向中央银行透支借款来弥补，就会使基础货币的投放增加；当财政出现结余时，基础货币就会回笼；

（2）向金融机构贷款和公开市场业务。无论采取再贴现、再贷款还是公开市场业务，只要中央银行向金融机构注入资金，基础货币投放就增加；反之，基础货币投放就减少。

（3）国际收支状况。国际收支状况引起中央银行的黄金、外汇储备的增加或减少。国际收支顺差，会使黄金、外汇储备增加，从而增加基础货币投放；反之，国际收支逆差，使黄金、外汇储备减少，则基础货币回笼。

（二）货币乘数

货币乘数是指一定量的基础货币扩张或收缩的倍数。它是商业银行存款创造过程中存款总额与原始存款之比。货币乘数反映了货币供应量与基础货币之间的倍数关系。货币供给量就是由基础货币总量的变动与货币乘数作用共同决定的。用公式表示为：

$$M_s = B \cdot K$$

式中：M_s 为货币供应量；B 为基础货币；K 为货币乘数。

货币乘数的变化会引起货币供给量按乘数倍数扩张与收缩。

如前所述，基础货币可以由中央银行决定，通过现金发行和货币政策来实现对基础货币的控制。而影响货币乘数的因素很多，如法定存款准备金率、超额准备金率、现金漏损率等，而中央银行能够控制的只有法定存款准备金率。所以，中央银行只能直接控制基础货币的供应，并通过货币乘数施加影响，借以控制货币供应量。

表面上看，银行控制货币供给，货币供应量的最终形成取决于银行的主观愿望和实际操作。但实践证明，通过银行业务操作实现的货币供应及其调整，归根结底取缔社会各部门对货币的需求。如中央银行控制基础货币的直接程度受制于货币需求；商业银行扩大信贷规模受制于社会的信贷资金需求；社会公众持有现金的意愿影响货币供给总量等等。

小贴士

如 1996 年下半年我国经济实现软着陆后，当时经济处于疲软状态，为了拉动经济发展，当时央行出台了一系列增加货币供给、刺激经济的措施。但由于商业银行“惜贷”、企业“惧贷”，因而没有产生预期效果。

由此可见，货币供应量是由中央银行、商业银行体系和社会公众共同决定的。

第三节　货币均衡

一、货币均衡的含义

货币均衡是指在一定时期内，货币供给量与国民经济发展对货币的客观需要量基本上相适应的一种状况。

货币均衡包括货币供求总量上的平衡和结构上的平衡。货币均衡要求货币供给量与货币需求量相适应，在实践中要准确比较两者的数量难度较大。货币需要量反映的是一种难以准确把握和测算的客观需求，它受各种因素的影响随时在发展变化；货币供给量虽然可以通过中央银行运用各种机制和调控手段进行控制，但由于各种因素的影响，中央银行货币政策的实施效果与预期目标也可能存在差距。因此，在现代市场经济条件下，货币失衡是经常的现象，货币均衡只是一种动态的平衡，是经常发生的货币失衡中运用各种调控机制暂时达到的均衡状态，这种均衡很快又会遭到破坏，又需要再建立新的平衡关系。研究货币供求的最终目的，在于及时纠正偏差较大的货币失衡，来保持货币流通的基本稳定。

小贴士

货币均衡的含义包括以下内容：(1) 货币均衡是货币供需作用的一种状态，是货币供给与货币需求的大体一致，而非数量上的完全相等；货币供需完全相等只是一种偶然的现象。(2) 货币均衡是一种动态过程，它并不要求在某一具体时间上货币供给与货币需求的完全相等，即在短期内货币供需可以是不一致的，但在长期内是大体一致的。(3) 在现代经济运行中，货币均衡在一定程度上反映了国民经济的总体均衡状况。

二、货币均衡与社会总供求均衡的关系

货币均衡不能简单地理解为货币供给与货币需求自身相适应，还必须联系社会总供给与社会总需求即经济均衡来分析。社会总供给是指一定时期内一国实际提供的生产成果（最终产品）的总和；社会总需求是指同一时期内该国实际发生的有支付能力的需求总和。

货币均衡与社会总供求均衡以及两者之间的联系，源自货币供给、货币需求与社会总供给、社会总需求之间的内在联系。现代经济条件下，从理论上讲，其关系可以概括为：社会总供给决定货币需求，货币需求决定货币供给，而货币供给形成了有支付能力的社会总需求。所以，货币均衡同社会总供求均衡具有内在的统一性，货币供求失衡必然导致社会总供求失衡。可见，货币均衡是实现社会总供求均衡的前提条件，而社会总供求均衡是货币均衡的现象形态。

三、货币均衡的标志

货币均衡在形式上表现为货币供给量与货币需求量的平衡，实质上是社会总供给与总需求的一种反映。因此，货币均衡必然表现为商品和劳务的需求之间的均衡关系。这种均衡关系在商品市场中表现为货币流通与商品流通相适应，不存在购买手段不足和或过多导致物价普遍下降或上涨、经济停滞或通货膨胀的现象。因此，货币供求均衡状态的具体表述为：物价相对稳定，经济长期稳定增长。由于商品物价的稳定一般是通过综合物价指数来衡量，因此，综合物价指数基本上就成为判断货币均衡的重要标志。

想一想

当货币供不应求和供过于求时会产生什么经济影响?

小贴士

由于货币均衡在金融市场上表现为资金供求平衡，利率稳定，因此，均衡利率是衡量货币均衡的重要标志。此外，还可以结合其他经济指标分析判断货币均衡与否，如货币流通速度的变动、货币流通量增长速度与生产和商品流通增长速度适应程度、市场商品供求状况等。确定衡量货币均衡状况的标志，

其意义在于通过观察这些经济指标量的变化，提供货币是否均衡的信息，并凭此判断采取怎样的政策和调节措施。

四、货币均衡的实现

货币均衡是实现社会总供求均衡的关键因素。只有货币基本达到均衡，才能保持经济持续、稳定发展。所以，当货币出现失衡时，政府一般都会采取积极的干预措施，运用各种政策手段，使货币尽快达到均衡状态。政府对货币失衡的调整主要有以下四种方式：

（一）供给型调整

所谓供给型调整，是指当货币供求失衡时，以货币需求为标准，改变货币供给量，使之与货币需求量相适应。具体而言，当货币供给量大于货币需求量时，紧缩货币供给量，以适应货币需求量；反之，扩大货币供给量，以适应货币需求量。供给型调整是通过财政货币政策的收缩或扩张来实现的。以前者为例，供给型调整的主要内容如下：

1. 从中央银行角度就是采取紧缩型货币政策。具体包括：（1）在公开市场上卖出有价证券，回笼货币；（2）提高法定存款准备金率、再贴现率，以紧缩商业银行的信用扩张能力；（3）减少基础货币投放量。

2. 从财政角度就是实行紧缩型财政政策。具体来说：（1）减少对政府部门的拨款；（2）增发政府债券，减少社会持有的货币量；（3）提高税率，增设新税种，减少社会各界持有的货币。

（二）需求型调整

所谓需求型调整，是指当货币供求失衡时，以货币供给为标准，调整货币需求量，以适应货币供给量。具体来说，当货币供给量大于货币需求量时，增加货币需求量，使之适应货币供给量；反之，减少货币需求量，使之适应货币供给量。以前者为例，其具体措施如下：

1. 增加商品供给。因为社会总供给决定货币需求，所以，通过商品市场上供给增加，以引导货币需求增加。

2. 中央银行利用外汇储备，扩大进口，从而增加国内商品供给，刺激需求。

（三）混合型调整

混合型调整是指在货币供求失衡时，不是单纯采用供给型或需求型调整政策，而是将二者有机结合起来，同时从两方面着手，以尽快实现货币均衡。

（四）逆向型调整

逆向型调整是指当出现货币供给量大于货币需求量的货币失衡情况时，中央银行采取增加货币供给量来促使货币供求达到均衡。其经济内涵是：如果货币供给量大于货币需求量，同时经济生活中又存在着尚未充分利用的生产要素（如闲置的劳动力、厂商开工不足等），而另一方面一些“短缺产品”社会需求大而供给不足，那么，银行就可以对这类产品追加投资或发放贷款，以促进产品供给的增加，并以此来消化过多的货币供给，使货币失衡变为货币均衡。

第四节　通货膨胀与通货紧缩

一、通货膨胀的含义及成因

（一）通货膨胀的含义

通货膨胀通常表述为由于货币供应过多而引起货币贬值、物价普遍、持续上升的经济现象。

通常理解通货膨胀的含义应包含如下几层意思：（1）通货膨胀是一种纸币现象。是纸币流通条件下特有的经济现象。（2）通货膨胀是一种货币现象。其原因是货币供给量过多。这里的货币包括现金和存款货币。（3）通货膨胀是一种价格现象。通货膨胀的表现是物价普遍、持续的上涨。

想　想

为什么金属货币流通条件下不会出现通货膨胀?

相关链接

第一次世界大战后德国所经历的恶性通货膨胀与 1945 ~ 1949 年中国所爆发的恶性通货膨胀，被看成是世界货币史上恶性通货膨胀的两个典型例子。1937 年美国康乃尔大学的沃伦与皮尔逊教授在他们的著作《世界价格与建筑业》一书中，对德国恶性通货膨胀作了这样直观的描述：如果将 1923 年德国通货膨胀的数据绘成柱状图，其长度将达到 200 万英里。

德国的货币供应量在战前约为 60 亿马克，第一次世界大战时期增加较快，至 1918 年 11 月 17 日宣布停战为止已增至 284 亿马克，相当于战前的 473%，即增加了 3. 73 倍。但德国的通货膨胀并未随大战的结束而终结，相反在战后出现了奔腾式发展，陷入了恶性通货膨胀的深渊。从 1922 年初到 1923 年底，在 2 年的时间里，德国的货币发行量上升到天文数字，1923 年底，德国的货币流通总量，相当于战前的 1 280 亿倍。

中国恶性通货膨胀历程与德国如出一辙。抗日战争爆发初期，货币发行呈温和上升态势，1938 年以后以每年翻番的速度增长，至抗日战争结束后的 1945 年底，发行量较 1937 年 6 月增加了 730. 8 倍。战后，纸币发行更远高于抗日战争时期，1945 年底至 1946 年底，通货发行量在原有基础上增加了 2. 6 倍；1947 年随着内战的全面爆发，货币发行逐月加速提升，1947 年发行量较上年增加 7. 9 倍，1948 年 8 月金圆券发行前夕，法币发行量较 1937 年 6 月增加了 470 704. 4 倍，仅 1947 年 1 ~ 8 月货币发行比上年增加了 19 倍，平均每月增长率达到 45. 4%，换言之几乎每月翻番，法币已处于崩溃的边缘。

1948 年 8 月实行金圆券改革后，货币发行更进入疯狂的加速阶段，从 8 月至次年 5 月短短的 9 个月中，通货发行量增加了 307 124.3 倍，平均每月增长率高达 307%，金圆券最终崩溃，国民党政权随之消亡。1949 年 5 月货币发行量较 1937 年 6 月增加了 1 445.66 亿倍。

（二）通货膨胀的度量

既然通货膨胀是物价总水平的持续明显上涨，通货膨胀的程度也就可以用物价上涨的幅度来衡量。大多数国家一般采用一种或多种物价指数来衡量。

1. 消费物价指数。消费物价指数也称为零售物价指数或生活费用指数，它是根据家庭消费有代表性的商品和劳务（如主要食品、衣服、日用消费品以及水、电、住房、交通、医疗、娱乐等）的价格变动状况而编制的。消费物价指数的优点是资料容易搜集，公布次数较为频密，能够迅速直接地反映影响居民生活费用的物价趋势。缺点是范围较窄，不能反映各种资本品以及进出口商品和劳务的价格变动趋势。

2. 批发物价指数。批发物价指数又称生产者物价指数，是反映包括原材料、中间品及最终产品在内的各种商品的批发价格的变动状况的物价指数。其优点是对商业周期反应敏感，缺点是不包括劳务的价格，且与居民生活没有直接联系，不能准确反映总体物价水平的变动情况。同时其价格波动幅度常常小于零售商品的价格波动幅度，因而，用它判断总供给与总需求的对比关系时，可能会出现价格信号失真的现象。

小贴士

通常用 CPI 代表消费物价指数，用 WPI 代表批发物价指数。

3. 国民生产总值平减指数。国民生产总值平减指数是按当年价格计算的国民生产总值与按不变价格计算的国民生产总值的比率。其优点是范围广泛，除了居民消费品外，还包括公共部门的消费品、生产资料和资本产品以及进出口商品，因此能较准确全面地反映一般物价水平的变动趋势。缺点是资料较难搜集，因需要对不在市场上发生交易的商品和劳务进行换算，因此难以及时更新和发布，在时效上无法满足经济决策的需要。

小贴士

如某国 2009 年的国民生产总值平减指数即 GNP 按当年价格计算为 65 000 亿元，按 1999 年的价格计算为 44 800 亿元，1999 年基期指数为 100，则 2009 年的 GNP 为 $65\ 000 \div 44\ 800 \times 100 = 145$，表示和 1999 年相比，2009 年物价上涨了 45%。如果 2008 年的 GNP 为 138（也是以 1999 年为基期），则 2009 年与 2008 年相比，物价上涨了 $(145 - 138) \div 138 \times 100\% = 5\%$。

（三）通货膨胀的类型与成因

通货膨胀是由许多极其复杂的经济现象形成的，按形成原因不同可划分如下几种类型：

1. 需求拉上型通货膨胀。它是指经济运行过程中社会总需求过度增长，超过了既定价格水平下社会商品和劳务等方面的供给而引起的货币贬值、价格总水平的上涨。当生产资源和要素被充分利用，而社会总需求的增长超过了按现行价格供给的增长速度，社会总供给无法再增加，从而形成总需求大于总供给的膨胀性缺口时，物价就必然上涨。

社会总需求由投资需求和消费需求构成，而投资需求、消费需求又是政府财政支出、银行信贷支出、企业支出和家庭支出形成的。因此，社会总需求过度增长，直观上看是因为投资膨胀、消费膨胀或双膨胀引起的。最终来说，是因为政府财政赤字、银行信用过度扩张、企业过度投资、家庭过度消费引起的。其中主要原因是政府财政赤字和银行信用过度扩张。

2. 成本推动型通货膨胀。它是指在社会商品和劳务总需求不变的情况下，因生产成本提高而引起的物价总水平的上涨。根据成本的各组成部分在刺激物价上涨过程中的作用，具体可分为：

（1）工资成本推动。这是从工资增长过快角度分析通货膨胀的成因，当平均工资增长快于劳动生产率的增长，单位产品成本提高，企业为维持原有利润水平，必然提高企业产品的价格，从而引起物价普遍上涨。

（2）原材料成本推动。这种成本推动以高度社会化大生产为前提。在紧张协作型的社会生产条件下，某一部门的产品往往是另一部门的原材料。当某一部门的产品价格上升，另一部门的成本就相应上升，如农副产品、能源的提价，必然使整个物价的水平相应的上升。

（3）间接成本推动。现代企业为了加强竞争，占领市场，必然增加许多间接成本开支，如广告费等。这种增加的间接成本转嫁到商品价格上去，就会引起物价上涨。

（4）垄断利润推动。这里指国家对可能控制生产和市场的大企业缺乏有效的管理，这些企业为追逐高额利润，牟取暴利，利用它们的特殊地位，控制某种商品或劳务的供应，人为地抬高价格，造成物价总水平的上升。

成本推动型通货膨胀具有较强的攀升惯性。成本上升推动物价上涨，物价上涨又引起新一轮的成本上升，再次推动物价上涨，如此恶性循环，物价持续上升。

相关链接

20 世纪 60 年代末至 70 年代中期，大多数西方国家普遍经历了一次较典型的成本推进型通货膨胀过程。在工资方面，许多国家在这段时间里出现了工时报酬急剧增加的情况。例如，在联邦德国，工时报酬的年增长率从 1968 年的 7.5% 跃升到 1970 年的 17.5%。在同一时期，美国的工时报酬年增长率由 7% 上升到 15.5%。在原材料价格方面，从 1973 年到 1974 年，石油输出国组织（OPEC）历史性地将石油价格提高了 4 倍；到 1979 年，石油价格又再次提高。这两次提价对西方发达国家的经济产生了强烈影响，由此导致的经济萧条被称为“石油危机”。此外，20 世纪 70 年代初期世界各国出现了粮食歉收的情况，世界粮价暴涨。工资的大幅度提高和原材料价格的大幅度攀升使西方主要国家物价上涨，引发通货膨胀现象。

在实际经济生活中，需求拉动和成本推动往往交织在一起，形成混合型通货膨胀。需求膨胀促使物价上升，物价上升又增加社会总成本，进而转化为成本推动，而成本推动通常是以社会总需求的扩大为先导。因此，需求拉动和成本推动互为前提，物价螺旋式上升，极难将两者严格区分。

3. 结构失衡型通货膨胀。它是指在社会总供给与总需求处于均衡状态时，由于结构失衡的因素导致一般物价水平的持续上涨。这种理论的核心思想是：经济中存在两大部门——先进部门与保守部门（或需求增加部门与需求减少部门、扩展部门与非扩展部门、开放部门与非开放部门），由于需求转移、劳动生产率增长的不平衡或世界通货膨胀率的变化，导致一个部门的工资、物价发生变动时，往往会通过部门之间相互看齐的过程而影响到其他部门，由于工资与物价存在刚性，结果会引起物价总水平的普遍、持续上升。

4. 国际传导型通货膨胀。由于国际经济关系日趋密切，投资、贸易、旅游、劳务等交往日益频繁，因此，一国价格的上升很容易经过各种渠道传导至他国，使本来无通货膨胀的国家“输入”了通货膨胀。通货膨胀在国与国之间的传导，主要是通过价格、需求、国际收支以及示范效应等渠道进行的。

二、通货膨胀的危害与治理

（一）通货膨胀对经济的危害

自第二次世界大战以来，西方经济学界就通货膨胀对经济的影响一直存在着“促进”、“促退”和“中性”三种观点的争论。尽管温和型通货膨胀对经济有一定的刺激作用，但现实中通货膨胀对经济的危害却表现得更加突出，这也是政府和各社会主体重视和关注通货膨胀的原因所在。

1. 对流通领域的危害。在通货膨胀时期，由于物价上涨不均衡，使得商品流向价格上涨较快的领域，扰乱了商品正常的流通秩序。同时，由于物价持续上涨，货币贬值，人们不愿意储蓄，出现提前消费、抢购商品的倾向，投机者则趁机哄抬物价、囤积居奇，市场供需矛盾加剧，导致流通领域更加混乱。

2. 对生产领域的危害。首先，在通货膨胀时期，由于物价普遍上涨，生产者容易错误地做出生产决策，将资金投入价格较高的部门，造成资源的不合理配置，导致经济结构失调。其次，由于商品价格不稳定，生产成本、利润不易核算，导致企业生产经营的难度增大，而投资于流通部门的资金周转较快，风险小，获利容易，由此使大量资金流向流通领域，造成生产资金短缺而导致生产萎缩。最后，通货膨胀导致企业技术革新成本上升，使企业不愿意或没有能力进行技术改造，其结果必然影响技术进步，降低劳动生产率，影响产品的升级换代。

3. 对消费领域的危害。在通货膨胀情况下，物价上涨、货币贬值，原来相同数量的货币不能买到与原来同等的生活资料。人们实际收入水平下降，消费水平下降。

4. 对分配领域的危害。在通货膨胀时期，虽然人们的名义货币收入可能提高，但由于社会各阶层收入来源不同，有的人实际收入会提高，有的人实际收入会下降。通货膨胀最大的受害者是固定收入者和低收入者。这种不公平的国民收入再分配容易引起社会不稳定。

想一想

哪些是固定收入者和低收入者？通货膨胀对债权人和债务人有什么影响？

（二）通货膨胀的治理

正是因为通货膨胀会破坏正常的经济秩序，增加不确定性。尤其是在发生严重通货膨胀时，货币功能丧失，经济面临崩溃，可能危及政府统治。因此，各国政府都要采取措施加以治理。主要有以下政策措施：

1. 控制需求政策。对于总需求过度膨胀引起的通货膨胀可以采取紧缩需求的政策。减少总需求的途径主要有紧缩性财政政策和紧缩性货币政策两种措施。

财政政策的紧缩措施有：（1）削减政府支出；（2）限制公共事业投资和公共福利支出；（3）增加赋税。

货币政策的紧缩措施有：提高法定存款准备金率、提高再贴现率、通过公开市场出售政府债券。

2. 物价和收入管制政策。物价和收入管制政策是指政府制定一套关于物价和工资的行为准则，由价格决定者（劳资双方）共同遵守。其目的在于限制物价和工资的上涨率，以降低通货膨胀率，同时又不造成大规模的失业。物价和收入管制政策主要针对成本推进型的通货膨胀。可以采取以下形式：

（1）工资——物价指导线限制。所谓“指导线”，就是政府当局在一定年份内允许货币总收入增长的目标数值线，并据此相应的采取控制每个部门工资增长率的措施。

（2）以税收为手段的限制。政府以税收作为奖励和惩罚的手段来限制工资和物价的增长。如果增长率保持在政府规定的幅度之内，政府就以减少个人所得税和企业所得税作为奖励；如果超过界限，就增加税收作为惩罚。

（3）强制性限制。政府颁布法令对工资和物价实行管制，甚至实行暂时冻结。

但是，物价和收入管制政策也存在着缺陷：首先，如果是保守性的指导性政策或税收性政策，效果取决于劳资双方与政府能否通力合作；其次，强制性的收入政策会妨碍市场机制对资源的有效配置；再次，通过价格管制可能使公开的通货膨胀变为隐蔽型的，一旦重新开放价格，通货膨胀会以更大的力量爆发出来。

3. 改善供给政策。供给不足，需求相对过剩，是引起通货膨胀的主要原因。因此，可以通过提高劳动生产力，降低商品成本，增加有效供给。改善供给政策主要有：（1）降低税率（减税）；（2）削减社会福利开支；（3）稳定币值；（4）减轻企业负担，刺激企业创新积极性、刺激投资、刺激产出等。

此外，还可以通过实行有松有紧、区别对待的融资政策，合理配置社会资源；发展对外贸易，扩大进口；改善劳动力市场结构等措施。增加社会的有效供给，平抑物价，抑制通货膨胀。

4. 结构调整政策。考虑到通货膨胀的结构性因素，应使各产业部门之间保持一定的比例，从而避免某些产品供求因结构性失调而推动物价上涨，特别是某些关键性产品，如食品、原材料。为此，要实行微观财政、货币政策，影响需求和供给的结构，以缓和结构失调而引起的物价上涨。微观财政政策包括税收结构政策和公共支出结构政策，微观货币政策包括调整利息率结构和信贷结构。

三、通货紧缩的含义及成因

（一）通货紧缩的含义

通货紧缩是与通货膨胀相对的一个概念，通常是指由于货币供应量相对于经济增长和劳动生产率增长减少而引起有效需求严重不足、一般物价水平持续下跌和经济衰退的现象。通货紧缩也是一种货币现象，其根源是社会总需求小于总供给。理解通货紧缩的含义要注意把握以下几点：（1）通货紧缩的主要标志是物价总水平的持续下降；（2）通货紧缩通常伴随着生产下降、经济衰退。

小贴士

通货紧缩所反映的物价总水平的下降应有一定的持续时间，巴塞尔国际清算银行提出的标准是：一国消费品的价格连续两年下降可被视为通货紧缩。

消费物价指数是衡量通货紧缩程度的常用指标。

（二）通货紧缩的成因

一般地说，不同国家不同时期出现通货紧缩的具体原因都有所不同，要做具体的分析。但就一般原因而言，主要有以下方面：

1. 有效需求不足的原因。当预期实际利率进一步降低和经济走势不佳时，消费和投资会出现有效需求不足，导致物价下跌，形成需求拉下型通货紧缩。

2. 生产力水平提高和生产成本降低的原因。社会的科技进步与创新必然提高社会生产力水平，放松管制和改进管理会降低生产成本，这就造成了生产能力的过剩。在供给大于需求的情况下，物价下跌不可避免。从而出现成本压低型通货紧缩。

3. 结构失调的原因。由于产业结构不合理或投资、消费需求结构的变化，出现结构性的生产过剩，从而造成了过多的无效供给，当积累到一定的程度时，必然会加剧供求之间的矛盾，使许多商品价格下跌，导致结构型通货紧缩。

4. 经济周期的变化。经济周期达到繁荣阶段，生产能力严重过剩，供大于求，引起物价下跌，出现经济周期型通货紧缩。

5. 财政货币政策的原因。政府如果前期实行紧缩性的财政货币政策，可能导致货币供给偏紧或不足，从而引起物价下跌，出现政策型通货紧缩。

6. 本币汇率高估和其他外部冲击的原因。本币汇率高估会减少出口、扩大进口，会加剧国内供大于求的矛盾，导致物价下跌；在经济全球化和金融全球化的情况下，国际市场的动荡也会引起国际收支逆差或资本外流，形成外部冲击型的通货紧缩的压力。

四、通货紧缩的危害与治理

（一）通货紧缩的危害

就总体而言，通货紧缩与通货膨胀一样，会对经济造成不利影响，导致实体经济衰退。具体影响主要表现在：

1. 通货紧缩会打击生产者的积极性。一方面，物价普遍的、长期的低迷，使生产者无利可图，甚至出现亏损；另一方面，由于有效需求不足，生产者的产品销售困难，库存积压增多。这两方面都会打击生产者的生产经营积极性，从而导致生产发展缓慢以至于停滞。

2. 通货紧缩会抑制消费。一方面，由于物价下跌，人们会延迟消费；另一方面，在通货紧缩条件下，人们的就业预期、工资收入预期都趋于下降，消费者会因此缩减支出、增加储蓄。

3. 通货紧缩会加重债务人负担。通货紧缩一旦形成，实际利率必然上升且呈持续上升态势，使企业的债务负担增加，从而影响其借款投资的积极性，利用信用扩大再生产的意愿也随之减弱。

4. 通货紧缩会增加银行不良资产。通货紧缩条件下，企业一方面因债务负担加重，增加了还本付息难度；另一方面又因产品价格持续下降，利润随之下降甚至出现亏损。这些企业的实际困难最终会体现在银行的不良资产上，致使银行不良资产上升。

5. 通货紧缩会导致经济衰退。通货紧缩是经济衰退的助推器。由于通货紧缩增加了货币购买力并且实际利率上升，因此，人们倾向于更多地储蓄、更少地支出。这样，个人消费支出受到很大的抑制。与此同时，投资项目因实际利率水平的上升而变得没有吸引力，全社会的投资性支出因而减少。此外，商业活动的萎缩会导致失业率上升并形成工资水平下降的压力。最终，投资需求和消费需求的下降会造成经济衰退。

（二）通货紧缩的治理

正是因为通货紧缩对经济的危害，所以各国也要采取措施治理通货紧缩。主要政策措施有：

1. 扩张性财政政策。主要表现为：扩大财政支出和减免税收。以促进社会总需求和经济的增长。其优点是：动员迅速，作用直接。

小贴士

为了治理通货紧缩，从 1998 年开始，我国采取积极的财政政策。1998～1999 年，政府共发行 2 100 亿元长期国债，2000 年又发行了 1 000 亿国债。

2. 扩张性货币政策。主要表现为：降低法定存款准备金率、降低再贴现率和在公开市场购买有价证券，以增加社会的货币供给，刺激需求增长。如下调贷款利率，可刺激企业投资；增加对企业贷款和对居民的消费贷款，可扩大投资需求和消费需求等。

小贴士

为了治理通货紧缩，从 1996 年 5 月 1 日到 2002 年 2 月 21 日，我国中央银行连续 8 次调低利率，从 10.98% 下调到 1.98%。

3. 提高居民收入水平，鼓励消费。居民收入和消费支出的稳定上升是防止物价持续下跌的重要条件。政府要充分利用各种政策组合，创造增加社会消费的条件，使居民收入能够稳定增长，以增加居民的消费需求。

4. 增加汇率制度的灵活性。增加汇率制度的灵活性，可以缓减国内价格被动下降的压力，促使国内价格回升，降低实际利率预期，有利于摆脱通货紧缩困境。

此外，还可以采取调整产业结构、引导预期消费行为等措施，来扩大社会总需求，加快经济增长。

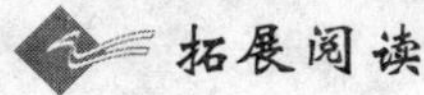

日本通货紧缩对其经济的影响

日本是当今世界上最先经历通货紧缩袭击的国家。

1986～1987 年，日本经济衰退，消费物价指数与生产资料价格指数双双负增长，通货紧缩首次袭击日本经济。

1992 年，日本房地产泡沫破裂后，资产价格大幅缩水，通货紧缩再次光顾日本。为了治理通货紧缩，日本财政、货币“双管齐下”，财政赤字逐年扩大，货币供给日趋加大。1992～1996 年，日本狭义货币供给逐年快速增长，1996 年的年均增速接近 17%。在货币供给快速增长的刺激下，日本物价水平迅速回升，不仅生产资料价格指数接近 2%，而且消费物价指数已超 2%。日本经济看到逃离通货紧缩困扰的曙光。

1997 年亚洲金融危机爆发后，日本经济备受打击，物价水平迅速下跌。有些专家提出了日本治理通货紧缩应结构调整先行的“良方”；有些专家开出了“低利率”的治理“猛药”。日本有关部门照方抓药，1997～1999 年开始实施“低利率政策”，但效果并不见显著。2000 年，日本政府在启动“零利率政策”的同时，开始加大狭义货币的投放力度。在扩张性财政、货币政策的刺激下，通货紧缩有所好转，但经济运行依然低迷。

2002 年，日本通货紧缩依然严重。仅在 2002 年 1 月份，日本全国的消费物价指数比上年同期下降 1.4%，2 月份东京的物价水平下跌 1.7%，而且这是持续 30 个月出现下跌。日本公司的破产数量大增，失业率上升，消费水平不断下降。

2009 年 11 月 20 日日本政府公布了 11 月月度经济报告。在 11 月份月度经济报告中正式宣布，经济再次陷入通货紧缩。综观全年日本经济，从主要经济数据看，经济有所好转，其中，出口回暖和政府经济刺激支出是两大功臣。然而，日本接连向好的经济数据却被普遍认为是“看上去很美”。实际的国民生活状况并没有明显改善，内需不足，经济环境也在逐步恶化，通货紧缩和汇率问题更是让日本企业面临巨大生存压力。

早稻田大学教授认为，财政刺激政策效果消失后，日美等发达国家面临的最大问题是内需不足。日本雇员的薪水现在一直呈下降趋势，虽然政府努力利用政策刺激消费，但民间消费仍然较弱。长期通缩可能导致日本经济陷入物价下跌、经济恶化的恶性循环，可能致使企业盈利下挫、消费停滞，进而损害实体经济，最终增大通缩的“螺旋式”上升风险。

日元升值同样让日本企业面临巨大生存压力，就像一把利刃刺在日本尚未恢复完全的经济病体上。由于日本以出口外向型企业为主，对外依赖程度高，日元走高打压了出口企业的效益。日元对美元的比价每升值 1 日元，那么企业年利润降幅将扩大 1.6 个百分点。企业经营状况恶化，将推高失业率，加重严峻的内需形势，通缩状况也将恶化。

2009 年 12 月 8 日日本政府在内阁会议上宣布，面对“二次衰退”风险增加的现实，日本政府发起了一项总额为 24.4 万亿日元的新经济刺激计划。这项计划主要涉及就业、环保、中小企业融资、支持地方政府和民生等领域。为此，日本政府将通过财政手段投入 7.2 万亿日元，并将其列入 2009 财政年度的第二次补充预算。但庞大的刺激方案使政府不得不承受更大的财政压力。亚洲开发银行首席经济学家李钟和指出，日本政府推出新的经济刺激计划，无疑将支撑目前微弱的复苏，但实施经济刺激计划而引发的政府债务问题同样令人担忧。

知识要点

1. 货币需求是指社会微观经济主体在既定的国民收入分配范围内对持有货币形式的需求。在市场经济条件下，货币需求包括交易性货币需求、储备性货币需求和投资性货币需求。货币需求存在名义货币需求与实际货币需求、微观货币需求与宏观货币需求的区别。影响货币需求量的因素主要有：收入状况、价格水平、利率和金融资产收益率、货币流通速度和信用制度的发达程度。

2. 货币供给是指发行主体通过其业务活动向生产和流通领域提供货币的整个过程。货币供给量是指在一定时点上流通中的货币存量。它是指被社会各个阶层所持有的，由发行者所提供的货币总量。一般以流动性为标准将货币划分为四个层次。

3. 货币供给的主体是中央银行和商业银行。中央银行通过控制基础货币、影响货币乘数来调控货币供给；商业银行通过其信贷活动来提供和创造货币。但货币供给还会受到一些其他因素的影响。

4. 货币均衡是指在一定时期内，货币供给量与国民经济发展对货币的客观需要量基本上相适应的一种状况，它包括货币供求总量上的平衡和结构上的平衡。判断货币均衡的标志主要是综合物价指数。货币均衡与社会总供求平衡密切相关。政府可以通过一系列政策措施来实现货币均衡。

5. 通货膨胀通常表述为由于货币供应过多而引起货币贬值、物价普遍持续上涨的经济现象。通货膨胀的程度可以用物价指数来衡量。通货膨胀按成因主要有：需求拉上型、成本推动型、结构失衡型和国际传导型。持续的通货膨胀会对一国经济产生很大的负面影响，必须加以治理。

6. 通货紧缩是一个与通货膨胀相对的经济范畴，通常是指商品和劳务价格普遍持续下跌、经济衰退等现象。通货紧缩与通货膨胀一样，会对经济造成不利影响，应及时治理。

课堂讨论题

结合实际谈谈我国经济中通货膨胀与通货紧缩分别是在什么情况下出现的？怎样有效治理？

推荐阅读

1. ［英］葛霖．金融的王道．北京：中国人民大学出版社，2010
2. ［美］希亚特．货币阴谋．北京：当代中国出版社，2009
3. 钱晔．货币银行学．大连：东北财经大学出版社，2003
4. 黄达．货币银行学．北京：中国人民大学出版社，2000
5. 戴国强．货币银行学．上海：上海财经大学出版社，2001
6. 郭也群，许文新．金融概论．上海：上海财经大学出版社，2005
7. 李燕君等．货币金融学解读．北京：中国金融出版社，2005
8. 钱小安．通货紧缩论．北京：商务印书馆，2000

第十章

货币政策

学习目标

通过本章学习，使学生了解货币政策含义及其构成要素，明确货币政策的最终目标及其含义；理解货币政策最终目标、中间目标与操作目标的含义及关系；掌握货币政策工具的种类及特点；了解货币政策传导机制的基本原理，明确货币政策效应，掌握货币政策与财政政策配合的必要性与方式。

案例导读

近年来，经济“过热”、“过冷”的字眼频频见诸报端，经济学家们也经常为了经济到底是“热”还是“冷”吵得不可开交，中央银行到底该怎么办也成为关注的焦点。

比如中国人民银行从2003年9月21日起，为了控制商业银行货币信贷增长过快而可能带来的通货膨胀压力，提高存款准备金率一个百分点，即存款准备金率由6%调高至7%。除农村信用社和城市信用社仍执行6%的存款准备金率外，其余中外资金融机构都按新的存款准备金率调整。从而有效地控制了固定资产投资的过快增长。

2008年金融海啸爆发后，为了防止经济大幅度下滑，各主要国家中央银行都纷纷调低基准利率，实行扩张型货币政策，同时配套扩张的财政政策。至2009年第三季度，各国经济开始出现回暖，一些国家为了防止出现预期的通胀，又开始或准备调高基准利率。

由此可见，中央银行的货币政策对一国经济乃至全球经济都有着至关重要的影响。那么，什么是货币政策？货币政策的目标是什么？有什么可以操作的货币政策工具？货币政策的效果如何？这是我们在此要了解和解决的问题。

第一节　货币政策目标

货币政策是指一国货币当局（主要是中央银行）为实现其预定的宏观经济目标而采用的各种控制和调节货币供应量，进而影响宏观经济的方针和措施的总和。货币政策的构成要素有五个，即货币政策的最终目标、政策工具、中间目标、传导机制及政策效果，这五个要素及它们之间的关系构成了货币政策体系的总体框架。

最终目标是中央银行通过货币政策操作而最终要达到的宏观经济目标，如稳定币值、经济增长、充分就业、国际收支平衡等。但是，中央银行并不能对这些目标加以直接控制，而只能通过货币政策工具对它们施加间接的影响和调节，使之进入中央银行的目标区。由于这个过程具有较长的时滞，如果中央银行等到这些影响和效果在最终目标上反映出来再来对政策进行修正，可能已经为时已晚，因而其错误也将是难以挽回的。因此，为了及时准确地监测和控制货币政策的力度和效果，中央银行需要有一套便于决策和控制的中间目标和操作目标，将货币政策工具的操作与货币政策的最终目标联系起来。

与货币政策工具紧密联系的是操作目标，它是中央银行通过货币政策工具能够有效准确实现的直接政策变量，如准备金、基础货币等。如果再做细分，还有法定准备金、超额准备金及借入准备金等。这些变量对货币政策工具的变动反应较为灵敏，是政策工具操作直接引起变动的指标，也是在中央银行体系内首先变动的指标。

中间目标或称之为中介目标，处于最终目标和操作目标之间，是中央银行在一定的时期内和某种特定的经济状况下，能够以一定的精确度达到的目标，主要是货币供应量和利率。在一定条件下，信贷量和汇率也可以充当中间目标。这些中间目标是政策工具操作后，经由中央银行体系内部指标变化，引起整个金融体系指标变化的指标，它们与货币政策的最终目标联系密切。它们的变动可以较好地预告最终目标可能出现的变动。最终目标、中间目标、操作目标的宏观性从强到弱，可控性从弱到强，构成一个重要的目标体系。中央银行通过对操作目标、中间目标再到最终目标的跟踪，可以及时有效地监测和控制其货币政策效果。

相关链接

假定2×××年中央银行的就业和物价目标及名义 GDP 的增长率8%保持一致。如果中央银行认为8%的名义 GDP 增长率可以由7%的 M_2（中间目标）增长率来实现，而该指标又可以通过6%的基础货币（操作目标）增长率来实现，中央银行就会通过公开市场操作及再贴现业务（政策工具）来达到6%的基础货币增长率。在实施货币政策后，中央银行如发现基础货币增长太慢，比如说2%，它就以增大公开市场操作与再贴现业务规模来调整这个太慢的增长率；过一些时候，中央银行可以检查这一政策对 M_2 的影响效果。如果 M_2 增长太快，比如说超过 7%，中央银行可以减少公开市场购买与再贴现，降低 M_2 增长率，使之保持在目标值 8% 的水平上，进而实现最终目标。

一、货币政策的最终目标

货币政策的最终目标在不同的国家、不同的历史时期是有差别的，它取决于一个国家所处的经济环境、面临的经济问题，也受其所奉行的经济理论的影响。

西方国家货币政策的最终目标形成大致经历了如下的历史过程。（1）从 17 世纪末英格兰银行诞生到 1930 年以前漫长的历史过程中，西方货币政策都以稳定币值为唯一目标；（2）1930 年以后，各主要西方国家货币政策目标由原来的稳定币值转化为以实现充分就业为目标；（3）第二次世界大战爆发以后，各国政府普遍把稳定币值与充分就业作为主要的货币政策目标；（4）在第二次世界大战以后的十几年里，各国中央银行的货币政策目标又在原来的基础上发展成为稳定币值、充分就业、经济增长三大目标；（5）20 世纪 70 年代初，随着布雷顿森林体系的崩溃，美国首先提出了平衡国际收支的经济目标。各国中央银行的货币政策目标也相应地发展为四个，即稳定币值、充分就业、经济增长和国际收支平衡。

（一）稳定币值

稳定币值就是设法使一般物价水平在短期内不发生显著的波动。在信用经济时代，物价的变动是纸币变动的指示器，是衡量货币流通正常与否的主要标志。这里的物价水平是指一般物价水平，而不是指某种商品的价格。

从各国的情况来看，衡量一般物价水平变动的指标通常有三个：第一，国民生产总值平减指数；第二，消费物价指数；第三，批发物价指数。当然，三种指标包括的商品范围不同，反映的物价变化也都有一定的局限性，但它们在变动趋势上应该是一致的。

物价水平的稳定既包含防止物价水平上涨的意思，也包含防止物价水平下跌的意思。稳定物价不是冻结物价，而是指把物价的变动控制在一定的幅度之内，只要物价的上升或下跌不超过这个幅度，就可以称得上实现了稳定物价的目标。

小贴士

物价变动幅度确定不仅取决于一个国家的政治经济环境，而且还取决于社会公众的容忍程度。一般认为，物价上涨率能控制在 2% ~4% 以内就基本上算实现了物价水平的稳定，而对于物价下跌的控制幅度目前并没有达成共识的标准。

在开放经济条件下，维持币值的稳定，不仅是指要维持货币对内价值的稳定，而且还要维持货币对外价值稳定。

（二）充分就业

西方经济学者认为，充分就业并不是社会劳动力 100% 的就业，而是应该排除两种失业，一是摩擦失业，即由于季节性、技术性、经济结构等原因造成的临时性失业；二是自愿性失业，即劳动者不愿意接受现行工资水平和工作条件而引起的失业。凯恩斯学派认为，除了上述两种失业外，还存在着非自愿失业，即劳动者接受现行的工资水平和工作条件，但仍然找不到工作。社会存在着非自愿性失业，就说明未达到充分就业。至于失业率为多少时可被称为充分就业，目前仍无统一标准。有的经济学家认为，只要失业率低于5%就可以看成是充分就业了；而有的经济学家认为这个比率太高，应该将失业率控制在2%～3%以下，否则就不能算实现了充分就业。因此，具体将失业率维持在什么水平以内，各国应根据不同的社会经济条件和发展状况来作出判断。

相关链接

充分就业是衡量一国资源利用程度的指标。严格意义上的充分就业不仅指劳动力的充分就业，还包括其他生产要素的充分就业，即充分利用。其他生产要素的利用程度很难测算，但与劳动力就业状况保持着基本一致的关系，故一般以劳动力的就业程度为标准，即以失业率指标来衡量劳动力的就业程度。

小贴士

所谓失业率，是指失业人数（愿意就业而未能找到工作的人数）与愿意就业的劳动力的百分比，失业率的大小表示与充分就业目标的差距，失业率越高，距离充分就业目标越远。

（三）经济增长

经济增长是指一国在一定时期内所生产的最终商品和劳务总量的增加，是指国内公众拥有的财富的增加。常用的衡量经济增长的指标是GDP即国内生产总值，一般以国内生产总值扣除价格变化因素后的年增长率来测算。但是这个指标并非总能准确地衡量出实际经济的变化情况。因为有时候，出于宣传的目的，统计数字的使用可能带有事实上的虚假因素，即使统计数字是准确的，但在产值增长的背后，也可能隐藏环境的污染、资源的浪费等消极因素。但是，由于经济增长这一目标主要关心的是一个时期的经济增长是否比另一个时期相对好一些，整体经济是否处于稳定的增长状态中，所以，在没有更好的指标情况下，各国中央银行只好把国内生产总值增长作为目标。

相关链接

至于货币政策应当追求多高的经济增长，则取决于经济增长利益和经济增长成本之间的权衡和比较。实现一定速度的经济增长，必须付出一定成本和代价，社会公众必须忍受目前消费减少的痛苦以进行储蓄和投资，经济增长还可能带来环境的污染与能源消耗等等，而经济增长的最大利益是增加社会公众的未来福利。适度的经济增长，从理论上来讲就是经济增长的边际成本和边际收益相等时的经济增长率，但是很难推算。弗里德曼认为，只要经济增长能够提高社会公众的干劲，使社会资源得到充分利用，那么这个经济增长率就是合理的、适度的。

（四）国际收支平衡

国际收支平衡是指一国对他国的全部货币收入和货币支出相抵之后略有顺差或略有逆差

的状态。在经济日益全球化的情况下，国际收支状况对国内货币供应量与价格总水平的影响也日趋增大。大量顺差会增加国内货币供应量，从而造成通货膨胀的压力。大量的逆差则会增加国内商品供应量，从而造成通货紧缩的压力。可见，国际收支平衡是一国经济稳定增长的重要条件。

货币政策的四个最终目标，实际上也是政府所有宏观经济政策追求的目标。各目标之间的关系从根本上说是相互促进和统一的，但冲突也时常发生，各目标难以同时实现。例如，充分就业与经济增长二者呈正相关关系，想保持充分就业和经济增长就有可能造成物价不稳定；如果要控制通货膨胀，保持物价稳定，就有可能牺牲充分就业和经济增长。因此，各国中央银行一般是根据一定时期社会经济发展的总体需要选择其中一两个目标作为最终目标的侧重点。《中国人民银行法》中明确规定我国的货币政策目标是：保持币值稳定，并以此促进经济增长。

二、货币政策的中间目标

（一）中间目标的选择标准

根据货币政策中间目标的地位、作用及其特征，货币政策中间目标的选择必须满足以下三个标准：

1. 可控性。作为货币政策中间目标的金融变量要能为中央银行所控制，直接处于中央银行运用的调控手段的作用范围之内。也就是说，中央银行能够通过自身的政策手段控制中间目标的变化方向和变化幅度。

2. 相关性。作为货币政策中间目标的金融变量必须同货币政策工具及最终目标这两者都有密切的关系，即货币政策工具的运用能引起中间目标的变化，而中间目标的变化又能促使最终目标的实现。

3. 可测性。这是指中央银行能迅速而准确地收集到有关中间目标的数据资料，便于进行定量分析。

（二）可供选择的中间目标

在现实经济生活中，各国中央银行可选择的中间目标主要有：利率、货币供应量、汇率等。

1. 利率。在20世纪70年代以前凯恩斯主义占统治地位时，各国中央银行都把利率作为主要的中间目标。将利率作为中间目标的主要理由是：（1）可控性强。中央银行可直接控制再贴现率，而通过公开市场业务或再贴现政策，能调节市场利率的走向。（2）可测性强。中央银行在任何时候都能观察到市场利率的水平及结构，可随时搜集这些利率的资料进行分析。（3）相关性强。利率对企业投资、居民消费与储蓄行为有重要的影响，利率的变化可以调节总需求，进而影响产出水平。

但是，利率作为中间目标也存在缺点：（1）中央银行能够控制的是名义利率，而对经济运行产生实质影响的是预期实际利率。预期实际利率等于名义利率减去通货膨胀预期。由于没有计量通货膨胀预期的直接手段，因此预期实际利率是很难准确计量的，中央银行对预期实际利率也就很难准确控制。（2）利率对经济活动的影响更多地依赖于企业与居民的投资与消费行为对利率变动的敏感性，即投资与消费的利率弹性。投资与消费的利率弹性大，利率变动对经济活动的影响就大，反之则小。在投资与消费利率弹性较小的情况下，利率的变化无法影响产出与物价水平，从而使中央银行难以通过利率的调节实现其最终目标。

小贴士

例如，为刺激内需，治理通货紧缩，从1996年5月1日到2002年2月21日，我国中央银行曾连续8次下调存贷利率，但这对总需求影响并不显著。再如，日本在20世纪90年代也反复下调利率，直至降到0.5%的极低水平，但仍无法刺激其经济复苏。

2. 货币供应量。货币供应量是以弗里德曼为代表的现代货币主义者所推崇的中间目标。20世纪70年代中期至80年代，各国中央银行纷纷将中间目标由利率改为货币供应量。把货币供应量作为中间目标的理由是：（1）从可测性看，货币供应量随时都分别反映在中央银行和商业银行及其他金融机构的资产负债表内，可以进行量的测算和分析。（2）从可控性看，货币供应量等于基础货币与货币乘数的乘积，中央银行通过控制基础货币可以间接地对其进行控制。（3）从相关性看，一定时期的货币供应量代表着当时社会的有效需求量和整个社会的购买力，直接影响着货币政策最终目标的实现。因此，货币供应量与货币政策最终目标之间有着密切的联系。

但是也有一些学者认为，货币供应量不是理想的货币政策中间目标，因为货币供应量也要受到一些非政策性因素的影响，如公众持有现金的比例的变化、不同层次间货币量的变化、非银行金融机构的信用活动、财政政策的变化等都会对货币供应量产生影响，从而使中央银行难以准确地控制货币供应量。

20世纪90年代以来，一些发达国家先后放弃以货币供应量作为货币政策的中间目标，重新转向以利率作为中间目标。原因是80年代以来的金融创新、金融管制放松和全球金融一体化，使得各层次的货币量之间的界限更加不确定，使得基础货币的扩张系数失去了以往的稳定性，也使货币总量同最终目标的关系更加不确定，最终导致中央银行失去了对货币总量供给的强有力的控制。

3. 汇率。有些国家将汇率作为货币政策的中间目标，这些国家往往是一些实行开放经济的小国或地区。这些国家或地区的中央银行确定本国货币同一个较强国家货币的汇率水平，并通过货币政策操作钉住这一水平，以此实现其最终目标。实行钉住汇率的国家需要具备一些条件：第一，经济开放程度高，而且对一个实力较强的国家依存度高；第二，金融对外开放程度高，资本可以自由流入与流出；第三，经济规模小。将汇率作为中间目标的优点是：（1）将本国货币与另一物价稳定且为强势货币国家的货币汇率稳定在一定的水平上，有利于在短期内将物价水平控制在一定的范围内。（2）如果公众认为政府的汇率目标是可信赖的，那么政府或央行就可以借此将公众的通货膨胀预期锁定在强势货币国家较稳定的通货膨胀率水平上。（3）汇率目标具有简单和清晰的优点，易于为社会公众理解。

小贴士

如为了稳定物价，香港从1983年10月17日开始实行美元联系汇率制度。

汇率目标尽管有上述优点，但其本身的缺点也是很明显的。最突出的问题是汇率目标使钉住国家货币极易受到投机行为的攻击而发生货币危机。对于新兴市场国家，由于其监管不力、央行货币政策操作缺乏透明度，以及国内以外币记值债务的增加，使这些国家在汇率目标下遭受的可能不仅仅是货币危机，而是严重的金融危机。

小贴士

1997年东南亚金融危机，使泰国被迫放弃原来的美元钉住汇率制度。

温馨提示

选用哪一个指标作为货币政策的中介目标，除满足可测性、可控性、相关性三个基本条件外，还应考虑其抗干扰性和与经济体制、金融体制的较好适应性。由于各国经济体制、金融体制不一致，同一国家不同时期的经济发展状况也不同，而货币政策的中介目标没有绝对优劣之分，所以，理想的货币政策中介目标的选择和确立需要经验积累。

三、货币政策的操作目标

中央银行可选择的主要货币政策操作目标有准备金、基础货币和货币市场利率。

1. 准备金。准备金是中央银行各种货币政策工具中影响中间目标的主要传递指标。法定存款准备金率的变动直接导致准备金的变动再影响到中间目标；再贴现率的变动既通过告示作用影响市场利率，也通过影响再贴现贷款数量影响商业银行借入储备；公开市场业务则通过债券的买卖影响商业银行的非借入储备再影响中间目标。商业银行准备金越多，其增加贷款的能力就越强，反之就越弱。准备金的增加，意味着市场银根宽松，反之则意味着市场银根紧缩。因此，以准备金为操作目标，有利于监测政策工具的调控效果，及时调节和有效控制其方向和力度。

准备金有不同的计量口径：准备金总额、法定准备金、超额准备金、借入准备金、非借入准备金等。借入准备金是指商业银行等存款机构通过向中央银行再贴现和再贷款形成的储备；非借入准备金则是指商业银行等存款货币机构通过公开市场业务形成的储备。人们对选择哪一个准备金指标作为操作目标存在分歧。从实践来看，采用不同计量口径的准备金作为操作目标，各有利弊。

小贴士

1979年10月至1982年10月，美联储的操作目标为非借入准备金，此后则改为借入准备金。我国自1998年3月以后，超额准备金成为中国人民银行一个主要操作目标。

2. 基础货币。基础货币也是中央银行可选择的重要操作目标。基础货币也被称为“强力货币”和“高能货币”，充分显示了其在货币创造中的重要作用。由于货币供给总量等于基础货币乘以货币乘数，在货币乘数一定或货币乘数变动可预测的情况下，控制住基础货币也就控制住了货币供给总量。

基础货币是由准备金和流通中现金组成的，二者均是货币创造的基础。因而作为操作目标，综合考虑二者在内的基础货币比只考虑其中之一的准备金更为有利。特别是在金融市场发育程度较低、现金流通比较高的情况下，控制基础货币显然比单纯控制准备金更为重要。当中央银行通过公开市场业务购买债券时，其对准备金的影响取决于债券出售者将其所得款项以现金形式持有还是存入中央银行。如果以现金形式持有，则对准备金就没有影响；如存入中央银行，则准备金总额增加。但不管是以现金形式持有还是存入中央银行，其对基础货币的影响都是一样的。因此，中央银行通过公开市场业务对基础货币的控制比对银行准备金的控制准确性要强得多。

当然，中央银行对基础货币的控制也不是完全的。相比而言，对由公开市场业务形成的那部分基础货币，中央银行控制力较强。对其余部分，即由再贴现和再贷款创造的那部分基础货币，中央银行控制力较弱。此外，通过基础货币控制货币供给总量还取决于货币乘数是否稳定可测。

想一想

中央银行公开市场业务与再贴现、再贷款对基础货币的控制有何差别？

3. 货币市场利率。20 世纪 90 年代以来，国外许多中央银行在放弃了以货币供应量作为中间目标之后，随之将操作目标改为货币市场利率，如同业拆借利率、回购利率等。例如，美联储运用其政策工具影响存款机构在美联储持有的储备余额的需求和供给，以此影响联邦基金利率。联邦基金利率是存款机构以其在美联储的储备余额做隔夜借贷交易时的利率，相当于银行同业隔夜拆借利率。每次美联储召开例会要调整的都是美联储的联邦基金目标利率，即美联储希望存款机构间的同业拆借利率要达到的利率水平。若存款机构的实际同业拆借利率不同于联邦基金的目标利率，美联储可能运用必要的和合适的政策工具影响存款机构同业拆借市场的资金供需状况，以引导实际同业拆借利率朝联邦基金的目标利率靠拢。这是通过短期利率影响长期利率，再影响美元汇率，从而作用到货币供应量和信贷量，最终影响产出、就业和价格。

第二节　货币政策工具

中央银行确定其货币政策目标后，就需要运用一套行之有效的调控工具来保证政策目标的实现，这就涉及中央银行的货币政策工具问题。货币政策工具是中央银行为实现货币政策目标而采取的调节、控制货币供应量与利率的具体手段和措施。一般来说，货币政策工具包括一般性货币政策工具、选择性货币政策工具、直接信用控制工具与间接信用指导。

一、一般性货币政策工具

一般性的货币政策工具是指各国中央银行普遍运用或经常运用的货币政策工具。它主要是调节货币供应量、信用量和一般利率水平，因此，又称为数量工具。它包括法定存款准备金政策、再贴现政策以及公开市场业务，即通常所说的中央银行的“三大法宝”。

（一）“三大法宝”之一：威猛的存款准备金政策

所谓的存款准备金政策，是指中央银行通过调整法定存款准备金比率，来影响商业银行的信贷规模，从而影响货币供应量的一种政策措施。它是效果较强的工具。

为了让商业银行维持稳健经营，许多国家都以法律形式规定，商业银行在吸收存款的同时必须拿出一定比例的现金存在中央银行，这个比例就被称作法定存款准备金率。

从理论上讲，有了存款准备金，商业银行创造存款的能力就受到限制。提高存款准备金率，商业银行存款创造的能力就减弱，货币供应量就会成倍减少；相反，降低存款准备金率，商业银行存款创造的能力就增强，货币供应量就会成倍增加。从一个国家的范围看，由于所有商业银行吸收的国内存款规模庞大，总额常常以万亿计，在这样的基数下，法定存款准备金率 1 个百分点的变动就会引起法定准备金成百上千亿元的变动。可见，中央银行只需要很小幅度变动存款准备金率，就可能对全社会的货币供应量产生较大影响。

存款准备金政策是一种威力强大但不宜常用的货币政策工具。就这一政策工具的实际效果而言，它往往能迅速地达到预定的中介目标，甚至能迅速地达到预期目标。例如，在一国经济出现较严重的通货膨胀时，如果中央银行提高法定存款准备金比率，商业银行就必须缩减信贷规模，甚至将收回原来发放的贷款，以弥补法定存款准备金的不足。于是，货币供应量将迅速减少，通货膨胀就将迅速得到遏制。不过，在实际中，存款准备金政策的力度强弱还受商业银行超额准备金等因素的影响。如果由于某些原因超额准备金偏多，就会对法定准备金率的调整形成一定的“缓冲”。这是由于，如果商业银行超额准备金较多，当中央银行提高法定存款准备金时，商业银行就可以把一部分超额准备金转为法定准备金，而用不着减少用于发放贷款的资金，使中央银行的调控效果大打折扣。

相关链接

我国的存款准备金制度是在 1984 年建立起来的。在过去的 20 多年里，法定存款准备金率先后进行了多次调整。仅 2006 年，中国人民银行就三次调整法定存款准备金率，时间分别 7 月 5 日、8 月 15 日和 11 月 15 日，每次上调均为 0.5 个百分点。这一系列的政策调整冻结了商业银行上千亿元资金，对于回收过剩的流动性起到了很好的效果。

但是，存款准备金政策也存在不少缺点。首先，中央银行调整法定存款准备金率，尤其是提高法定存款准备金比率，将对实际的经济活动产生强力的影响，而这种影响往往引起经济的剧烈动荡。由于法定存款准备金比率是决定货币乘数的重要因素，因此，在基础货币一定时，只要法定存款准备金比率作出调整，就将使货币供应量产生较大的增加或减少。而在货币政策实践中，中央银行实际上很难对法定存款准备金作出很小的调整。其次，中央银行频繁地调整法定存款准备金比率，也将使商业银行很难进行适当的流动性管理。因此，作为一种货币政策工具，存款准备金政策的运用往往产生较大的副作用。所以，它一般只适用于某些非常时期。从国内外货币政策的实践中可知，法定存款准备金比率事实上是比较稳定的，说明中央银行实际上不会轻易运用存款准备金政策这一威力强大的工具。但我国近年来却频繁运用这一政策工具。

相关链接

自20世纪70年代以来，不论是西方发达国家还是发展中国家，纷纷逐步下调法定存款准备金率，由过去百分之十几甚至百分之几十调整到今天只有百分之几甚至是百分之零点几。例如，美国交易性存款的准备金率由1980年之前的16.5%降至1992年的3%～10%（对交易性存款在4 000万元以下的规定3%的准备金率，4 000万元以上的规定10%的准备金率）；而对定期存款和储蓄存款则不做准备金要求。经过1991年的调整后，日本最高的法定存款准备金率只有1.3%，许多存款的法定准备金率都低于0.2%。智利从1975年开始逐步降低准备金率，活期存款准备金率由20%降到80年代的10%，定期存款由8%降到4%。韩国1996年两次调低准备金率，1997年2月23日再次下调，3年以上长期储蓄存款准备金率仅为1%，其他定期存款为2%，活期存款为5%。

进入20世纪90年代之后，全球货币政策操作框架出现了一些重大的变化，许多国家的中央银行放弃传统的以凯恩斯主义为基础的相机决策，或者放弃了以现代货币主义为基础的货币数量规则的货币政策操作理念和框架，转而实行通货膨胀目标制。在实行通货膨胀目标制的国家中，英国、加拿大、澳大利亚、新西兰等国家纷纷取消了法定存款准备金规定，金融机构不再受制于最低存款准备金率的约束，即人们所说的"零准备金"制度。法定存款准备金率这一传统的货币政策工具随着零准备制度的实施而被抛弃。

世界各国降低或取消法定存款准备金率的原因主要有以下两个方面：

1. 消除金融体系的不公平竞争，为金融机构提供一个更为公平和有效率的竞争环境。20世纪七八十年代，随着金融市场的发展，投资基金、金融公司、退休基金、保险公司等非银行金融机构迅速扩张，商业银行市场份额不断缩小。由于中央银行不对准备金存款支付利息，商业银行在中央银行的存款没有收益，这就意味着商业银行较之那些不适用法定准备金的金融中介机构承担的成本要高，竞争力减弱了。因此，降低法定存款准备金率会在一定程度上提高商业银行的竞争力，改善商业银行的经济效益。

2. 法定存款准备金制度功能的弱化。20世纪80年代以来的金融创新、金融放松管制和全球金融市场一体化，使得法定准备制度发挥强有力的货币控制功能的前提条件不复存在，从而不再具有强有力地控制银行信贷及货币供给的功能。具体地说主要有两点：一是商业银行负债结构的变化。金融创新使融资越来越趋于证券化。由于融资证券化，大量资金从银行流向非存款性金融机构和金融市场，从而绕开了存款准备金的约束，同时也改变了金融机构的负债比例，尤其是商业银行，存款在其负债中所占比例逐渐下降，而国内外货币市场（如采用同业拆借、回购协议、货币市场共同基金账户、欧洲美元借款等方式）的短期借入款和其他较长期负债（如发行金融债券）的比重却稳步增加。通过这些途径筹集的资金不算作存款，因而不用缴纳存款准备金，这就增大了金融机构资金使用的范围，削弱了中央银行通过存款准备金率控制派生存款的能力。二是银行超额准备金率的弹性增强。法定准备金变动对货币供给发生影响的基本前提是银行的超额准备金率不变，那么提高或降低法定存款准备金率可以起到数倍收缩或扩张银行货币创造能力的作用，而金融创新则破坏了这个基本前提。由于货币市场高度发达，银行调整超额准备金的途径很多，且十分便利，这就使银行超额准备金率的刚性减少而弹性加大。例如，当中央银行调高法定存款准备金率而银行不愿意收缩信贷时，它们可以通过减少超额储备来保持其贷款规模，流动性不足的问题可以通过货币市场来解决，其结果是削弱了调整法定存款准备金率的效力。

（二）“三大法宝”之二：温和的再贴现政策

所谓再贴现政策就是中央银行通过提高或降低再贴现率来影响商业银行的信贷规模和市场利率，以实现货币政策目标的一种手段。这种货币政策工具的运用对一国的信贷规模、货币供给和市场利率都将产生一定的影响。首先，再贴现率的调整将影响商业银行的信贷规模，从而影响一国的货币供给。如果中央银行降低再贴现率，就意味着中央银行鼓励商业银行通过再贴现来扩张信贷规模，从而增加货币供应量；反之，就是控制货币供应量的增长。其次，中央银行再贴现率的变动对市场利率产生直接影响。在利率市场化的条件下，中央银行再贴现率通常被作为一个国家的基准利率，市场利率将围绕这一基准利率上下波动。最后，再贴现政策的运用还具有一定的“告示作用”。也就是说，中央银行调整再贴现率，实际上是为整个经济社会提供了一种有关货币政策的信息。例如，中央银行调低再贴现率，就意味着中央银行实行的是一种扩张性的货币政策；反之是实行的是紧缩性的货币政策。由于这种政策信号的提前提供，促使人们事先作出相应的反应或做好必要的准备。

同时，再贴现这个“法宝”不但能调控货币总量，还能调整结构。比如，中央银行规定哪些票据可以再贴现，哪些机构可以申请再贴现，这样分门别类，区别对待，使得政策效果更加精确。

作为一般性的货币政策工具，再贴现政策对一国经济的影响是比较温和的，不会对经济行为产生猛烈的冲击，有利于一国经济的相对稳定。但是，这种政策工具也存在一定的局限性。首先，在利用这一政策工具时，中央银行处于被动的地位，往往不能达到预期的效果。中央银行虽然能够自主地、灵活动地作出提高或降低再贴现率的决策，但是，中央银行做出这种决策后能否取得预期的效果，将决定于商业银行或其他金融机构对该决策的反应。其次，再贴现政策的“告示效应”也可能使人们误解中央银行的政策意图，从而做出错误的预期和错误的决策。再次，由于货币市场发展和效率提高，商业银行对中央银行贴现窗口的依赖性大大降低，再贴现政策只影响到前来贴现的银行，对其他银行只能间接地发挥作用。最后，在再贴现率一定的情况下，市场利率与再贴现率之间的利差，将随着市场利率的变动而产生较大的波动，而这种波动可能使得再贴现的规模乃至货币供应量的变动与政策意图背道而驰。另外，再贴现政策缺乏弹性，中央银行若经常调整再贴现率，会引起市场利率的经常性波动，使企业或商业银行无所适从。

想一想

举例说明存款准备金政策与再贴现政策在调控力度上的差别。

（三）“三大法宝”之三：灵活的公开市场业务

公开市场业务也称公开市场操作，是西方发达国家采用最多的一种货币政策工具。它是指中央银行通过公开市场买进或卖出有价证券（特别是政策短期债券）来投放或回笼基础货币，以控制货币供应量，并影响市场利率的一种行为。

相关链接

公开市场操作最早出现在美国，它最初并非是用做货币政策工具，而是被美国联邦储备体系用来创收。早在1913年，美国就建立了联邦储备体系，承担着中央银行职能，但当时的国会却不给拨款，所以联邦储备体系只好自谋生路。最开始，它通过向会员银行发放贴现贷款赚取利息，但由于1920年到1921年间的经济衰退，贴现贷款数额急剧减少，联邦储备体系不得不另辟生财之道，于是开始购买债券，赚取利息。久而久之，美联储发现，当它从商业银行那里买进债券时，商业银行手里的准备金就增加了，经过存款创造机制，它们的存款规模成倍扩张，货币供应量增大了。真是无心插柳柳成荫！于是它意识到，它找到了一个调节货币供应量的简单而有效的工具。到20世纪20年代末，这一工具成为美联储的重要法宝。直至今日，它依然是各国中央银行最常用的一种货币政策工具。

公开市场政策主要是通过影响商业银行体系的实有准备金来影响商业银行信贷量的扩大和收缩，进而影响货币供应量的变动。同时，通过影响证券市场价格的变动，来影响市场利率水平。公开市场政策的基本操作过程是，中央银行根据经济形势的变化，当需要收缩银根时，就卖出证券；反之，则买进证券。由此可见，中央银行买进证券是一种扩张性的货币政策。通过买进证券，中央银行不仅可投放一定量的基础货币，从而使货币供给量成倍增加，而且还将使市场利率下降。反之，中央银行卖出证券是一种紧缩性的货币政策。通过卖出证券，中央银行将回笼一定量的基础货币，从而使货币供给量成倍缩减，并使市场利率上升。

公开市场政策作为中央银行最重要的货币政策工具之一，其优点在于：（1）通过公开市场业务可以左右整个银行体系的基础货币量，使它符合政策目标的需要；（2）中央银行的公开市场政策具有“主动权”，可以根据不同情况和需要随时运用；（3）公开市场政策可以适时、适量地进行调节；（4）中央银行可以根据经济形势的变化和政策目标的调整而随时作出逆向的操作。

从事公开市场操作时要注意以下几点：（1）公开市场业务对货币供应量和利率的影响，应视其买卖净值而定；（2）中央银行购入或出售证券并不是必然带来银行信用的扩张与收缩；（3）要采用公开市场政策并产生预期效果，前提条件是必须具有一个高度发达的证券市场，并且是具有相当的广度、深度和弹性的市场。此外，还要求中央银行必须具有强大的、足以干预和控制整个市场的金融实力；必须要有其他政策工具的紧密配合。

小贴士

我国的公开市场操作包括人民币操作和外汇操作两部分。中国人民银行与包括商业银行、保险公司、证券公司、基金公司在内的数十家金融机构在公开市场上进行交易，主要包括证券回购交易、现券交易和发行中央银行票据。自1998年中国人民银行取消对商业银行贷款限额控制，由直接货币政策调控转向间接货币政策调控以来，公开市场操作已成为中国人民银行货币政策日常操作的重要工具，发挥着越来越重要的作用。

二、选择性的货币政策工具

选择性货币政策工具是指中央银行针对个别部门、个别企业或某些特定用途的信贷加以控制和影响的措施。与一般性货币政策工具不同，选择性货币政策工具通常可在不影响货币供应总量的条件下，影响银行体系的资金投向和不同贷款的利率。较常用的主要有优惠利率、消费信用控制、不动产信用控制和证券信用控制。

（一）优惠利率

优惠利率是指中央银行着眼于产业结构、产品结构的调整，针对国家重点发展的经济部门或产业所规定的较低利率。例如，中央银行对农业、出口工业等制定较低的利率，以鼓励这些部门的发展。

（二）消费者信用控制

消费者信用控制是指中央银行根据经济运行状况对不动产以外的各种耐用消费品的销售融资予以控制。例如，在需求过旺、通货膨胀时期，中央银行要求提高分期付款首付比例，缩短分期付款时限等；而在需求不足、经济衰退时期，中央银行则放松对分期付款的管制，以刺激消费。

（三）不动产信用控制

不动产信用控制是指中央银行为抑制房地产市场的投机行为，对商业银行及其他金融机构房地产贷款的管制。例如，在房地产市场过热、投机行为过度的时期，中央银行可以对不动产贷款的最高限额、最长期限、首付比率等作出更高更严格的规定。

做一做

搜索一下，我国近年来为了抑制房地产市场的投机行为，中央银行在房地产贷款方面出台了哪些政策措施？

（四）证券市场信用控制

证券市场信用控制是指中央银行着眼于稳定证券市场而对证券交易的各种贷款所进行的控制，其主要内容是调节证券保证金比率。中央银行降低保证金比率，就可以扩大对证券市场的贷款规模；反之，中央银行提高证券保证金比率，则可以缩小对证券市场的贷款规模。

三、直接信用控制

直接信用控制是指中央银行以行政命令的方式，直接对商业银行的信用业务进行干预，如规定各个商业银行的贷款额度、存贷款利率的浮动幅度及流动性比例等。

（一）利率管制

即以法律或条例的方式规定商业银行和其他金融机构存贷款利率的最高水平（一般是

规定存款利率上限、贷款利率下限），以防止商业银行恶性竞争，造成金融混乱、经营不善而破产倒闭，或牟取暴利。但利率管制的同时，损害了金融市场的效率，并会造成存款流出金融机构的“脱媒现象”，甚至出现金融抑制。

小贴士

美国在1980年前曾长期实行的Q项条例规定，商业银行对活期存款不准支付利息，对定期存款和储蓄存款支付的利率不得高于规定的最高水平。

（二）信用分配

信用分配也叫信贷配给，是指中央银行根据金融市场状况及客观经济需要，分别对各个商业银行的信用规模加以分配，限制其最高数额。信用分配最早始于18世纪的英格兰银行，目前，在许多发展中国家，由于资金供给相对不足，这种方法曾经被广泛采用过。

小贴士

我国1984年建立中央银行体制后，在货币政策中间目标的选择上，继承了改革开放以前的传统做法，即以贷款规模与现金发行作为货币政策的中间目标。与此同时，主要采取信贷规模直接调控方法，即由中央银行对各家商业银行确定每年的贷款额度，这一做法直到1998年才取消。

（三）流动性比率

流动性比率是指中央银行为了限制商业银行扩张信用，规定其流动性资产对存款的比重要达一定的要求。其目的在于限制商业银行的信用扩张。一般来说，流动性比率与收益率成反比。商业银行为了保持中央银行规定的流动性比率，就必须缩减长期放款，扩大短期放款，增加现金资产，从而达到限制信用的目的。

四、间接信用指导

间接信用指导是指中央银行利用各种间接措施对商业银行的业务活动和决策取向施加影响。其主要措施有道义劝告、金融宣传和窗口指导。道义劝告是指中央银行对商业银行和其他金融机构经常发出通告、指示或与各金融机构的负责人面谈，劝告其按政策意图行事。金融宣传是指中央银行利用各种机会向全国特别是金融界说明其金融政策的内容和意义，以取得各方面的理解和支持，从而使金融活动按照中央银行预期的方向发展，如中央银行定期公布有关金融信息，发表有关财政、贸易、物价和经济发展趋势的统计分析，利用记者招待会、学术演讲等机会，中央银行负责人说明金融政策的内容、动向及制定的依据。窗口指导的概念来自日本。它是中央银行根据市场情况、物价变动趋势、金融市场动向、货币政策要求以及上一年度同期的贷款情况，规定银行每季度贷款增加的额度，以指导的方式要求各银行执行。如不执行，中央银行就可削减该行的贷款额度，甚至停止提供信用。

小贴士

例如，美国在1951年3月因侵朝战争造成国内通货膨胀，实行了“自动信用限制方案”，要求主要金融机构支持重要生产事业，减少投机活动和非生产性的贷款。

间接信用指导发生作用是以中央银行在金融体系中的地位与威望及控制信用法律与手段的完善为前提的。

想一想

中央银行的间接信用控制措施有无法律约束力？其效果如何？

第三节　货币政策传导机制

货币政策发挥作用，是通过运用货币政策工具调节货币供应量来影响投资和消费支出，从而实现货币政策的最终目标。从运用货币政策工具到实现政策最终目标之间，要通过一定的途径和过程，这就是货币政策传导的机制和过程。或者说，货币政策传导机制是指中央银行运用货币政策工具影响中介目标进而实现最终目标所经过的途径或具体的过程。

一、货币政策传导的一般过程

在市场经济国家，货币政策传导一般过程大体由两个层次组成（如图 10－1 所示）：

第一个层次包括两个基本环节：（1）从中央银行至各个金融机构和金融市场，即中央银行运用各种货币政策工具调节金融机构的超额准备金量和金融市场融资条件，以调控商业银行的贷款能力和金融市场的资金融通。（2）从各金融机构和金融市场至企业和个人的投资与消费，即商业银行等金融机构对中央银行行为作出反应，相应调整对企业和居民的贷款规模，继而影响货币供应量的变动。

第二个层次是指企业和居民对商业银行等金融机构的行为及金融市场的变化作出反应，相应调整自己的投资和消费支出，从而使社会需求发生变化，进而影响经济增长、物价稳定、充分就业、国际收支平衡等目标的实现。

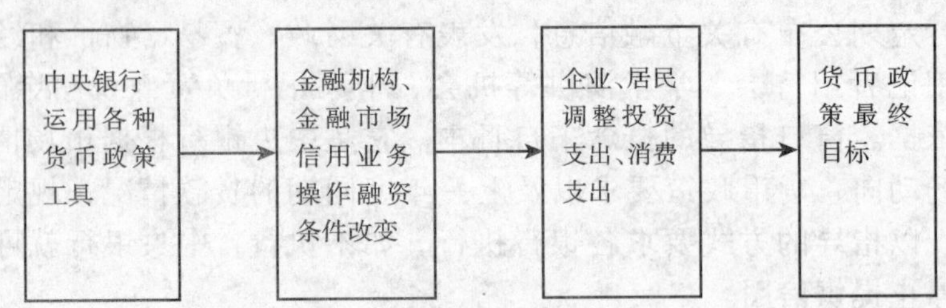

图 10－1　货币政策传导过程

二、货币政策传导机制理论

以市场经济为背景的货币政策传导理论有两种：一是认为货币供给变化影响利率，利率再影响投资支出和收入；另一种是认为货币供给可直接影响支出和收入，利率在其中作用不大。

（一）凯恩斯学派的货币政策传导机制理论

凯恩斯学派主张传导过程的主要机制或主要环节是利率，认为货币供应量的变动或调整首先影响利率的升降，然后才能使投资及总支出发生变化，进而影响总收入的变化。用符号表示如下：

$$M \to r \to I \to E \to Y$$

式中，M 代表货币供应量，r 代表利率，I 代表投资，E 代表总支出，Y 代表总收入。其中，特别强调利率的变化通过资本边际效率的影响使投资 I 以乘数方式增减，最后影响社会总收支的变化。

相关链接

利率传导机制理论最初被用于分析利率对企业投资支出决策的作用，后来逐步扩展到分析利率对消费支出及住房投资的影响。例如，实行紧缩性的货币政策使利率水平上升，利率提高后会导致企业固定投资、居民住房投资和库存投资的下降以及消费支出的减少，进而导致总需求及国民收入的下降。

（二）货币学派的货币政策传导机制理论

货币学派认为，利率在货币传导机制中不起重要作用，而更加强调货币供应量在整个传导机制中影响社会总支出和总收入的直接效果。其传导过程如下：

$$M \to E \to I \to Y$$

式中，M 为货币供给量，E 为总支出，I 为投资，Y 为总收入。

货币学派认为，增加货币供应量在开始时会降低利率，但不久会因货币收入增加和物价上涨而使名义利率上升，而实际利率则有可能回到并稳定在原先的水平上。他们认为，货币政策的传导机制主要不是通过利率间接地影响投资和收入，而是通过货币实际余额的变动直接影响支出和收入。所以，货币学派认为，中央银行在实施货币政策时，应忘掉利率，而把注意力集中到货币供应量上来。

三、我国货币政策中介目标

由于政策传导是一个很长过程，因而需要设置中介目标以了解政策贯彻是否有效果，是否得力。中介目标的选择一般主要考虑其是否具有可测性、可控性及相关性。在西方国家一般是选择利率或货币供给量和基础货币。这一部分内容在本章第一节中已有介绍。这里重点介绍一下我国货币政策中介目标的选择。

根据我国的实际和中介目标的选择标准，我国中介目标主要有货币发行、货币供应量、信贷规模等，并根据经济形势变化进行调整。

（一）货币发行

将货币发行作为货币政策的中介目标是我国特有的，是与我国社会金融化程度不高相适应的。第一，我国的消费需求主要由现金体现，现金收入与支出的形式、现金发行量的多少对消费品价格、消费品生产的刺激作用都很大；第二，在货币供应量的构成中，我国现金发行占货币供应量的比重较高，是发达国家的3倍左右；第三，从可测性来看，现金量指标在中央银行信贷计划中有专门统计；第四，从相关性来看，现金发行与货币政策最终目标有高度相关性。

（二）货币供应量

货币供应量作为货币政策的中介目标，是经济体制改革以后才逐步实施的。我国从1994年第三季度开始按季向社会公布货币供应量，1996年正式确立其为中介目标。我国将货币供应量作为中介目标与西方国家比较，除有相似的优缺点外，可测性、可控性可能还更强。因为我国金融市场发育程度低，金融资产形式不丰富，货币供应量的形成不如西方国家复杂。同时现金支付、银行超额储备都实行监控，故现金漏损率、银行超额准备金比率变化不大，因而基础货币与货币供应量之间的乘数关系更稳定。从长远发展趋势看，货币供应量应是我国的主要货币政策中介目标。

（三）信贷规模

1998年以前我国将信贷规模作为中介目标，不仅因为它具有可测性、可控性等优点，还由于我国中央银行对宏观经济的间接调控机制还很不成熟，完全放弃信贷规模容易失控；同时，由于银行贷款仍旧是我国信用的主要形式，其总量构成能反映国民经济总体及其构成；此外，我国中央银行贷款约占国有银行贷款规模的1/3，故中央银行对贷款规模还具有相当的控制力；并且中央银行贷款和国有银行贷款规模两者关系稳定，所以信贷规模变动信号能较准确地反映中央银行操作的政策效果，不容易误导货币政策。

（四）银行备付金

备付金存款与法定存款准备金虽同为商业银行在中央银行的存款，但前者是基础货币中最活跃的部分，具有现实扩张能力。规定调整备付金率可以进一步约束或放松商业银行的贷款能力。1998年3月，我国根据国际通行做法和需求不足的现状，将商业银行在中央银行的法定存款准备金账户与备付金账户合并，产生了明显的货币扩张效应。

第四节　货币政策效应

货币政策效应是指货币政策的实施对社会经济生活产生的影响，它包括货币政策的数量效应和货币政策的时间效应。

一、货币政策的数量效应

货币政策的数量效应是指货币政策效应的强度，即货币政策发挥效力的大小。

对货币政策效力大小的判断，一般着眼于实施货币政策所取得的效果与预期所要达到的目标之间的差距。由于货币政策目标之间有矛盾，所以考虑货币政策的数量效应，就不应仅仅观察某一个政策目标的实现情况，而应综合考察各主要货币政策目标的实现情况。比如一个国家货币政策最终目标主要是稳定物价和经济增长，那么其政策效应就可以用如下方法来考察：

假设，以 Y 代表国民收入增长率，P 代表通货膨胀率，Y_t、P_t 分别代表政策实施前的国民收入增长率和通货膨胀率，Y_t+1、P_t+1 分别代表政策实施后的国民收入增长率和通货膨胀率。货币管理当局无论实行紧缩的货币政策，还是实行扩张的货币政策，都会出现以下三种结果：

1. $Y_t+1/Y_t > P_t+1/P_t$。说明政策实施以后，经济增长减速程度小于物价回落程度；或者经济增长的加速程度大于物价的上升程度；或者经济增长加速，而同时伴随着物价的下降。前两者是比较理想的结果，而后者是最理想的结果。

2. $Y_t+1/Y_t < P_t+1/P_t$。说明政策实施以后，经济增长的减速程度大于物价回落程度；或者经济增长的加速程度小于物价的上升程度；或者经济增长减速，而同时伴随着物价上涨。这时货币政策综合效应为负，因为货币政策的实施已产生了损害实质经济增长的结果。

3. $Y_t+1/Y_t = P_t+1/P_t$。说明政策实施以后，经济增长率变动的正效应为物价变动的负效应所抵消；或者物价回落的正效应为经济增长率变动的负效应所抵消，货币政策无效。

二、货币政策的时间效应

衡量货币政策效应，除了看其发挥效力的大小外，还要看其发挥效力的快慢。这就是货币政策的时间效应。货币政策的时间效应，也称为货币政策的时滞，是指中央银行从制定货币政策到货币政策取得预期效果的时差。

货币政策的时滞对货币政策有效性有很大的影响。由于货币政策时滞的存在，中央银行在实施货币政策的过程中常常发生这样的问题：当中央银行采取的货币政策正在发挥作用时，经济状况却已发生了完全相反的变化。如中央银行在前一经济高涨时期实施紧缩的货币政策，但由于时滞的存在，紧缩的货币政策在随后出现的经济衰退时期仍然发挥着降低收入的作用，这时，货币政策不仅不能起到熨平经济周期的作用，反而还会扩大经济周期波动的幅度，使国民经济更加不稳定。因此，货币政策的时滞及其可测性与货币政策的有效性有着密切的关系。

货币政策的时滞可以分为三个部分：内部时滞、中间时滞、外部时滞。

1. 内部时滞。是指从经济形势发生变化，需要中央银行采取行动，到中央银行实际采取行动所花费的时间过程。内部时滞还可细分为两个阶段：（1）认识时滞，即从经济形势发生变化需要中央银行采取行动，到中央银行在主观上认识到这种变化，并承认需采取行动的时间间隔。（2）行动时滞，即从中央银行认识到需要采取行动，到实际采取行动的时间间隔。内部时滞的长短取决于中央银行对经济形势变化和发展的敏感程度、预测能力，以及中央银行制定政策的效率和行动的决心。而这些又与决策人员的素质、中央银行独立性以及经济体制的制约程度等密切相关。

2. 中间时滞。是指从中央银行采取行动开始，到商业银行和其他金融机构根据中央银行货币政策意图改变其信用条件的时间过程。这段时间长短决定于商业银行及其他金融机构的反应及金融市场的敏感程度，是中央银行所不能操纵的。

3. 外部时滞。是指从金融机构改变其利率、信用供给量等信用条件开始，直到对货币政策最终目标产生影响为止这段时间。外部时滞又可分为两个阶段：（1）微观决策时滞，即在金融机构信用条件改变以后，个人和企业面对新的情况作出决定改变自己的投资决策和支出决策的这段时间。（2）作用时滞，即从个人和企业作出新的投资决策和支出决策，并采取行动，到对整个社会的生产和就业等经济变量产生影响所耗费的时间。外部时滞是货币政策时滞的主要部分。它既包括微观经济主体在新的货币政策出台后的决策过程，也包括微观经济主体行为对储蓄、投资、消费、货币需求、产出和价格等重要经济变量产生影响的过程。它的长短主要由客观经济条件和微观经济主体的行为所决定，是中央银行所不能控制的。

相关链接

货币政策时滞长短是各国经济学家研究的重要课题，20 世纪 60 年代以来许多经济学家对其进行了实证研究，但由于各国具体情况不同，研究的方法各异，所得出的结论相差很大，基本结论是：（1）内部时滞长度较短，一般在 2 ~6 个月之间；（2）中间时滞比较稳定，可预测，一般认为在 2 个月左右；（3）外部时滞最长，各国差异很大，一般在 4 ~20 个月之间。

三、货币政策与财政政策的配合

如前所述，货币政策最终目标的实现是受多种因素制约的，如果孤立或片面地强调货币政策效应，反而会影响货币政策作用的发挥。根据国内外的实践经验，为了充分发挥货币政策的作用，取得宏观调控的最佳效果，货币政策必须与其他政策手段协调、配合，尤其应该与财政政策相互协调、配合。

（一）货币政策与财政政策配合的必要性

财政政策是政府为达到一定的目标而制定和实施的指导财政工作和处理财政关系的一系列政策手段的总称。财政政策手段主要有预算、税收、国债、投资、补贴等。财政政策分为三种类型，即扩张性财政政策、紧缩性财政政策和中性财政政策。财政政策与货币政策之间既存在共同点和统一性，也有区别和差异性，二者必须协调、配合。

1. 货币政策与财政政策的共性。

（1）二者的调控目标是一致的。即都是为了实现物价稳定、充分就业、经济增长和国际收支平衡的最终目标。

（2）二者都是需求管理政策。货币政策着眼于货币供应量的调节，而货币供应量的变动直接决定着社会总需求的大小；财政政策着眼于财政收支的调节与管理，其执行结果无论怎样，最终都对社会总需求产生重大影响。

（3）二者存在的互补性。作为两大政策的具体操作机构的财税部门和中央银行，其内在联系非常密切，任何一方的变动都会引起对方的变动。从而决定了两大政策的实施必须联合运作才能发挥整体效应。

想一想

财税部门与中央银行有哪些内在联系？

2. 货币政策与财政政策的差异。

（1）政策工具不同。货币政策工具主要是存款准备金率、再贴现率、公开市场业务、贷款限额、中央银行存贷款利率等。财政政策工具主要是税收、公债、投资、预算收支、补贴等。

（2）资金使用方式和范围不同。银行资金主要来源于组织的各项存款，因此，它的使用只能是通过贷款这种有偿的方式使用，且期限相对较短；财政资金主要来源于国家税收和利润，因此，它的使用可以作无偿性的经济建设和非生产性支出，可以用于消费领域和长期使用。

（3）作用过程不同。货币政策通常要通过政策工具并经过一个传导过程来实现最终目标，传导过程中偏离最终目标的情况时有发生。而财政政策由政府通过直接控制和调节来实现最终目标，如通过国债投资等直接拉动总需求等，可控性明显强于货币政策。货币政策的直接对象是货币运动过程；财政政策的直接对象是国民收入再分配过程。

（4）政策时滞不同。中央银行在制定货币政策方面具有独立性，一旦对经济形势有了正确认识，很快就可以作出决策，所以货币政策的内部时滞短。而财政政策不仅是政府行为还是立法行为，要改变税收支出政策，必须经过立法机构批准，而增税或减少福利支出这类行为，往往很难在立法机构通过，所以财政政策的内部时滞相对较长。但是财政政策一旦通过，实施起来作用直接、见效快，所以外部时滞短。而货币政策实施后有一个相当长的政策传导过程，见效慢，所以外部时滞长。

（5）政策调节的侧重点不同。一般而言，货币政策侧重于总量调节；财政政策侧重于结构调节。市场经济条件下，全社会的投资需求和消费需求都表现为有支付能力的货币购买力，而能直接创造货币供给，作为货币供给总闸门的，唯有制定和执行货币政策的中央银行，银行可以通过信贷规模的涨缩来直接扩张或收缩需求总量。货币政策对结构的调节主要通过实施差别利率，在有限的范围内起作用。而财政政策的各种工具，首先是通过对结构的调节来发挥作用的，如财政支出结构的调整直接引起社会需求结构的变化等。

货币政策与财政政策的上述差异及二者在调控宏观经济的着力点是共同的，所以两者必须密切配合、相互补充、相辅相成，才能顺利实现调控目标。

（二）货币政策与财政政策配合的方式

货币政策与财政政策均有松紧及中性之分，在配合上可以构成五种不同的政策组合，并由此产生不同的政策效应。

1. 扩张性货币政策与扩张性财政政策的配合。这种政策组合也称为“双松”政策，它可以刺激经济增长，适合于在社会总需求严重不足时采用。但“双松”政策实施的时间不能太长，否则会导致通货膨胀。

2. 紧缩性货币政策与紧缩性财政政策的配合。这种政策组合也称为“双紧”政策，它可以有效地抑制需求，适合于在经济过热、出现严重通货膨胀时采用。但“双紧”政策实施的时间也不能太长，否则会导致经济衰退、失业增加。

3. 扩张性货币政策与紧缩性财政政策的配合。这种政策配合也称为“松货币紧财政”的政策组合方式，它适用于财政赤字较大，而经济增长仍不理想的状态，特别是适合于在减少政府干预，更多运用市场机制促进经济发展的情况下采用。

4. 紧缩性货币政策与扩张性财政政策的配合。这种政策配合也称为“紧货币松财政”的政策组合方式。这种方式适合在供求总量矛盾不大，而经济结构失调，市场机制又难以发挥调节作用的情况下采用。这样有利于在保持经济适度增长和避免通货膨胀的情况下，合理调整产业结构。

5. 中性货币政策与中性财政政策的配合。这种配合方式适用的宏观经济环境是：社会总需求大体平衡，物价基本稳定，就业比较充分，经济结构也较为合理。在这种情况下，财政政策和货币政策的任务主要是对经济运行的某些方面进行微调，使宏观经济运行达到理想的状态。应当说这也是货币政策、财政政策调控追求的最终目标。

货币政策与财政政策究竟采用何种配合方式，取决于不同国家以及一个国家不同时期的经济环境和状态，不是一成不变的。在上述多种组合中，“双松”、“双紧”的两种极端的方式是在经济总量严重失衡的情况下采取的调控措施，其调控力度比较大，使用不当易引起经济的大起大落，影响经济的稳健运行。一般情况下，“一松一紧”的政策配合方式对宏观经济调节的适用性比较广，对经济运行中出现的各种情况都可以加以调控，是各国运用较多的政策组合方式。

小贴士

对一个开放的经济体来说，往往要面对内、外均衡两个目标，所以，在政策配合上，一般是财政政策对内，货币政策对外。

知识要点

1. 货币政策是货币当局或中央银行为了实现既定的经济目标，运用各种政策工具调节货币供应量和利率，进而影响宏观经济运行状态的各类方针和措施的总和。货币政策包括货币政策目标、货币政策工具、货币政策传导机制、货币政策效应等方面的内容。

2. 货币政策的最终目标有四个，即稳定物价、充分就业、经济增长和国际收支平衡。但四个目标之间却充满了矛盾，因而使中央银行无法通过实行同一货币政策以同时达到多个不同的目标，它们之间应注意协调。

3. 中央银行的货币政策工具分为一般性的货币政策工具、选择性货币政策工具及其他货币政策工具。

4. 货币政策工具不能直接地影响实际的经济活动，从而直接地实现最终目标。因此，在货币政策工具与最终目标之间，必须插入某些中间变量，以作为操作目标和跟踪的对象。这些是中间变量，可分为中介目标和操作目标。

5. 货币政策中介目标，是中央银行为了实现货币政策最终目标而设置的，可供观察和调整的指标，其选择的标准是：可测性、可控性和相关性。一般的中介目标有：利率、货币供给量、基础货币、超额准备金。

6. 货币政策的传导机制是指从货币政策工具的运用到最终目标的达到所经过的各个环节和具体的过程。主要理论有两种：凯恩斯学派的传导机制与货币学派的传导机制。

7. 货币政策效应是指货币政策的实施对社会经济生活产生的影响，它包括数量效应和时间效应两种。数量效应是指货币政策效应的强度，即货币政策发挥效力的大小，用实施货币政策所取得效果与预期所要达到的目标之间的差距来判断。时间效应又称时滞，是指中央银行从制定货币政策到货币政策取得预期效果的时差，包括内部时滞、中间时滞、外部时滞三部分。

8. 由于一个国家宏观经济政策构成体系中的各项宏观经济政策在调节重点、调节功能、调节效应等方面各有优缺点，故货币政策必须与财政政策等协调、配合，才能有效地实现宏观经济的调节目标。

课堂讨论题

结合我国实际，谈谈货币政策目标选择的意义何在？当前货币政策与财政政策应如何配合？

推荐阅读

1. ［美］弗莱肯施泰因．格林斯潘的泡沫——美国经济灾难的真相．北京：中国人民大学出版社，2008

2. ［美］凯文·菲利普斯．金融大崩盘．北京：中信出版社，2009

3. 米什金．货币金融学（第四版）．北京：中国人民大学出版社，2001

4. 中国人民银行．金融知识国民读本．北京：中国金融出版社，2008

5. 戴国强．货币金融学．上海：上海财经大学出版社，2009

6. 翟建华．金融学概论．大连：东北财经大学出版社，2006

第十一章

金融风险与金融监管

学习目标

通过本章学习，使学生了解金融风险的概念、特征、种类等基本问题，认识金融风险的危害性，增强风险防范意识；理解金融风险的生成、传导机制；初步掌握识别、规范、控制、处理各种金融风险的理论和方法；把握金融监管的目标和基本原则，了解我国金融监管的特点与不足。

案例导读

尽管欧美金融发达国家的金融创新活动为其经济发展起到了积极的促进作用，但2008年发生在美国的金融危机也告诉我们，金融创新在提高市场效率的同时，也为金融市场带来了极大的不确定性。金融创新产品虽然可以对冲风险，但不会消灭风险。

华尔街金融创新业务具有与传统金融业务明显不同的风险特征：第一，华尔街金融创新业务更具有虚拟性，导致风险的不确定性更大；第二，华尔街金融创新业务更具有杠杆性，其对风险具有放大效应；第三，华尔街金融创新业务更具有不透明性，导致其内在价值和风险状况难以准确评估；第四，华尔街金融创新业务更具有渗透性，便利了金融风险的转移和扩散。第五，次级抵押贷款本身就“先天不足”，再通过证券化以及“逐利”本性驱使下的规模扩张，风险更易积聚和蔓延。

那么，什么是金融风险？金融风险如何识别和防范？作为宏观金融管理部门的中央银行又如何加强金融监管呢？

第一节 金融风险概述

一、金融风险的含义及其特征

从一般意义上讲，风险是指资产及其收益蒙受损失的可能性。风险存在于经济活动的各个领域，金融领域更是高风险的领域。所谓金融风险是指经济主体在从事金融活动过程中遭受损失的可能性。在市场经济制度下，随着经济金融化程度的不断推进，金融风险不仅客观存在，而且在相当大的程度上反映和显示了微观经济主体的经营风险和宏观经济的运行风险。因此，金融风险按其所涉及的范围可划分为三个层次：（1）微观金融风险，指个别金融机构在营运过程中发生资产或收入损失的可能性；（2）中观金融风险，指金融业内部某一特定行业存在或面临的风险；（3）宏观金融风险，指整个金融体系面临的风险，是因前两个层次金融风险的存在引致一国乃至全球金融秩序混乱和发生金融风潮的可能性。本章主要阐述宏观金融风险问题。

温馨提示

金融风险与金融脆弱性意义相近，但着重点不同。金融风险是指潜在的损失可能性；金融脆弱性不仅包括可能的损失，还包括已经发生的损失。金融风险与金融危机既有联系又有区别。金融危机是指金融体系出现了严重困难乃至崩溃，或表现为银行及其他金融机构的倒闭，股价、汇率暴跌、货币急剧贬值等。

金融风险不同于普通意义上的风险，它是以货币信用混乱为表现的风险，其具有一定特征，主要表现为：

1. 金融风险的特殊性。金融风险作为一种风险的特例，拥有相对较窄的外延，只存在和发生于特定的金融领域，即仅限于资金的融通与经营领域。

2. 金融风险的扩散性。又称广泛性。金融是经济的核心，每一个经济主体都离不开金融，金融联系经济的各个层面。所以，金融风险不同于其他风险的最显著特征是，金融机构的风险损失，不仅影响自身的生存和发展，而且会导致其他金融机构以及众多投资者和储蓄者的损失或失败，以致引起社会的动荡。

想一想

举例说明金融风险一旦发生，可能对哪些经济主体带来影响？

3. 金融风险的隐蔽性。隐蔽性是指由于金融活动自身的特点，其风险往往被掩盖，不易及时发现。如信用活动中有借有还、存款你存我取、贷款此还彼借，导致一些损失及风险因素被这种信用循环所掩盖，甚至给人以繁荣的假象。由于金融风险的隐蔽性，它一旦爆发又往往表现为突发性、加速性的特征。

4. 金融风险的可控性。可控性是指市场金融主体在一定条件下，依一定的制度、措施可以对风险进行事前识别、预测，事中防范、转嫁和事后化解，控制风险的发生和尽量减少资产、收入的损失。因为：(1) 金融风险可以识别、分析和预测，人们可以通过分析预测找出导致风险的因素，加以改善；(2) 现代科学技术和管理手段的发展，为控制金融风险提供技术手段；(3) 现代金融制度（如金融法规、条例、监管办法等）是控制金融风险的有效手段。

小贴士

可控性只是相对的，如果金融风险完全可以控制就不会发生金融危机了。

此外，金融风险还具有双重性，既有蒙受损失的可能，也有获取超额利润的机会。

二、金融风险的种类

金融风险多种多样，可从不同角度进行分类，从而有利于有效预测和监控风险。如按照金融风险的对象可分为银行信贷风险、外汇风险、证券投资风险和期货投资风险；按照金融风险涉及的范围可分为微观金融风险和宏观金融风险；按照金融风险的承担者可分为国家金融风险和经济实体金融风险；按照金融风险的产生根源可分为客观金融风险和主观金融风险，等等。归纳起来，常见的影响较大的金融风险有以下一些：

（一）信用风险

信用风险又称违约风险，是指由于信用活动中存在不确定性而使信用活动主体遭受损失的可能性。它是金融机构面临的主要风险，也是金融机构实施风险管理的重点。信用风险主要有两种情况：一是银行不能及时满足顾客提款需要，二是债务人不能偿还或延期偿还本息，从而带来银行收益损失的可能性。信用风险的一个显著特点是它在任何情况下都不可能产生意外的收益，它的后果就是损失，甚至是巨大的损失。在各种金融资产中，银行贷款的信用风险最大。此外，各种债券也是信用风险较大的资产。

（二）利率风险

利率风险是指由于利率水平的不确定变动，导致行为受到损失的可能性。它的一个显著特征是导致现金流量（净利息收入或支出）的不确定，从而使收益和融资成本不确定。利率的变动，可能使资产的利息收入减少，或者使负债的利息支出增加。利率风险的另一个特征是导致资产（或负债）的市场价值不确定，从而导致收益的不确定。此外，利率风险也影响到经济主体的经营环境和工商企业的生产经营活动。

想一想

利率变动对金融资产价格有何影响？

（三）购买力风险

购买力风险又称通货膨胀风险，是指因一般物价水平的不确定变动而使人们遭受损失的可能性。首先，通货膨胀造成单位货币购买力下降，将使债权人面临本金和利息损失的可能性。通货膨胀率越高，债权人受到的损失也就越大。其次，通货膨胀会导致实际收益下降的可能性。因此，投资者通常要求税后收益率高于预期的通货膨胀率水平，但是，由于人们难以准确预测将来实际发生的通货膨胀率水平，所以投资者仍将面临遭受损失的可能性。另外，从社会整体经济环境看，通货膨胀还会影响企业的经营行为，它不仅导致消费者行为、商品流通、生产经营环境等发生改变，而且也会导致企业经营成本的上升。

想一想

通货膨胀对债权人和债务人的影响有何不同？为什么通货膨胀使实际收益下降？

（四）外汇风险

外汇风险主要是汇率风险，它是指因汇率波动使行为人遭受损失的可能性。外汇风险主要分为四种：一是买卖风险，即买卖外汇后所持头寸在汇率升降时发生损失的可能性；二是交易结算风险，即从外汇约定交易到外汇实际交割时因汇率变动发生损失的可能性；三是折算风险，即会计处理中某些项目需要在本币和外币之间换算时所使用的汇率不同而承受的风险；四是存货风险，即以外币计价的库存资产因汇率变化而升值或贬值的风险。

做一做

举例说明几种不同外汇风险的区别。

（五）证券价格风险

证券价格风险是指由于证券价格的不确定变化导致行为人遭受损失的可能性。在世界各国的证券市场上，每天都有大量的股票、债券交易发生。投资者从事证券的买卖，不仅是为了取得利息、红利收入，而且往往是为了获得资本利得，即通过低买高卖赚取证券差价。然而，由于证券市场综合着经济生活中的多种因素，不确定性很大，行市波动频繁而又复杂，尤其是股票价格，更是时起时伏，变幻莫测，所以，投资者既可能获得意外的收益，也可能遭受惨痛的损失。产生证券价格风险的因素很多，有政治、经济、社会心理等因素，也有纯属偶然的因素。因此，证券价格风险是金融风险中较为明显、突出的风险。

三、金融风险的成因及经济影响

（一）金融风险的一般成因

金融业本身就是有一定风险的行业，这是由金融这种信用活动的特点所决定的。一般而言，能够引起增加金融风险事件发生的机会或影响损失程度的因素很多，归纳起来可分为直接因素和间接因素两类。

1. 直接因素。包括一国的宏观经济状况、经济政策与经济法律法规的出台、资金使用者的经营管理状况、政权的更替、首脑人物的变动、国际争端与战争的爆发、资金贷出者和投资者的心理预期等，它们直接导致了金融活动结果的不确定性。

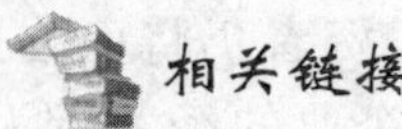

相关链接

心理预期的影响尤为重要。例如，某银行发生某项损失，一些敏感、理性的存款户可能形成这样的预期：该银行不值得信赖，应当将存款转移。于是，纷纷提取存款。当绝大多数存款户采取一致行动时，该银行就会在挤兑风潮中倒闭。又如，在股票市场上，当某股票不被看好时，大量的抛盘导致其价格暴跌，那些没来得及出售该股票的投资者将蒙受巨大损失。正是因为心理预期的不可控性、不可测性，所以，它导致的金融风险更应引起关注。

2. 间接因素。主要是指因自然灾害或宏观经济政策失误而导致的整个国民经济状况的恶化，后者显然会影响到金融活动的结果。

笼统地说，金融风险产生的经济基础是社会分工与交易多元化；金融风险形成的前提是经济人的禀性；而经济环境的不确定性是金融风险产生的必然条件；金融制度的确立与变迁则会为金融风险创造种种机会。

小贴士

经济人一般具有四大禀性：追求自身利益最大化；需求偏好的多样性；有限理性；机会主义倾向。

（二）金融风险的经济影响

金融风险是金融市场的一种内在属性，对金融活动起着一定的调节作用。尽管一些参与者在金融风险中也有可能获取一些收益，但金融风险的发展、风险因素的不断积聚，却会对经济及社会发展带来严重影响。它不仅影响经济主体的经营和收益，对市场参与者造成重大损失，而且影响国家宏观经济的稳健发展，以致造成社会动荡。

金融风险对微观经济的影响表现为：（1）可能给经济主体造成直接或间接的经济损失；（2）增大了信息收集管理、经营决策等的经营管理成本和交易成本；（3）导致资源逆向流动及企业短期行为，使部门生产率受到影响；（4）为了应付风险的各种准备金的设立，降低了资金利用率。

金融风险对宏观经济的影响表现为：（1）引起实际收益率、产出率、消费和投资的下降，下降的幅度与风险大小成正比。（2）造成产业结构畸形发展，整个社会生产力水平下降。（3）严重的金融风险会引起金融市场秩序混乱，金融机构倒闭破产，货币贬值，汇率下跌，从而酿成金融危机，阻碍经济发展及导致社会政治震荡。（4）影响国家宏观经济政策制定和实施。一方面，由于金融风险导致市场供求经常变动，政府难以及时、准确地掌握社会总供求状况，增加了宏观经济政策制定的难度；另一方面，由于金融风险，将使宏观政策传导机制中某些环节出现故障，导致宏观政策出现偏差，从而削减了宏观政策的效果。

第二节　金融风险管理

一、金融风险管理的意义

金融风险管理是指经济主体通过实施一系列的政策和措施来消除或减小金融风险及其影响的行为。它是宏观经济管理的重要组成部分，对微观经济和宏观经济运行具有重要作用。

金融风险管理的宏观经济意义归纳起来有以下几点：（1）通过金融风险管理，建立完善的金融风险监管机制，使市场参与者的金融行为合理化、规范化，规范金融市场运行秩序。（2）金融风险管理有利于消除风险隐患，防止发生金融危机进而引发社会动荡，优化宏观经济运行环境，促进国民经济的发展。（3）金融风险管理有利于营造良好的投资环境，促进对外贸易，吸引外国资本，增加国际储备，改善国际收支状况。（4）金融风险管理能保护社会公众的经济利益，使其树立参与金融活动的信心，一方面增加储蓄和投资，扩大生产资金来源；另一方面可防止社会公众对金融风险的恐慌，降低社会成本。

二、金融风险管理的一般程序

金融风险是多变和不确定的，对金融风险加以管理也是一个复杂的过程。根据金融风险管理过程中各项任务的基本性质，一般的金融风险管理程序分成四个阶段：一是金融风险的识别和分析；二是金融风险管理策略的选择和管理方案的设计；三是金融风险管理方案的实施与监控；四是金融风险管理的评估与总结。

金融风险的识别和分析是金融风险管理的首要步骤，也是最困难的环节。管理者必须经过深入调查，尽可能多地收集各种有用的数据加以适当处理，充分了解金融风险的特征，以便采取相应的对策和手段，达到金融风险管理的预期目的。

金融风险管理策略的选择和管理方案的设计是金融风险管理中最关键的环节，也是金融风险管理成败或效果好坏的决定性步骤。因此，它要求管理人员不仅要对金融风险及其内外部环境有清醒的认识和把握，而且还要有较高的洞察能力和决策能力。

金融风险管理方案的实施与监控也是金融风险管理的一个重要内容。它不仅有利于对部门进行协调，保证方案的实施，防止少数人或部门存有侥幸心理或拖沓行为，违背方案的要求，放任或偏好风险，而且也有利于风险管理决策者根据环境的变化，对金融风险管理方案进行必要的调整，以降低金融风险管理的成本，增强金融风险管理的效果。

金融风险管理的评估与总结虽然不属于金融风险管理的过程，因为它是对金融风险管理过程中业务人员的业绩和工作效果进行评价与总结。但是，因为对金融风险管理的总结是为了以后更加有效地进行风险管理，为此，在金融风险管理的总体过程中，要认真评估各种措施的实施效果及工作人员的表现，不断总结经验教训，积累翔实资料，以便针对问题加以改进。

三、金融风险的识别与预测

运用各种科学的方法对金融风险进行系统的分析与诊断，找出各种风险的根源及具体表现，揭示潜在的风险及其性质，是风险管理和风险决策的基础和前提。人们只有确切地辨别出各种潜在的风险，才可能有针对性地选择防范风险和控制风险的对策。

（一）金融风险的识别与分析

金融风险的识别与分析，是指经济主体对其所面临的各种金融风险进行系统地、连续地识别和归类，对金融风险的诱因进行分析，从而为金融风险管理的决策提供依据。

随着人们对风险发生规律性认识的不断加深，风险识别的具体方法越来越多，越来越复杂化，基本方法如下：

1. 集思广益法。集思广益法主要是通过召开调查讨论会的方式，召集有关专家，对某个未来问题提出他们的意见和看法，再集中起来做出评价和结论。

2. 德尔斐法。该方法是美国著名的咨询机构——兰德公司于20世纪50年代初提出的。“德尔斐”是传说中古希腊阿波罗神殿所在地，以此命名该方法，表示集中众人智慧进行准确预测。这一方法被广泛运用于各种风险的辨析和决策过程中。其一般程序是：（1）根据调查内容制定风险调查表，请有关专家进行回答；（2）专家根据有关资料，背对背地完成风险调查内容的填写；（3）通过汇集整理专家意见进行反馈，让他们再提出意见；（4）经过多次反馈使意见逐步收敛，最后得出基本的一致的结论。

3. 幕景分析法。幕景分析法主要研究某种因素发生变化对整个情况产生何种影响以及会发生何种经济风险，这些影响与风险成为可选择的关键因素供分析人员进行比较研究。所谓幕景是对风险状态（包括静止状态和持续性状态）的一种描绘，这种状态可以是文字形的也可以是图形、图表或曲线形的。由于计算复杂且方案众多，通常是在计算机上进行。幕景分析法主要用于下列情况：（1）提醒决策者注意某种措施或政策可能引起的风险或危机性后果；（2）建议需要进行监视的风险范围；（3）研究某些关键因素对未来过程的重大影响；（4）关注新技术的发展在降低风险的同时，又会引起或触发新的风险；（5）当有多种相互矛盾的幕景时，可以更有效地进行多种选择与比较。幕景分析法在识别分析风险时主要包括下列紧密相连的三大环节：筛选—监测—诊断。

4. 树形分析法。树形分析法即仿照树形结构，将多种风险因素画成树状，进行多种可能性分析。通过树状分解，可以将主要风险分解成为许多细小的风险，并将产生风险的原因层层加以分解，排除无关的因素，准确把握主要风险及原因。以国际金融风险的树形分析为例，见图11－1。

5. 财务报表法。财务报表法是根据生产经营者的资产负债表、成本核算表和损益表等财务资料，对其可能存在的各种风险进行分析和识别。因为生产经营者存在的各种问题均有可能从财务报表中反映和表现出来，如一家金融单位的不良资产比例过高，负债过高，经营成本过高，资本充足率过低，均显示出这家金融单位存在较为严重的经营风险。

金融风险的识别是一项十分重要的工作，必须利用科学的方法进行分析和研究。上述方法基本是利用历史资料，依靠专家的经验判断和分析能力，对未来的风险进行识别与估价的定性分析方法，存在一定的局限性。随着科学技术的发展及人们对金融风险规律性认识的逐步加深，风险识别的方法将越来越完善、科学、合理，并侧重定性基础上的定量分析法，具体如累积频率分析法、时间序列预测法、因果关系分析法、弹性分析法等。

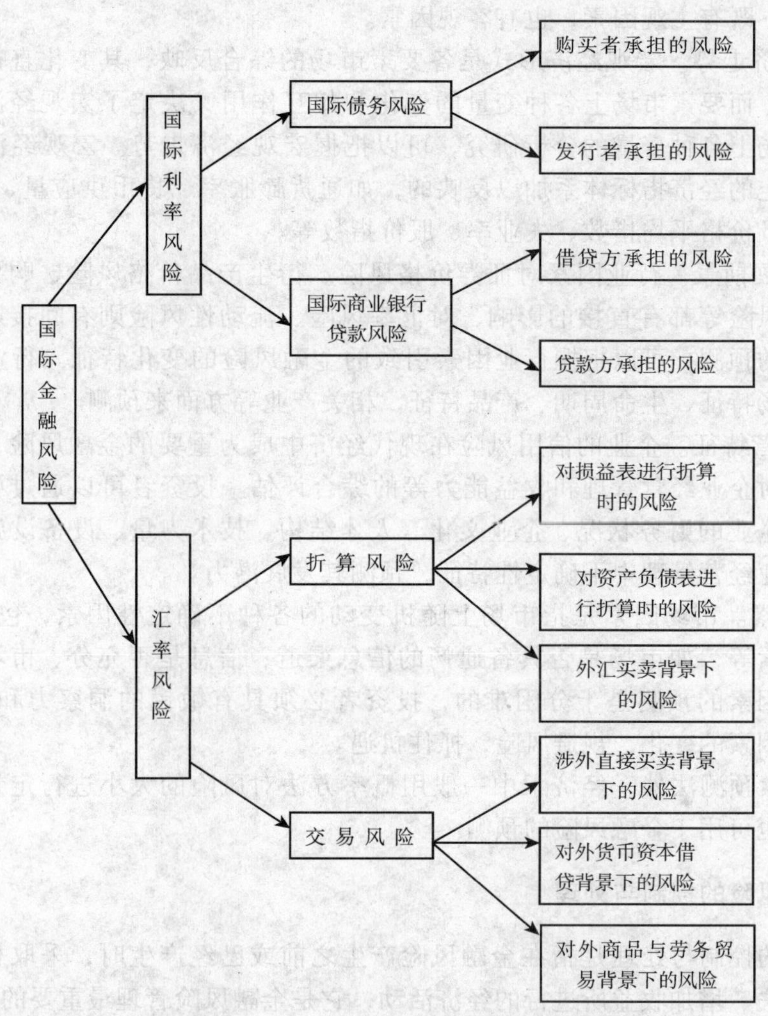

图 11－1　国际金融风险树形分析法

（二）金融风险的预测

金融风险预测是指对未来可能发生的风险状态、影响因素和变化趋势进行分析判断的过程。金融风险识别的职责在于弄清将要或已遇到了什么风险及风险的原因，而金融风险预测则要对所遇风险的程度予以估计、测算，即金融风险识别之后，必须对风险进行测量，以便确定其严重性，并采取相应的措施。准确评估风险的大小对最大限度地减少损失或最大限度地获取利润都十分重要。如果经营者对风险估计不足，则可能导致对风险的重视不够，措施不充分，从而难以达到风险管理的目标；相反，如果风险估计过大，则可能增加管理成本，得不偿失。

预测金融风险一般采用基本因素预测法。因为社会经济中各种要素的不确定性变化，导致了金融风险，因此通过对影响金融风险或其他经济变量的各种因素的分析，可以预测经济走势及一些不确定因素的变动趋势，从而预测金融风险的变化特征。金融风险是经济生活中的一些不确定性因素造成的，在这些因素中，既有宏观方面的因素，也有微观方面的因素，既有主观因素，也有客观因素。

1. 宏观经济走势。宏观经济形式是各要素市场的综合反映，其变化直接影响着各要素市场的均衡，而要素市场上各种变量的变化和相互作用又决定了宏观经济的运行。通过对各要素市场上各种变量的分析研究，可以把握宏观经济走势。宏观经济走势的预测一般是通过一定的经济指标体系加以反映的，如通货膨胀率、货币供应量、经济增长率、国民生产总值及价格平均指数、失业率、股价指数等。

2. 行业发展前景。行业因素对证券价格风险、衍生产品价格风险、购买力风险、信用风险、国家风险等都有直接的影响，对汇率风险、流动性风险则有间接影响。通过对行业发展前景的预测，可以把握行业因素引致的金融风险的变化特征。行业发展前景往往从行业的市场特征、生命周期、产品特征、相关产业等方面来预测。

3. 公司经营特征。企业的信用风险在现代经济中成为重要的金融风险，对其加以测量实际包含着对企业经营管理和收益能力等的综合评估。投资者可以通过咨询、实地考察等方式，对企业的财务状况、企业文化、人才结构、技术力量、设备设施等进行深入了解，掌握企业经营管理中不确定性特征，预测其发展潜力。

4. 市场因素。市场因素是指市场上随机变动的各种不确定性因素，包括市场预期、新闻和政治因素等，如市场是否具备通畅的信息渠道、信息是否充分、市场制度是否完善等，对这些因素的预测是十分困难的，投资者必须具有敏锐的洞察力和丰富的阅历，才能把握市场因素的变化，规避风险，抓住机遇。

除基本因素预测法外，经济学中一般用概率方法对风险的大小进行定量化处理，这种概率预测法也可用于金融风险的预测。

四、金融风险的控制与处理

金融风险的控制与处理是指在金融风险产生之前或已经产生时，采取相应的方法和手段以减少损失、增加收益所进行的经济活动，它是金融风险管理最重要的环节。

（一）预防风险

预防风险是指在金融风险尚未发生时，人们预先采取一定的预备性措施，以防止金融风险的发生。这是金融风险管理的传统手段，一般被用于信用风险管理和流动性风险管理。

相关链接

比如，我国银行信贷管理中实行的信贷“三查”制度，银行在贷款发放过程中，通过调查借款人的信誉、资本金、经营状况及偿债能力，审查贷款发放的程序，检查和监督贷款的运用情况，可准确地作出贷款决策，从而防止信用风险。再如，银行的存款准备金制度可以预防流动性风险的发生。

与金融风险管理的其他手段相比，预防风险具有安全可靠、成本低廉、社会效果良好等特点。但在现实生活中，并不是所有金融风险都可通过预防措施加以防范的，相反，在多数情况下，风险往往与收益正相关，利用预防性手段防止金融风险时，难免牺牲一定的利益。

（二）分散风险

分散风险是人们较为常用的一种降低金融风险的手段，主要是指金融机构通过资金来源与资金运用的多样化、分散化，实现总体上减少风险的行为。包括金融工具、地区分布和期限分布的多样化与分散化。

分散风险的方式在证券投资中运用比较典型，即通常所说的组合投资理论。在外汇风险管理及信用风险管理中也有应用。

与其他控制风险的手段相比较，分散风险手段的成本相对较低，且有利于金融机构树立全局观念。虽然分散风险可使金融机构的资产负债价值波动幅度减小，即减少其意外损失的机会，但是同时也减少了获取意外盈利的机会。

（三）规避风险

规避风险是指人们根据一定的原则，采用一定的技巧，自觉地避开各种金融风险，以及减少或避免金融风险所引起的损失的行为。规避风险是一种重要的风险管理策略，广泛应用于各类风险的管理中。如在投资决策中，应尽量选用风险较小的项目，而放弃高收益与高风险并存的项目；在对外贸易往来结算中，尽量出口用硬通货，进口用软通货，等等。

规避风险与预防风险既有相同之处，又有所区别。从微观角度看，两种手段都能够应付所面对的金融风险，免受或减少可能发生的损失；但从宏观角度看，预防风险是一种主动的、积极的策略，而规避风险则是被动的、消极的策略。或者说，预防策略主要针对那些可以预防或能够避免的金融风险，而规避策略所针对的则是那些无法预防或已经存在的金融风险。

（四）转嫁风险

转嫁风险是指人们利用某些合法的交易方式或业务手段，将自身面临的金融风险转移给其他经济主体的行为。需要注意的是：由于这种风险转嫁只是改变了风险的承担者，而并未从根本上消除总风险，即转嫁的风险必须有他人予以承担，为此，转嫁手段必须是合法的、正当的，不能不择手段，非法行事。如对于信贷风险金融机构可以采取保证单位或抵押单位转嫁；对于利率风险、汇率风险则可以通过各种远期合约、期货合约、期权合约等金融衍生工具进行转嫁。

此外，还有自留风险、补偿风险等处理方式。前者是一种由金融机构自行承担损失发生后的财务后果的管理方式。后者是指人们通过一定的途径，对业已发生或将要发生的金融风险损失寻求部分或全部的补偿，以减少或避免实际损失的方式。如信用风险管理中的担保和抵押方式；利率风险管理中的各种利率协议方式等。

五、金融风险与金融机构内部控制

内部控制是现代管理的重要职能之一。第二次世界大战之后，西方发达国家的大型企业逐渐发展成跨国公司。由于控制跨度的增加，经营地点的分散，控制权利层次的变化，客观上要求公司建立完善的自我控制与调节的管理机制，于是内部控制逐渐被作为强化管理的重要手段，并被越来越多的经济组织采用。

（一）金融机构内部控制内涵及其意义

金融机构内部机制是指金融机构内部为完成既定的工作目标和防范风险，对各职能部门及其工作人员从事的业务活动进行风险控制、制度管理及相互制约的方法、措施和程序。它是金融机构的一种自律机制。

金融作为高风险的行业，其内部控制显得尤为重要，现实中，许多金融风险的发生都与疏于内部控制关系密切。所以，内部控制作为一种对业务运作过程进行全方位制约、监督的动态运行机制，对防范和化解金融机构业务经营中的各种风险意义重大。

1. 内部控制的建立与健全有利于国家法律法规、中央银行监督规章及国家各个时期方针政策的贯彻运用，保证金融机构经营方向明确、经营业务规范。

2. 内部控制的建立与健全有利于实现银行资产的安全、完整和增值，并达到银行经营最终目标。银行各个职能部门及其员工在以银行整体利益为其行为的出发点和归宿点的同时，通过科学而合理的内控措施，将银行资产风险降到最低程度，以实现安全性、流动性和盈利性的最佳组合。

3. 内部控制的建立与健全有利于实现金融机构业务运作的规范化、科学化和程序化，提高运作效率，有效抵制外来因素干扰，增强业务运作的透明度，减少操作风险。

4. 内部控制的建立与健全有利于明确各职能部门及其员工的职责范围，实现决策、执行、监督三分离，增强自我约束、自律管理的能力，防范管理风险。

（二）金融机构内部控制建立的原则

1. 有效性原则。各种内部控制制度，如高级决策层制定的业务规章及发布的指令，必须符合国家及监管部门的规定，必须具有高度的权威性，并真正成为所有员工严格遵循的行动指针。

2. 审慎性原则。内部控制的核心在于有效防范金融风险，为了使各种风险控制在许可的范围之内，建立内部控制制度必须以审慎经营为出发点。应充分估计业务运转各环节可能发生的风险，设立适当有效的操作程序和控制措施予以防范和补救。

3. 全面性原则。内部控制必须渗透到金融机构的各项业务过程及各个操作环节，覆盖所有部门与岗位。

4. 及时性原则。内部控制的建立和改善必须适应业务及形势的变化，开设新的业务机构或开办新的业务种类，必须“内控先行”，首先建章立制。

5. 独立性原则。内部控制的监督评价部门必须独立于内部控制的建立和执行部门，直接的控制人员必须适当分离，同时建立定期报告制度。

（三）金融机构内部控制的要素构成

金融机构实施内部控制涉及要素众多，如组织结构、经营方针、岗位责任制度、风险预警系统、内部稽核制度、会计控制系统，资金交易、证券交易、衍生金融产品交易的风险控制系统等。

1. 科学的组织结构。金融机构的组织结构是对金融机构经营进行计划、指挥和控制的组织基础。金融机构要按照决策、经营、监督相互分离、相互制约的原则设置内部组织结构，形成以董事会为中心的决策系统，以监事会和内部稽核部门为中心的监督系统，以总经理为中心的执行系统。同时，建立诸如信贷审查委员会、资产负债管理委员会、财务审批委员会等内部控制组织。

2. 稳健的经营方针。金融机构应该在保证安全和流动的前提下，追求最大限度的利润。长期的、健全的业务经营，可以获得客户信任，增强信誉，从而创造良好的经营环境。

3. 合理的授权分责制度。授权分为一般授权和特殊授权两种形式。一般授权是指授予有关人员处理正常业务范围内经济业务的权限，通常以政策说明书的形式，或在经济业务中以规定其办理条件、范围和对该类业务责任者任命形式予以反映。特别授权是指授予有关人员处理超出一般授权范围的特殊业务的权限。金融机构的每一笔业务都要按业务授权进行审批核准，金融机构及所属分支机构、各职能部门、各级管理操作人员，都要在各自岗位上按授予的权限展开工作。

小贴士

1995 年英国巴林银行倒闭，其中一个最重要的原因就是其驻新加坡市场的首席交易员尼森权限过大。

4. 恰当的责任分离制度。金融机构在设计和建立组织结构时，必须对不相容职务进行分离，建立恰当的责任分离制度，具体包括：（1）货币有价证券的保管和财务记录相分离；（2）重要空白凭证的保管与使用相分离；（3）资金交易业务的授权审批与具体经办相分离；（4）信用的受理发放与审查相分离；（5）损失的确认与核销相分离；（6）电子数据处理系统的技术人员与业务经办人员及会计人员相分离；（7）风险评定人员与业务办理岗位相分离。

相关链接

大和银行是日本名列第 12 位的大型国际性商业银行。1995 年 9 月 25 日，该行纽约分行主管交易的执行副总裁井口俊英坦言自己在长达 11 年的时间中累计隐瞒了高达 11 亿美元的巨额亏损；随即，大和银行被迫对外宣布其亏损。井口俊英成为继巴林银行首席交易员尼森之后又一个令国际银行界为之震惊的人物。

井口俊英 1975 年开始在大和银行纽约分行工作，3 年后被提升为交易部主任，从此负责前台交易、后台结算和债券保管。如此集三权于一身，显然违背了资金交易中前台与后台相互分离、相互监督的风险管理原则，为井口俊英违规交易提供了机会。

5. 有效的预警预报系统。金融机构应围绕经营行为、业务管理、风险防范、资财安全建立定期业务分析、信贷资产质量评价、资金运用风险监测制度；建立定期实物盘点、各种账证、账表的核对制度，以及业务活动的事前、事中和事后监督制度。

6. 严密的会计控制系统和内部稽核制度。严密的会计控制系统应包括：会计制度必须符合国家的会计准则及财务通则；会计记录、财务处理和经营成果核算完全独立；会计记录必须能够确定业务活动发生的时间，并在适当的会计期间得以反映。内部稽核是金融机构内部对各种经营活动与控制系统的独立评价，它是对内部控制执行情况的一种监督形式，即是对内部控制的控制。

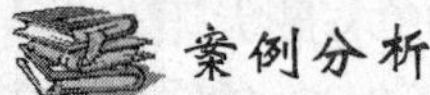
案例分析

海南发展银行的关闭

1998年6月21日中国人民银行发布公告：鉴于海南发展银行不能及时支付到期债务，为了保护债权人的合法权益，中国人民银行决定依法关闭海南发展银行，收缴其《经营金融业务许可证》，停止其业务经营活动。同时指定中国工商银行托管海南发展银行的债权债务，并由中国人民银行组织成立清算组，对其进行关闭清算。这是我国首例依法关闭的商业银行。海发行从成立到被关闭不到3年时间，留给人们的教训与启示却是深刻的。

海南发展银行是1995年8月经中国人民银行批准，并在海南省5家信托投资公司基础上采取改组合并的方式组建成立的，注册资本为16.77亿元人民币。海发行成立先后设立了海口、三亚、广州三家分行及海口蜀兴、海口汇南和海口华夏三家总行直属支行，此外，还在北京设立了办事处。到1997年11月，海发行资产总额近100亿元，比开业时增长约120%。

在机构与业务快速发展的同时，由于海南经济金融的外部环境发生变化，受海发行建行基础比较薄弱等因素的影响，加上海发行内部经营管理不善方面的原因，其经营状况不断恶化，资产负债结构严重失衡，流动性严重不足，资产质量低下，造成大量资金沉淀，业务运营主要依靠高成本吸收新增负债（存款、拆入资金等）来维持，资金来源与资金运用的恶性循环使财务负担日益加重，实际亏损严重并不断扩大。到1997年11月，海发行实际已陷入严重的支付危机。到1997年下半年，海南省34家城市信用社中的大多数已资不抵债，并严重影响了海南省社会和金融秩序的稳定。从稳定海南社会经济金融的全局出发，经国务院批准，1997年12月16日，人民银行采取了由海发行兼并托管海南33家城市信用合作社，由人民银行提供资金支持，对海发行和海南城市信用社进行救助的整体处置方案。该方案实施后，对信用社的各项接管工作平稳进行，取得了阶段性成果。但是，由于原城市信用社存在严重的经营风险，在并入海发行后全面暴露出来，同时海发行自身经营存在问题也进一步暴露，海发行严重的支付压力并未根除，其业务经营和生存发展仍然未能摆脱困境。为此，经国务院批准，中国人民银行采取果断措施，于1998年6月21日行政关闭海发行，并由中国工商银行对其进行托管。

[分析提示]

到被关闭托管前，海发行经营管理中存在的风险突出表现为不能及时支付到期债务，更深层次的问题是由于风险控制不力和内部控制管理薄弱等原因导致该行财务状况不断恶化，实际上已资不抵债。具体表现为：

1. 本金不实。一是给股东提供贷款入股，形成虚收资本；二是股东退股，资本已抽出但未销账，未对资本账户进行冲减调整；三是违规大量给股东发放贷款，变相抽逃资本金。

2. 资产负债结构严重失衡。一是短期负债用于长期资产；二是超负荷发放贷款，存贷款比例失衡；三是过度拆入资金，拆入资金比例严重失衡。

3. 资产质量差，风险大。一是不良贷款比例高，贷款收息率低；二是拆出资金、存入同业和买入返回证券收回难度大；三是大部分投资投向房地产，风险大、收益率低；四是或有资产风险大。

4. 虚盈实亏问题严重。

5. 偿付能力不足，支付困难。一是在发生挤提前只能勉强维持储蓄的柜台支付；二是单位存款支付困难，压单、压标现象经常发生；三是拆入资金无法按时支付，拖欠严重。

第三节　金融监管

由于金融业是高风险的特殊行业，为了避让和分散金融风险，保护存款人利益，保障金融机构稳健经营，维护金融业的稳定，促进一国经济的持续发展，各国政府都很重视金融监管工作，一般都通过立法来保障金融监管机构行使职权。所谓金融监管，就是金融监管的主体为了实现监管的目标而利用各种监管手段对监管对象所采取的一种有意识的和主动的干预和控制活动。

一、金融监管的主体

一般来说，人们普遍认为金融监管的主体应该是政府，金融监管是一种政府行为。但从金融监管的实践来看，虽然绝大多数的金融监管活动是以政府为主体进行的，但是有些监管活动却是有非政府机构的金融行业组织甚至是某个企业来完成的，例如证券商协会对证券商的自律监管，证券交易所对上市公司的监管，等等。因此，严格地说，金融监管的主体并不仅仅限于政府机构一种，可以由多个不同性质的监管主体同时存在。具体来说，在市场经济条件下，对经济和金融的监管是由两类主体来完成的：第一类主体是所谓的“公共机构”，通常将它们称为“金融当局”，它们的权力是由政府授予的。它们负责制定金融监管方面的各种规章制度，以及这些规章制度的实施，如果违反了这些规章制度，就会受到法律法规的处罚。一般来说，中央银行是一国最重要的、最有权威性的金融监管机构，代表政府制定和实施金融方面的各种法规，并负责对各种违规行为进行处罚。第二类主体是各种非官方的民间机构或者私人机构，它们的权力不是来自于政府，而是来自于其成员对机构决策的普遍认可。出现某种违规现象也许并不会造成法律后果，但可能会受到机构纪律的处罚。绝大多数的证券交易所或者证券商自律组织就属于这类监管机构。

二、金融监管制度的产生和发展

（一）金融监管制度的产生

金融监管制度的建立与中央银行业务的发展有着密切的联系。20 世纪 30 年代的经济大萧条引起严重的金融危机，使各国商业银行大量倒闭，经济生活动荡不安，给国民经济造成了巨大损失。这使各国中央银行认识到，商业银行不同于一般的经济实体，具有极其广泛、深刻的渗透和扩散功能，它的经营活动对国民经济影响极大，中央银行要实现经济增长、稳定物价等货币政策目标，就必须将商业银行的活动置于中央银行的监督管理之下。于是，各国中央银行开始纷纷着手建立银行管理制度。

相关链接

德意志联邦银行面对席卷全国的金融危机，于1931年发布了对商业银行管理的紧急法令，对银行经营活动实行严格控制。比利时和瑞士于1935年通过银行立法，旨在加强对银行的监督和管理。法国于1941通过关于建立银行监督机构的法令，其目的是使中央银行对商业银行的监督管理具有法律权威性。

（二）金融监管制度的发展

金融监管制度是指金融监管的职责和权力分配的方式和组织形式。由于各国的历史发展、政治经济体制、法律与民族文化传统等方面的差异，在金融监管制度上，各国也存在着一定的差别。目前金融监管制度按照监管机构的设立，可分为由中央银行独家行使金融监管职责的单一监管体制与由中央银行和其他金融监管机构共同承担监管职责的多元监管体制。按照监管机构的监管范围，可分为集中监管体制和分业监管体制。一般来说，实行单一监管制度的国家在监管范围上都是实行集中统一监管，如英国、澳大利亚、意大利、新西兰、瑞士等国家；而实行多元监管制度的国家在监管范围上大多实行分业监管，如美国、法国、新加坡、芬兰、西班牙、土耳其、挪威等。我国目前也是实行分业监管。

相关链接

美国的金融监管是由多个监管机构承担的，属于多元化监管体制。从监管的业务范围看，各监管机构虽有所交叉，但都有自己的侧重点，基本上属于分业监管体制。美国金融监管机构的“多元化”一方面表现为联邦一级的监管机构是多元的；另一方面美国的50个州都有金融监管机构，实行联邦和州两级多元监管。因此，有时称美国的金融监管体制是“双线多头监管体制”。美国的金融监管机构在联邦一级，主要有6个，虽然管理机构复杂，职能交叉，但其监管各有重点：（1）联邦储备体系，负责管理会员银行和一切银行持股公司。（2）货币监理局，负责对联邦注册银行的审批和检查。（3）联邦银行保险公司，主要监督参加保险的非会员银行和已保险的州注册的储蓄银行。（4）联邦住宅贷款银行及下设的联邦储贷保险公司，管理和监督储蓄银行和储贷协会。（5）全国信用合作社管理局，管理、监督信用合作社和协调各管理机构之间同各州监督官员之间的关系。（6）证券交易委员会，是对证券发行、交易管理的最高机构。

三、金融监管的目标和原则

（一）金融监管的目标

金融监管的目标是尽可能地消除或避免金融市场失灵所带来的资金配置不合理、收入分配不公平以及金融和经济不稳定的后果，以确保市场机制能够在金融领域更好地发挥其应有的作用。具体来说，金融监管的目标体现在以下几个方面：（1）提高全社会金融资源的配置效率；（2）克服或者消除超出个别金融机构承受能力的涉及整个经济或者金融的系统性风险；（3）促进整个金融业的公平竞争。

（二）金融监管的原则

金融监管必须遵循以下原则：

1. 合法原则。一切金融活动和金融行为都必须合法进行，一切金融监管都必须依法实施。

2. 公正原则。金融监管部门在实施金融监管的过程中，必须站在公正的立场上，秉公办事，以保证金融活动的正常秩序，保护各方面的合法权益。

3. 公开原则。金融监管的实施过程和实施结果都必须向有关当事人公开，必须保障有关当事人对金融监管过程和实施结果方面信息的知情权。

4. 公平原则。金融监管的实施要考虑到金融市场参与者的利益，保证交易各方在交易过程中的平等地位，不得有任何偏袒。

5. 系统风险控制原则。金融业属于高风险行业，其风险主要表现在两个方面：单个金融机构所特有的个别风险和所有金融机构都面临的系统风险。个别风险应当由金融机构自己承担，金融监管主要是控制金融业的系统风险。

此外，在现代金融监管中还必须坚持独立性原则、自我约束与外部强制相结合原则、安全稳健与经济效益相结合原则以及母国与东道国共同监管原则。

四、金融监管的内容

（一）市场准入与机构合并的监管

市场准入是金融监管当局对新设机构进行的限制性管理，要求新设立的机构在股东资格、资本金、法人代表和高级管理人员的任职资格、从业人员素质等方面都要符合规定。此外，还对设立金融分支机构和金融机构实施合并规定相应的标准和原则。

（二）市场运作过程的监管

1. 审定金融机构的业务范围。金融监管当局要根据不同金融机构的性质分别核定其业务范围或限制其进入某些活动领域。如许多国家的金融法律中都规定，存款货币机构只能经营短期信贷业务，长期融资由投资银行办理；非银行金融机构不得经营有创造存款货币功能的支票存款业务等。

2. 对金融机构经常实施市场检查。金融监管当局有权对金融机构的存款、贷款、结算、呆账等情况随时进行稽核、检查监督。

3. 对风险控制、流动性要求、资本充足率、风险损失准备和存款保险等的管理。风险控制是指严格控制大额贷款和对行业或部门贷款集中的控制；流动性要求是在银行资产负债管理制度被广泛采用以后，对金融机构资产流动性的要求也越来越高，所以要加强对流动性的监测和控制；资本充足率与风险损失准备是指中央银行要对金融机构的资本构成及其充足率指标以及损失准备的提取等进行监管；存款保险是规定本国金融机构按照吸收存款的一定比率向专门保险机构缴纳保险金，当金融机构出现信用危机时，由保险机构提供财务支援，以维护正常金融秩序。

小贴士

如美国规定对单个客户的贷款不得超过自有资本的10%；日本规定不得超过自有资本的20%。

（三）市场退出的监管

金融机构市场退出的原因和方式可以分为两类：主动退出和被动退出。前者指金融机构因分立、合并或者出现公司章程规定的事由需要解散。后者是指由于法定的理由，如由法院宣布破产或因严重违规、资不抵债等原因而遭关闭，中央银行将金融机构依法关闭，取消其经营金融业务的资格。对这些有问题的金融机构的挽救和保护措施主要有存款保险、兼并、接管、清盘，以及注资挽救等。

小贴士

根据《中华人民共和国商业银行法》的规定，我国对金融机构市场退出的监管主要有接管、解散、撤销、破产四种方式。

五、我国现行的金融监管模式

从1992年8月国务院决定成立中国证券监督管理委员会以来，我国又于1998年11月成立了中国保险监督管理委员会，2003年4月成立了银行监督管理委员会。随着银监会的成立，中国人民银行不再承担有关金融监管职能，银行、证券、保险中国金融业监管的三个并列系统最终完成，而中国人民银行成立50多年来集货币政策、金融监管和商业银行等职能于一身的“大而全”的时期宣告结束。至此，我国建立了银监会、证监会和保监会分工明确、互相协调的金融分业监管体系。三大监管机构的主要职能如下：

1. 银监会的主要职能。银监会的成立是我国金融体制市场化改革中极重要的一步，是完善宏观调控体系、健全金融监管体制的重大决策。银监会职能确定为：统一监管银行、资产管理公司、信托投资公司及其他存款类金融机构，加强对银行业金融机构风险内控的监管，重视其公司治理机制的建设和完善，促使其有效地防范和化解金融风险。

银监会的主要职责是：制定有关银行业金融机构监管的规章制度和办法；监管银行业金融机构及分支机构的设立、变更、终止及其业务范围；对银行业金融机构实行现场和非现场监管，依法对违法违规行为进行查处；负责统一编制全国银行数据、报表，并按照国家有关规定予以公布；会同有关部门提出存款类金融机构紧急风险处置的意见和建议；负责国有重点银行业金融机构监事会的日常管理工作；承办国务院交办的其他事项。

2. 证监会的主要职能。证监会作为我国证券监管执行机构，依法对我国证券市场进行监管。其基本职能包括：建立统一的证券期货监管体系，按规定对证券期货监管机构实行垂直管理；强化对证券期货机构的监管，提高信息披露质量；加强对证券期货市场金融风险的防范和化解工作；负责组织拟定有关证券市场的法律、法规草案，研究制定有关证券市场的方针、政策和规章；统一监管证券业。

证监会的主要职责包括：研究和拟定证券期货市场的方针政策和发展规划；统一管理证券期货市场；监督股票、可转换债券、证券投资基金的发行、交易、托管和清算，批准企业债券的上市，监管上市国债和企业债权的交易活动；监管境内期货合约上市、交易和清算，按规定监督境内机构从事境外期货业务；监管上市公司及其有信息披露义务股东的证券行为；管理证券期货交易所及其高级管理人员；监管证券期货经营机构、证券投资基金管理公司、证券登记清算公司、期货清算机构、证券期货投资咨询机构；与中国人民银行共同审批基金托管机构的资格并监管其基金托管业务；负责证券期货从业人员的资格管理；监管境内企业直接或间接到境外发行股票、上市；监管境内机构到境外设立证券机构；监管境外机构到境内设立证券机构、从事证券业务；监管证券期货信息传播工作，负责证券期货市场的统计与信息资源管理；会同有关部门审批律师事务所、会计师事务所、资产评估机构及其成员从事证券期货中介业务的资格并监管其相关的业务活动；依法对证券期货违法违纪行为进行调查、处罚；归口管理证券期货行业的对外交往和国际合作事务；国务院交办的其他事项。

3. 保监会的主要职能。保监会是我国保险市场的监管执行机关，是全国商业保险的主管机关，根据国务院授权履行行政管理职能，依照法律、法规统一监管中国保险市场。其具体职责是：拟订商业保险的政策法规和行业规划；依法查处保险企业违法违规行为，保护被保险人的利益；维护保险市场秩序，培育和发展保险市场；完善保险市场体系，推进保险改革，促进保险企业公平竞争；建立保险业风险的评估和预警系统，防范和化解保险业风险，促进保险企业稳健经营与业务的健康发展。

想一想　做一做

美国政府在金融监管上的缺失，尤其是在对华尔街金融衍生产品监管上的放任自流，是导致美国金融危机的重要原因之一。查阅相关资料，了解美国金融监管体系的监管模式是怎样的？并分析这一监管模式为什么会引发金融危机？

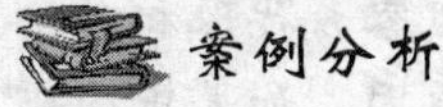

案例分析

“中航油”事件

2004年11月30日，中国航油（新加坡）股份有限公司（英文名为China Aviation Oil，简称中航油）发布了一个令世界震惊的消息：这家在新加坡上市的公司因石油衍生产品交易，总计亏损5.5亿美元。净资产不过1.45亿美元的中航油因严重资不抵债，向新加坡最高法院申请破产保护。

中航油成立于1993年，由中央直属大型国企中国航空油料控股公司控股，总部和注册地均在新加坡。公司成立之初经营十分困难。一度濒临破产，后在总裁陈久霖的带领下一举扭亏为盈，从单一的进口航油采购业务发展到国际石油贸易业务，并于2001年在新加坡交易所主板上市，成为中国首家利用海外自有资产在国外上市的中资企业。短短几年内，中航油的净资产增长了700多倍，股价一路上扬，市值增长了4倍，一时成为资本市场的明星。公司经营的成功为中航油带来了一连串的声誉。2003年，《求是》杂志发表调查报告，盛赞中航油是中国企业走出去战略棋盘上的过河尖兵。国资委也表示，中航油是国有企业走出国门，实施跨国经营的一个成功典范。新加坡国立大学将中航油作为MBA的教学案例。如此优秀的一家海外国企，为何在短短几个月内就背负5.5亿美元的巨债呢?

1998年，国务院颁布了《国有企业境外期货套期保值业务管理办法》。根据该“办法”，中国证监会先后批准了中石化、中石油、中化集团以及中国航油集团公司等7家石油进口量较大的公司可在境外期货市场从事套期保值业务，并规定期货持仓量不得超出企业正常的交收能力，不得超过进出口配额、许可证规定的数量，期货持仓时间应与现货保值所需的计价期相匹配等。

中航油之“亏”主要亏在卖出了大量的石油看涨期权。2003年下半年，中航油开始进入石油期权交易市场。陈久霖和日本三井银行、法国兴业银行、英国巴克莱银行、新加坡发展银行和新加坡麦戈利银行等签订了场外交易合约。2003年底，公司的盘位是空头200万桶，而且赚了钱。这表明，该公司当时已经在从事投机性交易。随着2004年石油价格一路上涨，到2004年3月28日，公司已经出现580万美元账面亏损。公司总裁陈久霖遂决定以展期掩盖账面亏损，致使交易盘位放大。至6月，公司因期权交易导致的账面亏损已扩大至3 500万美元。

甚至直到此时，陈久霖仍未设定交易头寸上限，反而将期权合约展期至2005年及2006年，并同意在新价位继续卖空。到2004年10月，中航油持有的交易量已达到5200万桶之巨，超过公司每年实际进口量的3倍以上，公司账面亏损已达1.8亿美元，公司现金全部耗尽。

10月10日以后，陈久霖开始向母公司中国航油集团打报告请求救助。中国航油集团本应立即对此违规操作进行制止，强令其择机斩仓。恰恰相反，集团领导不顾国内监管部门有关风险控制的规定，决定对此疯狂的赌徒行为施行救助。10月20日，中国航油集团以私募方式卖出手中所持15%的股份，获资1.08亿美元，立即交给中航油补仓。此举愈发使中航油深陷泥潭。大量事实显示，中国航油集团管理层的纵容、犹豫和对法律法规的漠视，是致使中航油的亏损在后期增加到5.5亿美元的主要原因。如果中国航油集团管理层有起码的风险意识和责任心，此次的亏损应该可以在1.8亿美元以内止住。尽管这仍然不是一个小数，但比后来的5.5亿美元要小得多。可惜事实并非如此。中国航油集团未能及时制止，反欲“救助”，从而使得中航油最终损失高达5.5亿美元。

另外，根据中航油内部规定，损失20万美元以上的交易都要提交给公司的风险管理委员会评估；累计损失超过35万美元的交易必须得到总裁的同意后才能继续；而任何将导致50万美元以上损失的交易会自动平仓。以公司的10位交易员来计算，损失的最大上限也只能是500万美元。再说，中航油内部有一个由专职风险管理主任等人员组成的风险控制队伍，他们应该懂得游戏的底限在哪里。很明显，当中航油在市场上“流血”不止时，公司内部的风险控制机制完全没有启动。

对中航油在市场上卖出大量看涨期权，专家提出了两点质疑：首先，中航油为什么要卖出石油看涨期权？从理论上讲，看涨期权卖方的亏损风险是无限的。一般情况下，作为期权卖方需要很强的风险管理能力与相当强大的资金实力，或者手中正好具有充足的对应资产可以履约。显然，中航油不具备这些条件，为何还在一个月内以每桶45美元一路往上卖空到55美元？其次，在业界，看涨期权的卖方几乎都要另外做一笔反向交易，以对冲风险。中航油为什么没有做反向对冲？

这一严重事件暴露出中航油乃至中航油集团在内控机制上存在严重缺陷。同时，也暴露出国内监管存在着空白。根据管理法规，从事期货交易的企业不但需要申请套期保值的资金额度以及头寸，而且每月还必须向证监会以及外管局详细汇报交易的头寸、方向以及资金情况。显然，中航油并没有这样做。

知识要点

1. 金融风险是指经济主体在从事金融行为过程中遭受损失的可能性。金融风险按其所涉及的范围可划分为三个层次：微观金融风险、中观金融风险、宏观金融风险。

2. 金融风险多种多样，从不同角度可以划分为不同种类。常见的影响较大的金融风险有以下一些：信用风险、利率风险、购买力风险、外汇风险和证券价格风险。

3. 金融风险管理是指经济主体通过实施一系列的政策和措施来消除或减小金融风险及其影响的行为。一般的金融风险管理程序分成四个阶段：一是金融风险的识别和分析；二是金融风险管理策略的选择和管理方案的设计；三是金融风险管理方案的实施与监控；四是金融风险管理的评估与总结。

4. 运用各种科学的方法对金融风险进行系统的分析与诊断，找出各种风险的根源及具体表现，揭示潜在的风险及其性质，是风险管理和风险决策的基础和前提。风险识别的方法多种多样，如集思广益法、德尔斐法、幕景分析法、树形分析法、财务报表法等。

5. 金融风险的控制与处理，是指在金融风险产生之前或已经产生时，采取相应的方法和手段以减少损失、增加收益所进行的经济活动，它是金融风险管理最重要的环节。包括以下几种形式：预防风险、分散风险、规避风险、转嫁风险、自留风险和补偿风险。

6. 金融监管就是金融监管的主体为了实现监管的目标而利用各种监管手段，对监管的对象所采取的一种有意识的和主动的干预和控制活动。金融监管的目标体现在以下几个方面：（1）提高全社会金融资源的配置效率；（2）克服或者消除超出个别金融机构承受能力的涉及到整个经济或者金融的系统性风险；（3）促进整个金融业的公平竞争。金融监管必须遵循以下原则：（1）合法原则；（2）公正原则；（3）公开原则；（4）公平原则；（5）系统风险控制原则。金融监管的内容包括市场准入、市场运作和市场退出等方面的监管。

7. 自2003年4月银行监督管理委员会成立起，我国目前已建立起银监会、证监会和保监会分工明确、互相协调的金融分业监管体系。

课堂讨论题

结合我国金融业的现状和发展，分析金融监管制度的发展趋势。

推荐阅读

1. 朱新蓉．金融学．北京：中国金融出版社，2005
2. 郭也群，许文新．金融概论．上海：上海财经大学出版社，2005
3. 李琼．金融学教程．成都：西南财经大学出版社，2006
4. 王中华，万建伟．国际金融．北京：首都经济贸易大学出版社，2005
5. 王兆星，吴国祥，陈世河．金融市场学．北京：中国金融出版社，2004
6. ［美］布鲁纳·卡尔．完美风暴：1907 大恐慌和金融危机的根源．北京：中信出版社，2009
7. ［美］凯文·菲利普斯．金融大崩盘．北京：中信出版社，2009
8. ［美］珀金斯．经济杀手：美国欺诈全球真相．北京：中信出版社，2009

主要参考文献

1. 黄达．金融学．北京：中国人民大学出版社，2004
2. 郭研．金融市场教程．北京：北京大学出版社，2004
3. 郑道平等．货币银行学原理．北京：中国金融出版社，2005
4. 郭晓晶等．金融学．北京：清华大学出版社，2007
5. 谢百三．金融市场学．北京：北京大学出版社，2003
6. 叶蜀君．国际金融．北京：清华大学出版社，2005
7. 李军燕．国际金融．大连：大连出版社，2008
8. 李健．金融创新与发展．北京：中国经济出版社，1998
9. 韩文亮．现代商业银行业务．北京：中国金融出版社，2007
10. 戴国强．商业银行经营学．北京：高等教育出版社，2003
11. 黄宪，江春等．货币金融学．武汉：武汉大学出版社，2005
12. 翟建华．金融学概论．大连：东北财经大学出版社，2006
13. 中国人民银行．金融知识国民读本．北京：中国金融出版社，2008
14. 朱新蓉．金融学．北京：中国金融出版社，2005
15. 戴国强．货币金融学．上海：上海财经大学出版社，2009
16. 钱晔．金融学概论．北京：经济科学出版社，2007
17. 陈善昂．金融市场学．大连：东北财经大学出版社，2009
18. 沈悦．金融市场学．北京：科学出版社，2008
19. 李云丽．中国债券发行理论与操作实务．北京：法律出版社，2009
20. 中国证券业协会．证券投资基金．北京：中国财政经济出版社，2009
21. 刘沈忠．投资理财理论与实务．大连：东北财经大学出版社，2009
22. 霍雯雯．证券投资学．北京：高等教育出版社，2008
23. 张亦春等．金融市场学．北京：高等教育出版社，2008
24. 李俊芸．金融实务．长沙：湖南人民出版社，2009
25. 陈东．道氏理论——股票市场分析的基石．北京：中国经济出版社，2007
26. 张荐华．金融战争．北京：中华工商联合出版社，2008
27. 宋鸿兵．货币战争．北京：中信出版社，2007

28. 王应贵，甘当善．外汇市场透视．北京：清华大学出版社，2006
29. 安烨．货币银行学．上海：上海财经大学出版社，2006
30. 郭也群，许文新．金融概论．上海：上海财经大学出版社，2005
31. 李琼．金融学教程．成都：西南财经大学出版社，2006
32. 宋玮．金融学概论（第二版）．北京：中国人民大学出版社 ，2007
33. 袁朝晖．摩根帝国．北京：经济日报出版社，2010
34. 李燕君等．货币金融学解读．北京：中国金融出版社，2005
35. 姜旭朝，于殿江．商业银行经营管理案例评析．济南：山东大学出版社，2000
36. 闫冰．国际金融．北京：中国金融出版社，2000
37. 魏永芬．金融学概论．大连：东北财经大学出版社，2006
38. 孙桂芳．货币银行学．北京：中国财政经济出版社，2005
39. 沈伟基．货币金融学．北京：工业大学出版社，2001
40. 孔祥毅．金融理论教程．北京：中国金融出版社，2003
41. 汪祖杰．现代货币金融学．北京：中国金融出版社，2003
42. 易纲，海闻．国际金融．上海：上海人民出版社，2004
43. 迟国泰．国际金融．大连：大连理工大学出版社，2003
44. 王中华，万建伟．国际金融．北京：首都经济贸易大学出版社，2005
45. 王兆星，吴国祥，陈世河．金融市场学．北京：中国金融出版社，2004
46. ［美］拉瑞·威廉姆斯．短线交易秘诀．北京：百家出版社，2010
47. ［美］巴菲特，克拉克．巴菲特法则．北京：中信出版社，2008
48. ［美］特雷恩．巴菲特教你选股．北京：中信出版社，2010
49. ［美］帕特·多尔西．炒股真规则——世界项级评级机构的投资真经．北京：中信出版社，2006
50. ［英］葛霖．金融的王道．北京：中国人民大学出版社，2010
51. ［美］希亚特．货币阴谋．北京：当代中国出版社，2009
52. ［美］乔治·索罗斯．超越金融：索罗斯的哲学．北京：中信出版社，2010
53. ［美］邓肯．美元危机．大连：东北财经大学出版社，2007
54. ［美］弗格森．货币崛起．北京：中信出版社，2009
55. ［美］凯文·菲利普斯．金融大崩盘．北京：中信出版社，2009
56. ［美］弗莱肯施泰因．格林斯潘的泡沫——美国经济灾难的真相．北京：中国人民大学出版社，2008
57. ［美］埃利斯．高盛帝国（上下）．北京：中信出版社，2010
58. ［美］布鲁纳·卡尔．完美风暴：1907 大恐慌和金融危机的根源．北京：中信出版社，2009
59. ［美］珀金斯．经济杀手：美国欺诈全球真相．北京：中信出版社，2009
60. ［美］米什金．货币金融学（第四版）．北京：中国人民大学出版社，2001
61. ［美］希克斯．经济学展望（中文版）．北京：商务印书馆，1986
62. ［英］凯恩斯．就业利息和货币通论（中文版）．北京：商务印书馆，1983